EMPRESA FOCADA NO CLIENTE:
mude a estratégia do produto para o cliente

EMPRESA FOCADA NO CLIENTE:
mude a estratégia do produto para o cliente

Niraj Dawar

© 2014, Elsevier Editora Ltda.
© 2013 by Niraj Dawar

Do original: *TILT: shifting your strategy from products to costumers.*
Tradução autorizada do idioma inglês da edição publicada por Harvard Business Review Press.

Todos os direitos reservados e protegidos pela Lei nº 9.610, de 19/02/1998.

Nenhuma parte deste livro, sem autorização prévia por escrito da editora, poderá ser reproduzida ou transmitida sejam quais forem os meios empregados: eletrônicos, mecânicos, fotográficos, gravação ou quaisquer outros.

Copidesque: Cynthia dos Santos Borges
Revisão: Casa Editorial BBM
Editoração Eletrônica: Mojo Design

Elsevier Editora Ltda.
Conhecimento sem Fronteiras
Rua Sete de Setembro, 111 – 16º andar
20050-006 – Centro – Rio de Janeiro – RJ – Brasil
Rua Quintana, 753 – 8º andar
04569-011 – Brooklin – São Paulo – SP – Brasil

Serviço de Atendimento ao Cliente
0800-0265340
atendimento1@elsevier.com

ISBN 978-85-352-7910-8
ISBN (versão digital): 978-85-352-7911-5

Nota: Muito zelo e técnica foram empregados na edição desta obra. No entanto, podem ocorrer erros de digitação, impressão ou dúvida conceitual. Em qualquer das hipóteses, solicitamos a comunicação ao nosso Serviço de Atendimento ao Cliente, para que possamos esclarecer ou encaminhar a questão. Nem a editora nem o autor assumem qualquer responsabilidade por eventuais danos ou perdas a pessoas ou bens, originados do uso desta publicação.

CIP-BRASIL. CATALOGAÇÃO-NA-FONTE
SINDICATO NACIONAL DOS EDITORES DE LIVROS, RJ

D31e

Dawar, Niraj
Empresa focada no cliente : mude a estratégia do produto para o cliente / Niraj Dawar ; tradução Alessandra Mussi Araujo. - 1. ed. - Rio de Janeiro : Elsevier, 2014.
256 p. : il. ; 23 cm.

Tradução de: Tilt: Shifting Your Strategy From Products To Costumers
Inclui índice
ISBN 978-85-352-7910-8

1. Clientes - Contatos. 2. Serviços ao cliente. 3. Consumidores - Preferência. 4. Produtos. I. Título.

14-13642   CDD: 366.1   CDU: 658.8342

O autor

NIRAJ DAWAR, professor da Ivey Business School (Canadá e Hong Kong), é um renomado especialista em estratégia de marketing que também já trabalhou nas melhores faculdades de Administração na Europa e na Ásia. Niraj trabalha com o alto escalão de empresas globais nos três continentes, como BMW, HSBC, Microsoft, Cadbury, L'Oréal e McCain Foods. Também trabalhou com startups nos setores de biotecnologia e informação, e teve artigos publicados na *Harvard Business Review*, na *MIT Sloan Management Review* e nas principais revistas científicas. Niraj já teve opiniões publicadas no *Financial Times*, *International Herald Tribune* e no *The Globe and Mail*. O autor mora no Canadá.

Prefácio

POR QUE os profissionais de marketing são tão pouco respeitados? O CEO questiona como esses profissionais gastam o tempo; o Chief Financial Officer (CFO) quer saber como eles gastam o dinheiro da empresa; o pessoal de vendas acredita que os colegas de marketing são abstratos demais e não se concentram o suficiente nos negócios imediatos. Agora, o que as equipes de produção e da rede de fornecimento pensam é impróprio para publicação...!!! A raiz do problema está no seguinte fato: já faz algumas décadas, que as iniciativas de marketing não têm sido vistas como projetos que realmente agregam vantagem competitiva. Desde o auge da mídia e das marcas de massa, a contribuição estratégica de marketing vem diminuindo progressivamente. A função tornou-se cada vez mais tática, avaliada por pontos percentuais de participação no mercado que quase sempre acabam perdendo em um trimestre ou dois depois. Pense nas razões pelas quais sua empresa é (ou não é) mais lucrativa, de forma confiável e constante, do que suas rivais no setor. Quantas dessas razões advêm das atividades de marketing? No entanto, há sinais de uma retomada de marketing em alguns setores.

Os novos gigantes – Google, Amazon.com, Facebook e Apple – são empresas de marketing: a proposta de valor e as vantagens competitivas de todas elas concentram-se nas informações que possuem dos clientes e seu sucesso é sustentado por marcas formidáveis. Na verdade, pode-se argumentar que, depois de passar pelas fases de hardware, software e internet, o Vale do Silício, o principal indicador de tendências do setor, chegou à sua fase de marketing. Mas o renascimento do marketing não se limita à indústria de tecnologia. Seus efeitos são de longo alcance e estão redefinindo inúmeros setores em todas as regiões do planeta. Líderes empresariais em todos os lugares se apressam para evitar a rápida comoditização de seus produtos e acompanhar o gerenciamento de clientes, uma atividade cada vez mais importante.

Este livro é para executivos de nível sênior (os chamados *Chiefs*) envolvidos na definição da orientação estratégica de uma empresa. É para os CEOs que pensam merecer uma contribuição mais estratégica de marketing, para os CFOs que pensam poder obter um retorno maior dos polpudos investimentos em marketing, e para gestores de marketing e marcas que gostariam de recuperar um pouco de respeito na organização, contribuindo para a construção de uma vantagem competitiva sustentável.

Ao longo dos últimos 20 anos, tive o privilégio de trabalhar com equipes de gestão em organizações de uma ampla variedade de setores – desde startups até empresas multinacionais, em várias partes do mundo. Hoje, muitas das organizações enfrentam um novo cenário competitivo, onde suas tradicionais fontes de vantagem competitiva vão sendo neutralizadas à medida que o mundo se torna mais plano, e onde novas tecnologias corroem rapidamente as vantagens de produtos e processos de produção que serviram de baluarte contra a concorrência durante décadas. Este livro leva os gestores dessas organizações de volta às raízes, fazendo perguntas fundamentais, como: por que seus clientes compram de você e não de seus concorrentes? As respostas a essas perguntas revelam novas oportunidades para criar tanto valor aos clientes quanto novas fontes de vantagem competitiva.

A maioria dos livros é escrita com muita ajuda de amigos e este não é exceção. Na elaboração desta obra, tive o apoio incondicional de minha esposa, Chantal, que também é a pessoa que avaliou minhas ideias, fez uma revisão crítica do primeiro manuscrito e me dá apoio moral o tempo todo. Agradeço aos meus filhos pela paciência durante a elaboração deste livro – vamos retomar nossos passeios de canoagem e bicicleta em breve.

Agradeço aos meus colegas da Ivey Business School pelas conversas e comentários sobre o manuscrito, bem como pelo apoio e flexibilidade que me deram. Em particular, agradeço a Mark Vandenbosch por seus insights e comentários incisivos. O reitor, Carol Stephenson; os vice-reitores Roderick White e Eric Morse; e o diretor do programa de MBA, Fraser Johnson, que gentilmente proporcionou-me a flexibilidade necessária na programação de minhas aulas para que eu tivesse tempo para trabalhar neste livro. Sou grato aos meus colegas no grupo da área de marketing pelo apoio contínuo.

Meu editor, Jeff Kehoe da Harvard Business Review (HBR) Press, tem um talento especial para cristalizar o feedback de uma forma que imediatamente aprimora o produto final, e a equipe editorial da HBR Press eleva os manuscritos ao mais alto padrão. Também é um verdadeiro prazer trabalhar com meu agente, Esmond Harmsworth, da Zachary Schuster & Harmsworth. Sou grato por seus insights sobre o mundo editorial, por sua capacidade de acabar com a desordem e chegar ao que interessa, e por seu senso de humor.

Meus agradecimentos aos colegas do INSEAD (em Fontainebleau e em Cingapura) que gentilmente me acolheram durante os anos sabáticos. Um agradecimento especial ao corpo docente do grupo da área de marketing pelas conversas brilhantes ao longo dos anos. Meu muito obrigado aos meus colegas de Vlerick (Bélgica) que gentilmente me acolheram durante minha licença sabática quando a ideia para este livro estava germinando e um agradecimento especial a Philippe Haspeslagh, Steve Muylle, Marion Debruyne e Frank Goedertier pelas discussões que tivemos sobre a visão panorâmica e a vantagem competitiva cognitiva. Agradeço também ao Flanders District of Creativity pelos recursos financeiros e a Livia Pijakova pela ajuda com as pesquisas sobre o projeto da visão panorâmica, incluído no Capítulo 4.

Sou grato a John Bradley pelas discussões constantes sobre a história do marketing e pelo manuscrito que desenvolvemos em conjunto há muitos anos em *A Future History of Marketing*. Dr. Neil Duggal forneceu apoio e ideias que fortaleceram a espinha dorsal deste livro.

Agradeço aos doutorandos Charan Bagga, Theodore Noseworthy e Jodie Whelan pelas conversas e seus comentários úteis sobre os primeiros manuscritos. Sou grato a um grupo de amigos íntimos e incentivadores que atuaram como os primeiros leitores dos primeiros capítulos.

Courtney Hambides e Kierra Clemens mantiveram várias versões de inúmeros manuscritos deste livro organizadas, formatadas, numeradas e acessíveis para que eu pudesse encontrar o que precisasse no meio delas. Obrigado a todos.

Por fim, meu muito obrigado aos gestores das empresas onde liderei workshops, conduzi entrevistas e participei de reuniões: obrigado pela abertura, sugestões e outros tipos de ajuda. Este livro é para vocês.

Sumário

Introdução 1

Parte I   O centro de gravidade de sua empresa

1. Descobrindo a nova posição da vantagem competitiva 21

2. Reduzindo drasticamente os custos e os riscos assumidos
   por seus clientes 51

3. Aproveitando a vantagem *downstream* 75

Parte II   O "Mirante"
Mapeando as redes existentes no mercado

4. Atribuindo um novo valor a seus clientes 85

5. Extraindo valor da visão panorâmica 109

Parte III O mergulho profundo
O campo de competição na mente do cliente

6. Definindo o escopo do campo de batalha 133

7. Assumindo o controle dos critérios de compra 141

8. Conhecendo quem são seus concorrentes 167

Parte IV Moral da história

9. Derrubando mitos nas guerras do mercado 185

10. Entendendo por que a vantagem competitiva
    downstream é sustentável 201

11. Inclinando a estratégia e a organização de sua empresa 215

Notas 231

Índice remissivo 239

Introdução

Foco no downstream

"ENTÃO, VOCÊ trabalha com o quê?" é uma pergunta clássica em uma festa para a qual a maioria das pessoas tem uma resposta rápida e bem praticada. Ao longo dos anos você, como eu, provavelmente já ouviu muitas respostas para essa pergunta, mas na minha própria experiência, o mais comum, invariavelmente, é descrever o produto ou as instalações de produção: "Trabalho no ramo de esquadrias de PVC", "Trabalho em uma empresa que desenvolve software de gestão de riscos", ou "Trabalho em um banco". Essas respostas descritivas e concisas revelam mais do que percebemos sobre como o gestor vê os negócios e a estratégia de sua organização.

Cinquenta anos atrás, no inspirador artigo "Marketing Myopia", da *Harvard Business Review*, Ted Levitt demonstrou os perigos de uma resposta restrita demais a essa inócua questão tão corriqueira em situações informais. Segundo o autor, muitas companhias ferroviárias foram expulsas do mercado pela concorrência que surgia do nada com novas formas de transporte (caminhões nas novas autoestradas interestaduais e companhias aéreas), pois não conseguiram reconhecer que atuavam no setor de transporte e não apenas no segmento ferroviário. As organizações de hoje não são menos propensas à mesma miopia e o insight de Levitt é tão aplicável hoje quanto na época da publicação do artigo. Nos últimos anos, a Eastman Kodak Company sofreu um declínio longo e difícil, que culminou em sua falência, porque, apesar de ter inventado a fotografia digital, não conseguiu compreender ou administrar a mudança do mercado para a nova tecnologia. Levitt diria que a empresa equivocou-se ao posicionar-se como integrante do segmento de filmes fotográficos e não como uma organização do setor de imagem. Da mesma forma, a Xerox ficou atolada no prosaico negócio de processamento de documentos quando, com o acesso aos clientes e o tesouro de pesquisa que detinha nas mãos, poderia ter assumido a liderança do mercado de processamento de informações, que apresentou um dos mais rápidos índices de crescimento na economia nos últimos 40 anos. Que tal colocarmos o BlackBerry na categoria de "lições não aprendidas"? A fabricante dessa linha de aparelhos celulares tornou-se tão apegada a uma característica do produto – o teclado físico – e superestimou tanto a força desse componente entre os clientes corporativos, que não acompanhou a mudança para as touchscreens (telas de toque) dos smartphones e perdeu sua outrora inabalável liderança – primeiro no mercado de consumo, depois no segmento corporativo – mais rápido do que qualquer um poderia ter imaginado. Mas, indo além do insight de Levitt, observamos que a pergunta: "Você trabalha com o quê?" é muito mais profunda que o alcance de nossa visão. Quando ouço as respostas, procuro ver o que nos dizem sobre o *centro de gravidade do negócio*. A ênfase na resposta indica qual parte do negócio os gestores veem como o principal vetor de valor e onde concentram mais sua atenção.

Uma nova pergunta

Nos últimos 20 anos, fiz essa pergunta a milhares de gestores em todo o mundo, seguida de outra questão: "Por que seus clientes compram de você e não de seus concorrentes?". As respostas à primeira pergunta ainda descrevem o produto que a empresa vende ou suas instalações de produção. Fico sempre perplexo com a forma como os gestores raramente mencionam os clientes ou os benefícios que sua empresa oferece a eles. Para muitos, o produto é o negócio, assim como na época de Levitt. As empresas continuam a gastar um bocado de tempo, esforço e recursos em seus produtos. Na verdade, os negócios estão estruturados em torno dos produtos. As organizações têm divisões e gerentes de produtos, e a lucratividade geralmente é medida pelos produtos (não pelos clientes). As reuniões de planejamento e orçamentos são baseadas nos produtos; os incentivos e bônus estão vinculados ao volume de movimentação dos produtos; as esperanças e aspirações dos gestores estão presas à inovação e ao pipeline (processo de produção) de novos produtos. Seguindo a sabedoria convencional, essas empresas acreditam que a criação de melhores produtos é o caminho para um futuro competitivo melhor, sem tantos gastos. E por que o produto não deveria definir o negócio? Afinal, o produto é o que a empresa faz. O dinheiro entra quando o produto sai e é fácil mensurar os itens comercializados: é possível atribuir receita, custos e margens a uma unidade de produto e estabelecer a correlação desses indicadores com o número de unidades produzidas e vendidas.

Minha pergunta tem como objetivo descobrir o que os gestores veem como a vantagem competitiva especial de sua empresa, não apenas como eles veem seus negócios – e eu sempre acabo descobrindo outra coisa: as respostas revelam uma lacuna intrigante entre a obsessão pelos produtos por parte dos gestores e o comportamento dos clientes. Então, por que eles acham que os clientes compram deles e não de seus concorrentes? As respostas incluem explicações como estas: "Eles confiam em nós", "Nossa confiabilidade em termos de fornecimento e entrega", "Nosso atendimento", "Conhecemos muito bem os negócios de nossos clientes", "Nossa experiência com clientes do mesmo tipo", "Fornecemos produtos/serviços sem atropelos", "Eles nos veem como um fornecedor único", "Ocupamos uma posição de destaque entre as demais empresas analisadas", "Nossa reputação" e "Nossa marca". Raramente um produto melhor mencionado e dificilmente o preço mais baixo é visto como o motivo que leva os clientes a comprar de uma determinada empresa. Em outras palavras, as respostas à pergunta: "Por que os clientes compram de nós?" residem quase inteiramente nas *interações* que ocorrem no mercado. Confiança, confiabilidade em termos de fornecimento, atendimento, conhecimento, experiência e reputação não são itens que possam ser produzidos em uma fábrica ou embalados e vendidos nas prateleiras. Essas são fontes posteriores (*downstream*) de valor, originadas em atividades, processos e sistemas específicos que a empresa usa para reduzir seus custos operacionais e o risco dos clientes. A grande lacuna entre os motivos que levam os clientes a comprar de uma empresa (motivos *downstream*) e a quais etapas as empresas dedicam a maior parte de seus esforços e recursos (iniciais ou *upstream*) é a razão deste livro.

Um léxico comum

Antes de avançar mais por este caminho, vale a pena definir alguns termos. Usarei o termo *interações com os clientes* para indicar os pontos em que o cliente entra em contato com o fornecedor, os produtos ou as informações sobre o vendedor no mercado. Fornecedores têm *metas*, como chegar a $10 bilhões de faturamento, aumentar as vendas em 10% ao ano, auferir lucros de $10 milhões, ser classificado como número 1 em satisfação do cliente ou deter a maior fatia do mercado. As metas são mais significativas quando são definidas em relação à *concorrência*. Para alcançar suas metas, a empresa adota uma *estratégia* que explica como irá criar *valor* para os clientes e superar os concorrentes. É importante ressaltar que o valor não precisa ser limitado a um produto. Ele pode incluir serviços, é claro, mas também sentimentos e emoções, como paz de espírito e conforto. As empresas procuram criar um valor exclusivo ou diferenciado, pois sabem que o seu segmento de clientes-alvo comprará mais ou estará disposto a pagar mais por essa proposição diferenciada. No entanto, elas não querem conseguir esse feito uma única vez. Querem implementar um sistema que ofereça aos clientes um valor único ou diferenciado, de modo confiável e constante – um sistema que seus concorrentes, por definição, não têm e não terão por um bom tempo. Ou seja, as empresas buscam *vantagem competitiva*: uma forma de criar valor para os clientes – uma maneira que seus concorrentes não possuem. E a melhor vantagem competitiva é a duradoura, aquela que os concorrentes não conseguem alcançar – a vantagem do tipo *sustentável*. O ideal é ter um tipo de vantagem competitiva que seja difícil, ou mesmo impossível, para os concorrentes reproduzirem. Mas como nenhuma vantagem dura para sempre, as empresas investem em *inovação* – uma maneira de encontrar ou criar novas formas de valor para o cliente que as leve a uma vantagem competitiva sustentável.

Seu centro de gravidade

A ideia central deste livro é o *centro de gravidade* de um negócio. Tradicionalmente, as empresas têm buscado alcançar vantagem competitiva *upstream* – as atividades de criação de valor relacionadas com a produção e os produtos. Para tanto, construíram fábricas maiores e aproveitaram a escala; encontraram mão de obra e matérias-primas novas e mais baratas; descobriram maneiras mais eficazes de produzir, movimentar e armazenar seus estoques; e inventaram produtos e recursos tão interessantes que os concorrentes não conseguiram copiar. O *upstream* (estágios iniciais) parece muito importante porque assim nos contam os registros históricos. Algumas das empresas mais bem administradas da história ganharam a maior fatia do mercado e tornaram-se muito lucrativas por terem aproveitado o *upstream*:

- Nos primeiros anos da indústria automobilística, a Ford construiu uma fábrica tão grande e ágil que levou o custo de produção por unidade do modelo Ford T muito abaixo do calculado na fabricação de modelos da concorrência. A conquista deu à Ford uma significativa vantagem em termos de preços na conquista de participação de mercado. Os produtores de sabão, produtos químicos, alimentos e têxteis estão entre os primeiros que reconheceram as vantagens das linhas de montagem e da escala industrial. A escala acabou se tornando uma das fontes de definição de vantagem competitiva no século XX, reformulando todos os setores.

- Para pulverizar a concorrência e ganhar o controle de grande parte da oferta mundial, a De Beers, gigante do setor de mineração e comércio de diamantes, beneficiou-se de uma vantagem imbatível durante várias décadas. Poucas empresas em qualquer setor tiveram um poder tão amplo sobre as fontes de matéria-prima como a De Beers e menos ainda souberam transformar essa vantagem competitiva *upstream* em lucros com tamanha eficácia.

- A Infosys, empresa global de serviços de TI em rápido crescimento, com sede na Índia, criou uma formidável vantagem mundial com base no acesso que possui a um grupo aparentemente inesgotável, barato e, ainda por cima, flexível de programadores de software, analistas de sistemas e engenheiros. Empresas em todos os lugares recorrem à Infosys por sua capacidade de aglutinar rapidamente grandes equipes de programadores de software especializados para trabalhar em projetos com prazos apertados.

Até pouco tempo atrás, essa vantagem parecia inexpugnável: poucas outras empresas tinham esse tipo de acesso ao pool de talentos de software da Índia ou à capacidade de estabelecer, dissolver e restabelecer equipes de engenheiros de acordo com as necessidades do cliente, de modo rápido e barato.

- O Walmart, gigante do setor de varejo, construiu uma rede imbatível movimentando os estoques entre sua cadeia de fornecimento global e suas lojas. Graças à escala e à eficiência da circulação de mercadorias, cada unidade do produto foi transportada com baixo custo, menos produtos foram perdidos em trânsito e menos clientes deixaram de comprar na rede por não encontrar os itens desejados em estoque. Essa economia permitiu à empresa praticar preços mais baixos que os da concorrência.

- A maior fabricante de automóveis do mundo, a Toyota Motor Corporation, antes também era conhecida por sua intransigente ênfase na qualidade. Seu foco na qualidade permeava todos os aspectos da produção – do design dos carros até o layout das linhas de montagem e o desenvolvimento dos círculos de qualidade no chão de fábrica. Por meio dessa vantagem, a empresa produziu veículos mais confiáveis, que os clientes tanto queriam quanto estavam dispostos a pagar.

- Algumas das empresas mais inovadoras do mundo enfocaram incansavelmente o desenvolvimento de novos produtos e avaliaram sua capacidade de inovação em termos da participação dos lançamentos dos últimos três ou cinco anos na receita.

Mas o mundo em que esses gigantes *upstream* alcançaram seu sucesso está passando por profundas mudanças. Até as maiores empresas desse tipo já descobriram que vantagens antes consideradas exclusivas podem se tornar banais ou irrelevantes quase que da noite para o dia. Com a De Beers, isso aconteceu pela primeira vez após o fim da Guerra Fria, quando os diamantes mais baratos da antiga União Soviética começaram a inundar o mercado. Para a Infosys, os dias fáceis terminaram quando outras empresas de consultoria de TI, como a Accenture e a IBM, descobriram que poderiam replicar seu exército de funcionários inteligentes e motivados, contratando maciçamente na Índia. Em 2009, a IBM tinha mais funcionários na Índia do que nos Estados Unidos e, em 2013, a empresa estava no caminho certo para neutralizar qualquer vantagem de custo de mão de obra mantida por suas rivais indianas. O Walmart encontrou uma concorrência substancialmente mais poderosa quando empresas terceirizadas de logística e fornecedores de grande escala começaram a deslocar as mercadorias da fábrica para as prateleiras a custos comparáveis com os seus. Com a China como o centro de produção de tantos produtos e empresas multinacionais, serviços de sourcing terceirizados e especialistas em logística, como a Li & Fung sediada em Hong Kong, transformaram o que antes era uma capacidade exclusiva em um serviço que qualquer concorrente do Walmart poderia comprar no mercado aberto. Com a terceirização da produção para fabricantes como a Foxconn na Ásia, as economias e vantagens da produção em grande escala também se tornaram disponíveis para qualquer conglomerado que optasse por terceirizar. Não é mais necessário construir e possuir a escala para desfrutar de seus benefícios.

Empresas deitadas no berço esplêndido da glória *upstream* dos produtos de qualidade também estão constatando o quão passageira essa vantagem pode ser. A Toyota descobriu que sua famosa qualidade poderia ser perdida com mais facilidade do que fora conquistada quando se deparou com o terrível obstáculo da publicidade negativa envolvendo seus sistemas de freios.

A situação também pode mudar para as empresas que dependem de inovação, nas quais a parcela da receita advinda dos produtos lançados nos últimos três a cinco anos muitas vezes é usada como um distintivo de honra. Mas o jogo muda quando as empresas especializadas em inovação, como a Ideo e a Jump, oferecem produtos e serviços de design no mercado aberto, permitindo que qualquer empreendedor compre os recursos antes exclusivos das organizações inovadoras. Em cada um desses casos, a vantagem *upstream* desmoronou ou erodiu e nivelou o campo de batalha à medida que os concorrentes alcançaram os líderes ou que habilidades, capacidades e recursos exclusivos tornaram-se disponíveis para qualquer concorrente disposto a comprá-los ou alugá-los.

O acesso exclusivo a habilidades, capacidades e outros recursos que compunham a essência do modelo industrial dominante por 250 anos, rapidamente, estão dando lugar a um modelo pós-industrial de vantagens *downstream*, no qual o valor é criado nas interações com os clientes, a vantagem competitiva é construída e sustentada no mercado, e os custos primários concentram-se em conquistar, satisfazer e reter clientes.

Inclinação do centro de gravidade para *downstream*

Três aspectos críticos dos negócios penderam para o *downstream*: o lugar da vantagem competitiva, o lugar das atividades que agregam valor (aquelas pelas quais o cliente está disposto a pagar) e os custos fixos primários do negócio. Essas mudanças têm implicações profundas na estratégia e na maneira como as empresas são avaliadas, monitoradas e gerenciadas. Agora, as organizações devem procurar e desenvolver novas formas de valor e novas fontes de vantagem competitiva. Em outras palavras, as empresas devem tentar *inclinar seu centro de gravidade*. Devem reformular sua estratégia para o *downstream*.

A erosão da vantagem competitiva *downstream* não é exclusividade de uma localização geográfica ou setor da economia. Ela acontece em todo o mundo, em inúmeros setores, e afeta empresas de todos os tamanhos. É impulsionada por algumas forças novas e poderosas. O aspecto mais importante é a rapidez cada vez maior da comoditização de produtos e produção. Hoje, fabricantes de quase todos os lugares podem reproduzir a aparência, e até mesmo a sensação, de um produto inovador e lançar sua réplica no mercado por uma fração do preço e em uma fração do tempo necessário para criar o original. Mesmo em setores cujos novos produtos são protegidos por patentes, como a indústria farmacêutica, os concorrentes são implacáveis e muitas vezes entram no mercado antes da expiração da patente, usando novas variantes da molécula original.

Uma força relacionada é a terceirização das atividades *downstream* do processo de produção. Mesmo antigos campeões de mercado, como a Nike e a HP, deixaram de fabricar seus próprios produtos – hoje eles terceirizam a fabricação para indústrias de outros países, principalmente na Ásia. O "grosso" de seu próprio esforço e recursos é gasto em uma corrida contra o tempo para desenvolver os blockbusters de amanhã, pois as inovações de ontem tornam-se comuns com velocidade cada vez maior. A terceirização requer a padronização de tarefas, processos e qualidade – padronização esta que não só facilita o repasse da produção para fornecedores externos, como também faz com que seus produtos e processos tornem-se transmissíveis para os concorrentes. A fabricação, o desenvolvimento e mesmo o design de produtos estão se tornando atividades tão comuns e facilmente delegáveis, que está cada vez mais difícil conquistar uma vantagem duradoura nessas áreas.

A própria inovação dos produtos, antes tida como o baluarte contra a comoditização, está se tornando uma commodity. O fluxo rápido e aberto de informações e pessoas, os mercados abertos para design de produtos e capacidades de inovação, a engenharia reversa e a terceirização global têm contribuído para um mundo mais schumpeteriano, no qual o ritmo da destruição criativa está se acelerando.

É só observar a facilidade com a qual as réplicas de novos produtos são feitas na China. A imitação barata do iPod "made in China" é vendida por menos de $100,00; os tênis Nike feitos em Putian, na China, são praticamente idênticos aos originais e vendidos em muitas partes do mundo como artigos autênticos. "Imitadores legítimos" também proliferam livremente no mercado. Muitos avanços técnicos, como tecnologia sem fio, comunicações de campo próximo (NFC – *near-field communications*) e HTML5 tendem a ser baseados em padrões adotados em todo o setor, de modo que, por definição, os concorrentes também tenham acesso a eles. Muitos desses concorrentes também têm acesso aos mesmos designers, fabricantes e especialistas em logística dos fornecedores terceirizados que transformam essas tecnologias básicas em produtos. O resultado é uma equalização dos elementos básicos dos produtos e uma erosão das vantagens que costumam resultar da singularidade existente no *upstream*.

No entanto, a erosão da vantagem *upstream* não está, necessariamente, levando a um mundo de empresas de commodities ferozmente competitivas. Nos capítulos seguintes, vamos assistir a uma mudança no centro de gravidade para o *downstream* do fluxo dos negócios, como o local de novas fontes de vantagem competitiva duradoura. Vamos ver como as empresas que compreendem a importância dessas etapas e inclinam seu centro de gravidade estão criando negócios que dominam o cenário competitivo do futuro.

Em nossa busca por vantagens competitivas duradouras no *downstream*, somos naturalmente confrontados com um dilema. As fontes de vantagem competitiva e os exemplos que as ilustram são relativamente novos, mas se quisermos ter certeza de que a vantagem competitiva será duradoura e sustentável, temos de examinar o sucesso da estratégia das empresas por um longo período. Para ilustrar os conceitos deste livro, propositadamente, selecionei estudos de caso que tenho acompanhado durante anos e, em alguns casos, décadas, para entender as origens do sucesso duradouro dessas organizações.

Custos, valor e vantagem competitiva

Todos os executivos de nível sênior devem ter a capacidade de responder três perguntas que ajudam a localizar o centro de gravidade de suas empresas:

- Onde está a maior fatia de seus custos fixos? Na fábrica, no departamento de P&D (pesquisa e desenvolvimento) ou em atividades relacionadas com conquista, retenção e satisfação dos clientes?

- Quais das atividades são mais valorizadas por seus clientes? Por quais produtos e/ou serviços seus clientes estariam dispostos a pagar um preço mais alto? Quais são as razões para a fidelidade dos clientes? Onde essas atividades residem no espectro que vai do *upstream* ao *downstream* do fluxo dos negócios?

- Ao longo desse espectro, em que ponto reside a vantagem competitiva de sua organização?

- E onde está o diferencial de longo prazo?

O centro de gravidade do seu negócio (em comparação com outras empresas semelhantes à sua) pode determinar o seu grau de competitividade. Por exemplo, na indústria farmacêutica, apesar da proteção por patente para novas moléculas, as empresas que têm influência sobre médicos e pacientes tendem a estar no comando. São elas que adquirem startups com foco no *upstream* do desenvolvimento de produtos ou uma indústria já estabelecida, que detenha um portfólio de patentes, e não o contrário. Nesse setor, uma empresa que não incline seu foco para as fases posteriores poderá encontrar-se atuando em campos em crescente processo de comoditização, com margens cada vez menores, pouca ingerência nos critérios de compra dos clientes, e pouca influência no curso futuro do mercado. Este livro tenta explicar como tomar o controle do centro de gravidade de sua empresa.

Tem início o processo de inclinação

A Figura I-1 ilustra a crescente inclinação das empresas ao longo das dimensões de custo, valor e vantagem competitiva. As empresas líderes do século XXI dominam cada vez mais o *downstream*. A Amazon.com cresceu e tornou-se uma força tão formidável não por vender produtos melhores, mas por vender de modo mais eficaz.

Seu motor de recomendações e as opiniões de outros consumidores agregam um valor incomparável aos clientes. Seus recursos de data mining (mineração de dados) garantem que a Amazom.com saiba o que os clientes precisam, às vezes antes mesmo deles. Sua capacidade de conectar vendedores a compradores transformou-a no maior shopping center eletrônico do mundo. A Apple inoculou o medo do fracasso nos coração de seus rivais outrora formidáveis, como BlackBerry, Palm, Sony e Nokia, mas não porque tenha o music player, telefone celular ou tablet com mais recursos do mercado (não mesmo). Em vez disso, a Apple aplica uma estratégia *downstream* magistralmente executada, que inclui o iTunes e a App Store, e correlaciona os desenvolvedores de software e de música com os clientes dispostos a pagar um pouco mais para tirar o melhor proveito de todos os recursos de seus gadgets.

FIGURA I-1

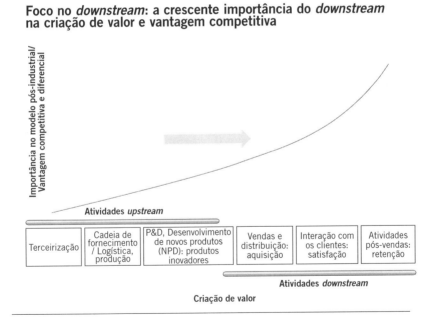

Foco no *downstream*: a crescente importância do *downstream* na criação de valor e vantagem competitiva

Veja outro exemplo da indústria de tecnologia, no qual os produtos tradicionalmente reinaram absolutos. Na virada do novo século, a IBM reconheceu que mais da metade dos orçamentos de tecnologia das empresas eram gastos com instalação, manutenção e atualização de tecnologia, e não com hardware ou software de prateleira. Os compradores corporativos gostariam de poder adquirir hardware e software confiáveis, compatíveis e conectáveis em rede. Reconhecendo isso, a IBM investiu fortemente na prestação de serviços de desenvolvimento e implementação relacionados com produtos que seus clientes poderiam obter de forma gratuita, como o Linux, sistema operacional de código aberto. O Linux, programado por milhares de desenvolvedores voluntários que colaboram no espaço virtual da internet, já tinha estabelecido uma reputação como uma plataforma de computação sólida e confiável de qualidade empresarial. Os clientes corporativos gostaram da ideia de poder contar com um produto gratuito, mas demoraram a adotá-lo, pois não tinham certeza quanto aos riscos de implementação e de segurança decorrentes de um software de código aberto ou quanto à disponibilidade de serviço on-demand (sob demanda) e personalização de que precisavam. Durante a última década, a IBM demonstrou que reduzir esses riscos e os custos de personalização para os clientes pode ser um lucrativo negócio multibilionário e que, ao mesmo tempo, transforma em commodities os produtos de concorrentes, como a Microsoft, cujos modelos de negócios foram concebidos em torno da venda de software proprietário.

Em um contexto totalmente diferente, mas com conclusões semelhantes, o fornecimento de medicamentos antirretrovirais para os pacientes de aids na África também traz o valor crítico do *downstream*. No início deste século, pressionados pelos ativistas e pela imprensa, os laboratórios farmacêuticos finalmente decidiram cortar em mais de 95% os preços de seus medicamentos anti-HIV fornecidos a vários países da África. Com essa medida, o custo anual de mais de $12.000 por paciente, em alguns países, caiu para menos de $500. As drogas eram oferecidas aos governos dessas nações para venda e distribuição. Mas as empresas logo perceberam que ainda havia infectados não tratados: o uso disseminado da medicação não aconteceria sem uma infraestrutura de monitoramento, testes, distribuição de informações, aconselhamento e acompanhamento regulares – atividades *downstream* raramente disponíveis em vários desses países. Na ausência dessa infraestrutura, o produto, mesmo quando distribuído praticamente de graça, seria de pouco valor.

Com estes exemplos, não pretendo sugerir que as atividades *upstream* deixaram de ser importantes, que devem ser negligenciadas ou que terceirizá-las é bom ou ruim para a empresa. Na verdade, manter a competitividade *upstream* é muito importante, para dizer o mínimo. Importante, pois essas etapas representam os critérios de base dos negócios – não é possível operar sem alcançar paridade competitiva em termos de recursos, produtos e produção, tampouco é possível continuar no mercado sem manter um certo ritmo de desenvolvimento de novos produtos. Mas para ganhar, é preciso alcançar a superioridade no *downstream*.

As empresas que reconhecem que a criação de valor diferenciado e a vantagem competitiva residem no *downstream* tendem a inclinar o foco para esses estágios de suas operações. Mas pelo que tenho observado, mesmo as empresas líderes muitas vezes não têm uma estrutura e processos sistemáticos para identificar, criar e fixar o valor no *downstream*. Como a maioria das organizações da atualidade, as que ocupam a dianteira do mercado se aprimoraram no desenvolvimento de novas formas de valor no *upstream*: pense em todos os processos passo a passo, definidos por estágios e marcos que orientam as indústrias farmacêuticas no desenvolvimento de um novo princípio ativo ou que as indústrias automotivas utilizam na concepção de um novo modelo de carro. Mas quando se trata de processos sistemáticos para a criação de novas formas de valor no *downstream*, muitas vezes, não há nenhum laboratório, gerente ou orçamento de P&D, pior ainda, não há sequer um processo de P&D definido.

A maioria das empresas continua operando com seu centro de gravidade no *upstream*. Muitas vezes, mesmo as empresas que inclinaram fatores como custos, fontes de valor ao cliente e bases de vantagem competitiva para o *downstream*, continuam estruturando os negócios, assim como os gestores continuam avaliando e administrando as operações, com o foco no *upstream*. Há uma inércia, e até mesmo uma resistência, em inclinar o foco para o *downstream*, pois esse campo de atuação tem um layout muito diferente e um conjunto de regras ainda desconhecidas. Este livro pretende orientar as empresas para uma nova compreensão das regras do jogo com foco no *downstream*.

Um roteiro

Este livro é dividido em quatro partes. A primeira define em detalhes a distinção entre o *downstream* e o *upstream* do fluxo dos negócios e ajuda a localizar sua empresa nesse espectro. Vamos confrontar a lacuna entre o *upstream*, onde as empresas costumam concentrar seus esforços atuais, mantendo-se féis aos recursos e premissas do passado, e o *downstream*, onde as oportunidades de estabelecer uma vantagem competitiva abundam. Faremos uma espécie de viagem no tempo para conseguir compreender as raízes do modelo industrial que surgiu no século XVIII e a rapidez com a qual esse modelo de negócios de mais de 200 anos está se tornando obsoleto para as condições de negócios do século XXI. Vamos conhecer um modelo alternativo que coloca o cliente, e não a fábrica, no cerne da organização. Veremos como substituir a questão estratégica central: "Quanto mais podemos vender?", que rege o modelo industrial, pelas perguntas: "Por que os clientes compram de nós?" e "Quais são as demais necessidades do cliente?". Essas perguntas nos levarão para as alavancas fundamentais que movem o *downstream*: custos e riscos que os clientes incorrem quando nos escolhem como fornecedores. Veremos como a redução desses custos e riscos é a principal oportunidade para que seja possível inclinar o foco para o *downstream*. Vamos saber por que o *downstream* pode ser uma fonte de vantagem competitiva duradoura e por que tal vantagem é diferente das obtidas no *upstream*. No fim da Parte I, mostrarei como as empresas podem reduzir os custos e riscos dos clientes, administrando o fluxo de informações nas redes do mercado e compreendendo melhor o que os clientes têm em mente.

A Parte II traz uma perspectiva mais ampla sobre o mercado e mostra como as empresas podem aproveitar e canalizar as informações que fluem pelas redes do mercado a fim de reduzir os custos e os riscos dos clientes, bem como para criar uma vantagem competitiva duradoura. Veremos por que um mirante em uma rede de clientes, fornecedores, concorrentes e parceiros é um recurso competitivo excepcional. Mostrarei como algumas empresas estão garimpando as informações que correm em suas redes do mercado, como se fossem lascas de ouro, montando grandes arsenais com esses preciosos dados que oferecem pontos de vista inéditos do mercado, formas sem precedentes de criação de valor para os clientes e meios para alcançar uma vantagem competitiva sustentável. Veremos o que torna esse tipo de informação tão valioso, como as empresas as organizam e canalizam, porque esses dados oferecem uma base para a vantagem competitiva e o que torna essa vantagem sustentável.

Na cobertura da mídia, saturada com as façanhas do Facebook, Linked-In e Twitter, é fácil imaginar que uma vantagem competitiva baseada nas informações do mercado é a preservação das empresas no espaço das mídias sociais ou, talvez, no setor de TI em geral. Certamente, as empresas nesse espaço têm acesso a novas formas de dados muito valiosos e startups surgem praticamente a cada dia fundamentadas na premissa dos novos tipos de dados e técnicas de análise. Ainda assim, a vantagem competitiva baseada na informação está igualmente disponível para outras empresas e é tão viável para outros setores, incluindo as indústrias primárias, como extração (petróleo e gás, mineração e exploração de pedreiras) e fabricação (automóveis, maquinário e produtos farmacêuticos), quanto para os bancos, empresas de software, internet e varejo. Examinaremos quatro mecanismos específicos que as empresas desses setores estão usando para tirar o melhor proveito das informações e criar novas formas de valor ao cliente. Escolhi estudos de caso incluindo empresas dos mais variados setores – de exploração de pedreiras ao ensino – para ilustrar a amplitude de aplicações possíveis deste conceito.

Na Parte III, "O campo de competição na mente do cliente", vamos esmiuçar o tema até o nível dos clientes individuais para extrair as implicações da dinâmica da concorrência e das redes de informação dentro da mente dos clientes. As batalhas competitivas entre as marcas podem ser questões antigas e dispendiosas, que superam o tempo de permanência de várias equipes de gestão e, muitas vezes, necessitam de investimentos na ordem das centenas de milhões, ou até bilhões, de dólares. Elas ocorrem em praticamente todas as categorias de produtos e em todos os setores, e não é só na batalha entre Coca-Cola e Pepsi: pense na competição de Airbus contra Boeing, Visa contra MasterCard, Dell contra Lenovo contra Acer contra HP, Nike contra Adidas, Zantac contra Prilosec, Viagra contra Levitra contra Cialis, Colgate contra Crest, Caterpillar contra Komatsu, e assim por diante. Essas batalhas consistem em muito mais do que simples táticas de marketing. Elas envolvem mais do que os gerentes de marca dessas empresas e consomem significativos recursos e atenção da administração. Na verdade, algumas dessas batalhas competitivas definem a dinâmica de seus respectivos setores por anos ou mesmo décadas, empurrando as fronteiras tecnológicas e de segmentação de mercado, impulsionando a inovação de produtos, catalisando fusões e instigando o crescimento e a racionalização das empresas. Ao vencedor, as benesses da posição dominante no mercado: a capacidade de definir as preferências do cliente, preços, termos de troca e trajetórias de inovação. Tudo isso contribui para a panaceia da estratégia de negócios: lucratividade e crescimento acima da média do setor ao longo de períodos sustentados. Os que ficam na "lanterna" devem se contentar em jogar de acordo com as regras dos líderes, praticando os preços por eles determinados, atendendo aos gostos dos clientes do mesmo modo que os campeões e tentando viver de acordo com as normas estabelecidas pela marca alfa. Com essas apostas estratégicas de longo prazo na balança, a Parte III mostrará que a empresa disposta a entrar em competição sem uma compreensão clara do campo de batalha, de seus próprios objetivos e alavancas competitivas, e sem indicadores confiáveis para avaliar o sucesso, estará comentando um grande erro.

A Parte IV consolida as implicações estratégicas de uma inclinação para o *downstream*, começando com um capítulo que dissipa alguns antigos mitos dos negócios: os melhores produtos são realmente o caminho para ganhar vantagem competitiva? A inovação e o ritmo das mudanças no setor são ditados pela tecnologia? Você pode escolher seus concorrentes? Em um mundo onde a concorrência está cada vez mais nivelada, as vantagens competitivas *downstream* são mais sustentáveis do que as *upstream*? Ou seja, as vantagens *downstream* podem ser exploradas de maneira mais ampla e são menos propensas a cair em vala comum do que as *upstream*? Outro capítulo introduzirá um novo tipo de vantagem competitiva – um benefício acumulativo e não propenso à erosão com o passar do tempo. Veremos como a vantagem *downstream* acumula-se ao invés de diminuir. E se você estiver convencido da importância de manter o foco nessas etapas, certamente terá interesse em saber como essa estratégia mudará o seu negócio. Por fim, vamos analisar a forma como a inclinação de setores da economia e empresas afeta as funções de estratégia, organização empresarial, marketing e vendas. Vamos examinar o cenário mais amplo com base em exemplos específicos e considerar a inclinação ao *downstream* no contexto de um mundo de negócios em rápida evolução, onde a concorrência global é cada vez mais definida pela pergunta: "Quem possui o cliente?". Cada uma das quatro partes do livro é composta por capítulos que explicam os conceitos com estudos de casos ilustrativos e aprofundados, extraídos de empresas dos mais diferentes setores da economia e locais geográficos. A ênfase está no contexto do mundo real, e cada capítulo termina com uma lista de verificação para organização e ação, que concentra os conceitos-chave e irá ajudá-lo a analisar o seu próprio negócio sob uma nova luz.

Parte I
O centro de gravidade de sua empresa

1

Descobrindo a nova posição da vantagem competitiva

A HISTÓRIA SOBRE o negócio de cápsulas de café, que a Nestlé inventou e domina, serve como um alerta para empresas de outros setores que estão enfrentando mercados em amadurecimento. Durante décadas, a Nestlé tem sido a maior empresa de café do mundo. A marca Nescafé domina o mercado global de café solúvel, sendo responsável por mais de 360 milhões dos quase 2 bilhões de xícaras da bebida consumidas diariamente no planeta.[1] Mas, até a virada do século XX, a empresa havia identificado várias tendências no mercado de café que eram motivo de preocupação. Aumentar o crescimento e manter grandes margens no mercado em amadurecimento tornava-se missão cada vez mais difícil. Apesar dos esforços da empresa nas áreas de marketing e desenvolvimento de produtos, cada vez mais os consumidores viam o café instantâneo como uma commodity. O mercado mais amplo de café torrado e moído estava estagnado e mais competitivo, com vários concorrentes (*players*) globais, incluindo Procter & Gamble, Kraft, Sara Lee, e outras marcas fortes como Starbucks, Tchibo, Lavazza, Segafredo, e Illy, brigando por uma fatia do mercado. Pequenos aumentos de preço haviam sido praticamente a única fonte de crescimento, mas em um mercado competitivo, isso poderia levar rapidamente a uma redução na fatia de mercado. Os varejistas, principalmente os maiores, grupos de varejo com muito dinheiro na Europa e na América do Norte como Ahold (Holanda), Sainsbury e Tesco (Reino Unido), Carrefour (França), Walmart (Estados Unidos e México) e Loblaw (Canadá) desenvolveram de forma agressiva suas próprias marcas e ameaçavam os trade-offs de preço-valor cuidadosamente controlados, estabelecidos há décadas por marcas como Nescafé. As margens começaram a ficar apertadas à medida que os custos com embalagem e distribuição aumentavam mais rápido do que os preços. Os gastos com marketing e comercialização também, à medida que a concorrência tornava-se mais acirrada. Os varejistas cada vez mais poderosos exigiam margens e condições melhores. E, em um sinal de que pelo menos algumas partes do mercado não eram sensíveis ao preço, os consumidores jovens e antenados distanciavam-se completamente do café instantâneo, buscando os sofisticados cafés gourmet, o único segmento em ascensão no ramo de cafés.

Respondendo aos mercados em amadurecimento

Os esforços do setor no desenvolvimento de produtos haviam gerado uma ampla variedade de cafés instantâneos, tanto da Nestlé quanto de seus concorrentes. Mas como qualquer gerente de marca pode lhe dizer, um número crescente de produtos lutando pelo mesmo espaço limitado em uma prateleira é uma receita que transfere o poder ao varejista. Assim como em outras categorias de supermercados, os varejistas haviam usado esse poder para derrubar os preços de compra, concorrer com base no preço com outros varejistas, e desenvolver e posicionar suas marcas próprias, normalmente com desvantagem para os fabricantes de produtos de marca como a Nestlé. As marcas mais fracas já haviam sido retiradas das prateleiras e substituídas por marcas próprias, e agora os grandes players sentiam a pressão de atender as exigências dos varejistas para reduzir custos, oferecer serviços de mais qualidade e inovar de forma contínua. Esses varejistas gigantes dos mercados desenvolvidos, grandes e afluentes haviam se consolidado e se transformado, passando de simples arrendatários de espaços nas prateleiras a guardiões autonomeados do relacionamento com os consumidores. Por meio de suas marcas próprias e dos programas de fidelidade, eles começavam a explorar comercialmente o valor da sua proximidade com os consumidores.

Os programas de marketing e construção da marca, como a campanha de propaganda na televisão "garoto conhece garota" da Nestlé no Reino Unido nos anos 1990, haviam interrompido a queda nas vendas de café solúvel naquele mercado importante, mas somente durante um tempo. A campanha havia impulsionado as vendas e proporcionado à marca um ar de juventude e romance, mas não conseguiu muita coisa no sentido de criar uma vantagem competitiva duradoura. Somente as campanhas de marketing não eram uma resposta suficiente para as mudanças drásticas que estavam acontecendo no mercado. Um cenário televisivo em fragmentação estava tornando mais difícil alcançar o público em massa de uma forma eficiente e mais caro criar e manter as marcas de massa. Além disso, a televisão por si só se renderia à internet e à programação sob demanda como as principais fontes de informação dos consumidores. Não estava claro como as marcas alcançariam os consumidores do mercado de massa com as propagandas constantes que incentivavam a recompra e o consumo na categoria de cafés.

A Nestlé é praticamente a única empresa que teve uma experiência com um mercado em amadurecimento. Os sinais são conhecidos para a maioria dos gestores. Os produtos da concorrência começam a ficar cada vez mais parecidos, e os concorrentes copiam rapidamente qualquer inovação ou característica nova dos produtos. Os custos com propaganda, assim como as exigências dos varejistas e outros intermediários, devoram uma fatia cada vez maior do bolo enquanto as marcas disputam o espaço nas prateleiras abarrotadas. O crescimento do volume da categoria diminui até engatinhar à medida que os concorrentes começam a beliscar os segmentos de consumidores e a fatia de mercado uns dos outros em busca de crescimento. E no outro extremo irrompem as guerras de preços, corroendo quaisquer margens que as empresas ainda tenham conseguido manter. A inovação futura morre de fome por causa da falta de fluxo de caixa atual, e se os concorrentes não conseguirem evitar isso, o mercado poderá cair com mais rapidez do que qualquer um poderia prever. Com ciclos de vida mais curtos para os produtos e a tecnologia, as categorias de produtos estão amadurecendo muito mais rápido do que antigamente, então os gestores não devem ficar parados muito tempo para testemunhar um mercado em declínio: no século XXI, os mercados amadurecem mais rápido do que os executivos.

Nos primeiros sinais de um mercado em amadurecimento, as empresas enfrentam um recuo sustentado nos preços por parte dos consumidores e intermediários. Inicialmente, elas reagem adotando medidas para cortar os custos, buscando alcançar eficiência logística e produtiva, e inovação nos produtos se puderem arcar com isso. Porém, não é fácil escapar dos perigos de uma concorrência acirrada – as pressões sobre as margens são implacáveis. Muitas empresas ficam frustradas com o ritmo acelerado da obsolescência dos produtos e com a rivalidade da concorrência.

Os investimentos em novos produtos mal têm tempo de dar algum retorno antes de os concorrentes anularem a diferenciação ou até mesmo tornarem os produtos obsoletos, transformando os promissores lançamentos de ontem nos verdadeiros fracassos de hoje. A Sony, a Microsoft e a Nintendo lançaram o primeiro console de videogame nos anos 1980 e 1990. Atualmente, as empresas já estão vendendo a oitava geração desse tipo de console, ou seja, sete gerações já se tornaram obsoletas. Ao longo do tempo, vários fabricantes de videogames, incluindo Sega e Atari, caíram no meio do caminho, exaustos. E, à medida que cada geração nova chega ao mercado, os concorrentes são rápidos em igualar os diferentes recursos e acabar com a vantagem competitiva. O Wiimote, controle do Wii com sensor de movimentos da Nintendo que é um divisor de águas no segmento, aproveitou uma vantagem de três anos em relação a seus principais concorrentes – uma eternidade no negócio de videogames. Contudo, pouco depois esses competidores superaram o pioneiro e desenvolveram versões muito mais avançadas, deixando a Nintendo para trás. A corrida pelo produto e pela inovação dos recursos deixa até os demais concorrentes sem fôlego.

Longe de solucionar os problemas competitivos, a própria inovação torna-se uma tarefa difícil. Visite uma empresa em um mercado em amadurecimento nos dias de hoje e poderá observar que o tempo de gerenciamento e os recursos escassos são consumidos pelo departamento de P&D (pesquisa e desenvolvimento) e pelos esforços no desenvolvimento de novos produtos. Nas reuniões de planejamento e nas conversas na hora do cafezinho, os temas recorrentes incluem produtos da próxima geração, novos recursos e as datas de lançamento. Os gerentes de nível médio depositam suas esperanças no próximo grande lançamento de produto. No entanto, converse em particular com os executivos de nível mais alto e eles sempre lhe dirão que, apesar dos investimentos constantes em inovação, do aumento nos *pipelines* (processos) de produção de novos produtos e da força implacável para reduzir os custos e o tempo de comercialização, eles acham impossível abalar os concorrentes durante um determinado período. E sabem que seus esforços em inovação nem sempre são bem-sucedidos, que as atividades de P&D são como um jogo de azar, capaz de gerar tanto avanços revolucionários como retumbantes fracassos. A HP, venerada empresa de tecnologia do Vale do Silício muito famosa por seus produtos de última geração, retirou o TouchPad, seu promissor lançamento na categoria de tablets em rápida expansão depois de apenas 49 dias no mercado. Reconhecer a derrota frente à implacável concorrência dos tablets com Android e Apple foi algo impressionante.

A Nestlé conseguiu enxergar os sinais do amadurecimento do mercado de cafés muito melhor do que qualquer outro concorrente. A empresa tinha um alcance global e uma rede integrada de fornecedores que ia desde a lavoura dos grãos de café até as prateleiras nas lojas em praticamente todos os países do mundo. A estabilização das vendas ocorreu de forma paralela à desaceleração do crescimento no setor de alimentos nos mercados desenvolvidos. Sendo a maior empresa de alimentos do mundo, a Nestlé foi afetada por ambas as tendências. Mesmo assim, o novo CEO (Chief Executive Officer) havia prometido dobrar a taxa de crescimento da empresa de 2% para 4% no início do novo século. Isso significa que a empresa precisava conseguir mais de $3 bilhões em novos negócios *todos os anos*, tanto para atender às expectativas de crescimento como para compensar o declínio de outras linhas de negócios. Antes de voltarmos a esse desafio, vejamos alguns insights sobre as origens do modelo de negócios industrial fazendo uma viagem no tempo até a Inglaterra do século XVIII.

O legado de Arkwright

Um homem que iniciou sua carreira como barbeiro em Bolton, na região central da Inglaterra nos anos 1700, tornou-se o primeiro grande industrialista do mundo ao desenvolver o sistema fabril que tornou a Grã-Bretanha a fábrica do mundo, e depois o mundo em uma grande indústria.[2] O impacto de Richard Arkwright na indústria e nos negócios foi no mínimo tão grande quanto o de Henry Ford e Steve Jobs, cerca de 150 e 250 anos depois, respectivamente. O insight crítico desse inglês não levou à invenção de um produto novo, mas, assim como os insights de Ford, levou a novos processos de produção. Sua inventividade não estava no desenvolvimento de novos produtos, mas, assim como a genialidade de Jobs, em juntar as inovações existentes e transformá-las em algo revolucionário. Arkwright percebeu que várias invenções recentes para a fiação de algodão e tecelagem poderiam ser justapostas em uma forma completamente nova de manufatura, baseada na ideia radical das economias de escala. Concluiu que ao colocar uma série de máquinas juntas sob um mesmo teto, era possível gerar uma economia jamais vista na produção e na obtenção de recursos. E essa ideia deixou um legado que perdura até os dias de hoje.

Conforme a Revolução Industrial surgia na indústria têxtil, a substituição do esforço humano pela força da água, junto com a eficiência mecânica de invenções como a lançadeira e o tear, fizeram Arkwright entender que os custos unitários de fabricação do produto diminuíam à medida que mais máquinas fossem colocadas juntas e operassem em um lugar de forma coordenada. Durante milhares de anos, a indústria mal havia conseguido expandir-se para fora dos lares, ou no máximo, dos vilarejos. Até Arkwright, poucos benefícios, se é que houve algum, haviam sido alcançados na concentração da empresa manufatureira: mil pessoas aglomeradas girando as rodas não teriam produzido mais algodão do que mil fiandeiros trabalhando sozinhos em suas casas.

Porém, ao colocar um grande número de máquinas especializadas de forma coordenada em linhas de produção, onde cada uma delas assumisse uma tarefa específica na produção de tecidos, um grande salto no resultado poderia ser alcançado. Arkwright viu o potencial e preparou-se para aproveitá-lo. Em sete anos, desde o início da ideia de uma fábrica, ele já havia licenciado ou sido dono de mais de 140 fiações de algodão em larga escala, espalhadas pela Grã-Bretanha. Com a invenção do motor a vapor, acabaram-se radicalmente as limitações em relação ao tamanho de uma fábrica, o que impulsionou a construção de fiações gigantes. As inovações nas máquinas de fiar e nos teares ocorriam de forma rápida, uma atrás da outra, e alimentavam as fábricas, possibilitando a produção de fios e tecidos em uma escala jamais imaginável. A escala havia chegado com força total.

Com a rápida adoção dessas invenções e outras que as seguiram, o fio tornou-se efetivamente o primeiro produto de fabricação industrial. Até 1810, 1 fiandeiro era tão produtivo quanto 200 haviam sido antes de 1731, quando John Kay inventou a lançadeira para o tear. Até 1812, o custo de fabricação do fio de algodão havia diminuído em 90%.[3] Os aumentos na capacidade da tecelagem e a mecanização da indústria têxtil foram acelerados. O número de teares mecanizados na Grã-Bretanha cresceu rapidamente e chegou a 250.000 até a metade do século XIX. Os teares ficavam em alguns dos maiores galpões já construídos na Europa – as fábricas da Inglaterra de Dickens.

Com a produção em larga escala, os fabricantes buscavam os mercados de massa para absorver as enormes quantidades de fios padronizados, porém baratos, e outros produtos que saíam das fábricas. Agora, essas grandes operações podiam fazer duas coisas que os concorrentes menores não eram capazes de fazer. Primeiro, podiam reduzir os preços de venda e liberar a demanda reprimida por mercadorias de algodão e outros produtos em massa. Segundo, agora eles tinham dinheiro para investir e desenvolver novos mercados, tanto nos centros urbanos mais próximos quanto em localidades mais distantes na Grã-Bretanha e no seu enorme e populoso império colonial. O dinheiro era usado para estabelecer as rotas de distribuição de varejo e atacado no mercado e para convencer os consumidores a comprar. Assim surgia, pela primeira vez, a verba de marketing. O dinheiro podia ser investido na criação de mercados, não apenas de fábricas. No entanto, durante pelo menos mais um século aproximadamente, o capital empregado na construção das fábricas continuaria sendo maior do que a verba de marketing e, durante outros 250 anos, as imposições estratégicas da fábrica de larga escala continuariam determinando as decisões nos negócios.

A produção em massa rapidamente espalhou-se em quase todos os setores. Empreendedores, executivos e capitalistas que conheciam essa fonte de vantagem competitiva ultrapassavam de maneira rápida e decisiva as empresas com métodos mais tradicionais. Aquelas que não conseguiam ou demoravam demais em reconhecer isso eram excluídas do mercado ou engolidas pelas empresas que buscavam cada vez mais a economia de escala. Economia esta que se tornou a característica determinante do sucesso e a pedra angular da estratégia. A consolidação voltada para a escala ainda continua em vários setores atualmente. Esse é o legado de Arkwright.

A principal pergunta estratégica que norteia o negócio de Arkwright é: "quanto mais deste produto conseguimos vender?". A amortização dos custos fixos de fabricação, a busca por novos mercados e as decisões relacionadas com a estratégia competitiva surgem dessa pergunta. Várias consequências importantes desse legado perduram até hoje no mundo dos negócios, apesar de sua relevância cada vez menor no século XXI.

A principal consequência é que uma vez construída uma fábrica enorme, todas as decisões de negócios subsequentes seriam tomadas com base nisso. A fábrica mudou a base de custo, passando de algo totalmente variável (com o lucro percentual constante, qualquer que seja a produtividade) para uma fórmula dominada pelos custos fixos *upstream* (das etapas iniciais do processo de produção), em que quanto mais o produtor vendia, mais lucrativo tornava-se cada produto. Em outras palavras, os altos custos fixos das fábricas tinham de ser amortizados conforme permitisse a capacidade de maior produção e volume de vendas. Isso criou uma mentalidade *upstream* profundamente arraigada, e uma série de medidas e processos gerenciais quase totalmente baseados em uma produtividade constante e de alto volume. *Quanto mais deste produto conseguimos vender?*

Variedade limitada de produtos e o aumento do volume tornaram-se essenciais para o modelo de produção, já que melhoravam a lucratividade dos investimentos realizados. O mantra era fazer sempre a mesma coisa, ou seja, ferramentas empresariais antes indispensáveis, como rápida capacidade de adaptação, personalização e agilidade, repentina e inesperadamente tornaram-se inimigas do lucro e deveriam ser evitadas a todo custo. O marketing também evoluiu nesse ambiente obcecado pela produtividade, tornando uma função sem utilidade alguma nos negócios se não fosse capaz de proteger o motor do sistema – produção eficiente, uniforme, de baixo custo e em larga escala. A principal missão de marketing era descobrir os mercados de massa para os produtos fabricados em massa.

Arkwright no século XXI

Dada a importância contínua do legado de Arkwright, imaginemos por um momento, que ele tivesse sido criogenicamente congelado e depois descongelado para administrar uma empresa no século XXI. Como ele enfrentaria os desafios atuais? Provavelmente, ele não teria quase nenhum problema em lidar com a maioria das características dessa função. Reconheceria de imediato que todas as medidas importantes de seu painel de indicadores de gestão derivam do modelo de negócios que ele havia criado. Os indicadores de utilização da capacidade lhe diriam o quão ocupadas estão as fábricas, ao passo que o custo unitário lhe diria o quão eficiente elas são. A fatia de mercado lhe diria o quão eficazes são as linhas de produção e a força de vendas, em comparação às de seus concorrentes; os índices de giro dos ativos lhe diriam se estão utilizando bem as máquinas e outros investimentos. Esses e outros critérios de avaliação eram típicos de um modelo de produtividade conhecido, com o centro de gravidade firmemente baseado nas etapas *upstream* e com a visão voltada para a meta estratégica de maximizar o volume.

Seguindo sua viagem pela empresa do século XXI, Arkwright iria se deparar com os esforços de P&D e inovações nos pipelines de produção. Aqui, felicitaria a gerência por adaptar as inovações à pergunta mais importante: "o que mais podemos fazer [considerando nossa infraestrutura de produção]?". Também ficaria feliz com a prioridade dada aos "ganhos rápidos", que poderiam ser rapidamente incorporados à escala. E veria a mesma mentalidade codificada nas estratégias baseadas nos produtos e na tecnologia que incentivavam as empresas a identificar suas competências essenciais e ater-se aos produtos e à produção. Arkwright também teria certeza de que os obstáculos financeiros baseados nos períodos de payback de três ou até mesmo dois anos garantissem que os investimentos de capital *upstream* fossem razoavelmente seguros. Com base nesses indicadores, Arkwright acharia difícil acreditar que não havia tirado um enorme cochilo e sonhado.

Porém, à medida que recebesse informações atualizadas da administração sobre os avanços recentes do mundo industrial, talvez sentisse sua pulsação acelerar com as oportunidades proporcionadas pela mudança dos custos fixos *upstream* em relação a todo o sistema.

A produção terceirizada, flexível e eficiente reduziu os custos *upstream* e transformou grande parte deles em custos variáveis. "Deixe-me ver se entendi direito", talvez dissesse, "podemos ter todos os benefícios de escala, com os quais estou acostumado, mas sem ter de bancar nenhum dos custos fixos? Na prática, os custos de produção são variáveis e, ao mesmo tempo, diminuem com a escala?". Ele ficaria enlouquecido com as possibilidades desse novo modelo de negócio e encantado com a ideia de que, além de ficar com o bolo, também poderia comê-lo.

No entanto, quando se sentasse com as equipes de marketing e vendas, perceberia que talvez essa euforia tivesse sido prematura: o negócio não havia descartado completamente os custos fixos, apenas os havia redirecionado. Os custos fixos *downstream* (das etapas posteriores), como ampliação da carteira de clientes, satisfação e retenção de clientes, com certeza haviam disparado, na mesma proporção que os custos *upstream* haviam diminuído. Os custos de venda já não eram mais apenas uma comissão variável por unidade. Muitos custos *downstream* eram fixos. A maior parte dos custos com propaganda, pesquisa de mercado, análises avançadas de indicadores, consolidação da marca, gestão do relacionamento com clientes, infraestrutura de distribuição, gerenciamento de dados e serviços pós-venda incorriam independentemente de quantas unidades do produto haviam sido vendidas. Agora Arkwright se daria conta de que não tinha cochilado e sonhado – entenderia que, na verdade, havia ocorrido uma inclinação na estrutura dos negócios. O custo fixo de ter e operar unidades focadas no *upstream* tornou-se variável, e o antigo custo variável de gerar vendas havia crescido e se tornado um custo fixo.

Como isso poderia mudar a estratégia de negócios? Talvez ouvíssemos o grande industrialista dizer: "Se os principais custos fixos contínuos são com propaganda, promoção, taxas cobradas pela exposição de produtos para venda, pesquisa de mercado e gestão do relacionamento com clientes, e nossos custos de produção são variáveis, então a fábrica já não é mais o principal recurso que precisa ser otimizado – o foco agora tem de estar nos clientes. Devemos nos concentrar na pulverização dos custos de formação e manutenção do relacionamento com os clientes no que diz respeito a vários produtos que sabemos que eles querem adquirir de uma fonte confiável. Mas os clientes são muito diferentes das fábricas como uma posição para os custos fixos. As fábricas são monolíticas: uma entidade única que é boa na produção de uma determinada coisa. Os clientes, por outro lado, são um grupo de indivíduos, com uma série de necessidades, preferências e gostos muito diferentes. Se nossos custos fixos baseiam-se no *downstream*, a pergunta que deve determinar nossa estratégia já não é mais: "quanto mais deste produto conseguimos vender?" e sim "do que mais os nossos clientes precisam?" "o sucesso não depende tanto das economias de escala, mas das economias de escopo".

Em vez de se preocupar demasiadamente com a produtividade da fábrica, nosso industrial do século XVIII deveria saber quantos clientes finais tem hoje em comparação a ontem. Em vez da fatia de mercado, seria interessante saber qual é sua fatia no orçamento de seus clientes atuais. Outro indicador essencial a ser analisado em maior profundidade é o envolvimento dos clientes: quanto eles consideram sua empresa mais confiável que os concorrentes? Quão profunda é a ligação de sua empresa com cada cliente? Para substituir o custo unitário, ele ficaria obcecado com os custos de aquisição e retenção de clientes, com a lucratividade e o valor de cada cliente ao longo do tempo. Para substituir a demonstração de resultados (P&L) da linha de produtos, talvez criasse uma P&L relativa aos clientes ou uma para cada segmento. Em outras palavras, o foco de sua atenção e análise mudaria do *upstream* para o *downstream*.

Mas deixando de lado o entusiasmo de Arkwright, as empresas não são tão flexíveis assim. Como um membro fantasma ou um patriarca falecido, as fábricas desmontadas, desativadas e realocadas continuam a assombrar o discurso estratégico muito tempo depois de terem desaparecido. As empresas continuam obcecadas pelo volume (e respectivos indicadores, como participação de mercado), pelo desenvolvimento e proteção de novos produtos (e não pelos mercados e clientes), e pelo uso da capacidade de produção em vez da base de clientes. Os gestores tentam, de forma constante e mal orientada, obter uma vantagem competitiva nos campos de atuação *upstream*, que foram nivelados muitos anos atrás.[4]

O valor inclina-se para o *downstream*

Desde o apogeu do modelo de Arkwright no século XX, e especialmente durante as últimas duas décadas, o aumento dos custos em vários setores pendeu para o *downstream*. A eficiência produtiva diminuiu a fatia dos custos *upstream* no preço de venda do produto. O custo de produção de um par de tênis normalmente é menos de 15% de seu preço de venda, e o custo unitário da matéria-prima e de fabricação de um comprimido de Viagra praticamente menos de 1% do preço de venda no varejo sugerido pelo fabricante. Ao mesmo tempo, os custos *downstream* cresceram como uma parte do preço de venda do produto. O custo do batalhão de representantes farmacêuticos que visitam os médicos para convencê-los a receitar os comprimidos é responsável por uma fatia muito maior da receita do que os custos de fabricação dos produtos vendidos pelos representantes. Em todos os setores, os custos *downstream*, como marketing, vendas e distribuição, agora respondem por uma fatia significativa do que os consumidores pagam pela maioria dos produtos.

Como se pode ver, grande parte do valor do que o consumidor compra está no *downstream*: em como o produto é adquirido, entregue, consumido, armazenado e descartado – e, de uma forma mais ampla, em como o cliente interage com o vendedor. Vejamos um exemplo: as várias maneiras de se comprar uma lata de Coca-Cola. O consumidor pode ir a um supermercado ou depósito de bebidas e comprar um pacote com 24 latas de Coca-Cola. O preço do pacote pode ser de $5,99, ou seja, o cliente acaba pagando cerca de $0,25 por lata. No dia seguinte, o mesmo cliente pode estar em um parque em um dia extremamente quente no verão. Nesse cenário muito diferente, a pessoa talvez fique feliz em pagar $2 por uma única lata gelada de Coca-Cola em máquinas automáticas no momento da sede.

Essa vontade do cliente permite um ágio no preço, não por causa de uma bebida melhor, mas por causa de uma forma melhor na compra e no consumo da bebida. Imagine o que o cliente está pagando: ele não precisa se lembrar de comprar com antecedência o pacote com 24 latas, pegar uma lata, encontrar um lugar para guardar o resto, levar a lata consigo e encontrar uma maneira de mantê-la gelada até o momento em que estiver com sede no parque. O adicional que o cliente está disposto a pagar reflete o valor criado e obtido quando o fornecedor oferece o produto em circunstâncias específicas de consumo e adapta essa oferta a determinadas circunstâncias. O valor pago pelo cliente inclui não só *o que* o consumidor compra (a lata de Coca-Cola), mas também *a maneira como* o consumidor compra e consome (a lata é vendida gelada, em uma máquina automática e no momento da sede).

VALOR = O QUÊ + COMO

O fato de ser possível comprar uma lata de Coca-Cola em um depósito de bebidas por $0,25 ou no parque por $2 demonstra que o ágio de 700% no preço do parque reflete o valor que está presente no *como*.

Esse valor adicional é criado no *downstream* da empresa – nas suas interações com o mercado. Neste caso, os 700% são um aumento tão significativo que as iniciativas *upstream* para reduzir os custos das matérias-primas, produção ou estoque de cada lata da bebida não conseguem surtir nenhum efeito comparável. Em contrapartida, o tipo de eficiência na rede de fornecedores que tornou o Walmart tão dominante permite uma economia de custo entre 2% e 5%. Esse tipo de economia é, claro, extremamente valioso quando se está lutando em um campo de batalha muito competitivo, onde cada centavo conta e que, somados, podem totalizar quantias significativas quando se trata de algo na escala de um Walmart. Mas a finalidade de criar uma vantagem competitiva *downstream* é escapar de toda essa concorrência tão intensa e pensar de forma diferente da produção em escala. E claro, o valor criado no *downstream* traz custos associados. Para a Coca-Cola, esses incluem os custos com a infraestrutura das máquinas automáticas, os custos para mantê-las sempre abastecidas com latas geladas. Mas, como veremos, o retorno sobre esses custos normalmente é muito maior do que o retorno sobre os custos semelhantes auferidos no *upstream*.

Contudo, na maioria das organizações, as decisões estratégicas ainda estão presas à vontade imperativa de pulverizar os custos *upstream* por meio de volumes de produção ainda maiores. As empresas são obrigadas a alcançar a lucratividade nessas margens a partir de uma escala maior. A pergunta: "quanto mais deste produto conseguimos vender?" nos restringe a "*o quê*" vendemos, e negligencia as fontes importantes de valor do cliente no *downstream* – o "*como*". Talvez a pergunta pareça ultrapassada, mas ainda pesa na estratégia e prática de várias empresas de diferentes setores nos dias de hoje.

Filtrando o valor *downstream*

Façamos uma viagem de volta a Vevey, na Suíça, no início do século XXI, para ver como a Nestlé lidou com a promessa de seu CEO de gerar bilhões de dólares em novas receitas a cada ano inventando um novo modelo para a venda de cafés. A Nestlé voltou-se para um projeto que havia permanecido em seus laboratórios durante algumas décadas. A tecnologia e a ideia inicial por trás de uma máquina de café espresso "individualizada" havia sido desenvolvida pelo instituto de pesquisa Batelle de Genebra, e a Nestlé havia adquirido as primeiras patentes em 1974.[5] Contudo, foram necessários mais de 25 anos para transformar a propriedade intelectual do sistema Nespresso em um sucesso de mercado que oferece um café espresso gourmet no estilo barista ao consumidor doméstico. O sistema consiste em uma máquina que produz uma única dose de espresso apenas apertando um botão. Como a máquina usa cápsulas individuais de alumínio que contêm cinco gramas de café Nespresso, a bebida é preparada sem a bagunça ou o inconveniente de ter de lidar com o pó ou a borra do café moído. Mas o sistema Nespresso não está limitado à máquina. Inclui também o Nespresso Club – serviço no qual os clientes se cadastram para encomendar suas cápsulas de café por telefone ou online.

A jornada desde as primeiras patentes e tecnologia até um mercado de sucesso envolveu várias outras etapas, alguns fracassos e muita persistência. Primeiro, era necessário convencer os próprios executivos da área de cafés de que havia um outro mundo lá fora além da categoria de café instantâneo que a Nestlé dominava completamente. Havia muitas razões para não adotar ou defender o sistema: "um mercado muito pequeno", "não é o nosso mercado", e a "potencial canibalização do nosso mercado de café solúvel", eram apenas algumas das formas de expressar a inércia e permanecer dentro da zona de conforto da eterna pergunta: "quanto café solúvel conseguimos vender a mais?".

Passaram-se anos até que o potencial da nova tecnologia e o seu posterior desenvolvimento fossem aceitos dentro da empresa. Um carismático líder de projetos finalmente foi trazido de fora para comandar o esforço de desenvolvimento. E quando o alto escalão apoiou o projeto, a empresa trabalhou para tornar as máquinas confiáveis, experimentando o conceito primeiro com o segmento de clientes corporativos. Naquela época, a Nestlé acreditava que o ágio de 500% sobre o preço do café comum necessário para cobrir os custos era alto demais para o consumidor doméstico. Acreditava-se que o segmento corporativo gostaria do estilo clean das máquinas Nespresso, que não faziam sujeira e ofereciam um espresso de qualidade, apesar do custo alto. Porém, o segmento do negócio deparou-se com um sucesso pela metade. A confiabilidade das primeiras máquinas era parte do problema.

Na virada do século, uma tendência global do consumidor em relação ao café gourmet ficava cada vez mais forte. A Nestlé achava que as condições eram adequadas para posicionar o produto junto aos consumidores domésticos e não somente para os corporativos. O Nespresso havia alcançado cerca de $100 milhões em vendas – um faturamento bom, mas não tão lucrativo quanto o do Nescafé com seus bilhões de dólares em vendas. Entretanto, o aprimoramento contínuo da tecnologia durante os anos 1990 deram à empresa a confiança de que o sistema Nespresso poderia tornar-se um negócio global de bilhões de dólares. No entanto, este feito aconteceria de um jeito diferente de todos os outros sucessos criados pela empresa.

O sistema Nespresso deveria ser posicionado como uma experiência "superpremium" com o café para os consumidores domésticos. Isso não era fácil para uma empresa acostumada a vender produtos em grandes quantidades e a preços baixos para o mercado de massa, por grandes varejistas e com uma propaganda voltada para a mídia de massa. O novo mercado exigia abrir mão de várias premissas essenciais sobre *upstream* e aspectos como volume, margens, mídia, distribuição e consumidores. A mudança no foco era tão grande, que a decisão da Nestlé de criar uma empresa separada, com escritórios próprios e com sede em um edifício separado para gerenciar o sistema Nespresso, agora parecia visionária. (A Nestlé Coffee Specialties, NCS, iniciou suas atividades em 1986.)

O erro inicial (tentar vender o Nespresso por meio das tradicionais redes varejistas de supermercados) felizmente levou a empresa a criar seu próprio modelo de distribuição direta para as cápsulas. As máquinas eram vendidas nas grandes lojas de departamentos e lojas de utensílios para cozinha, mas as cápsulas somente podiam ser encomendadas por telefone ou online, diretamente no Nespresso Club. O resultado foi um pouco lento no início, mas havia um controle muito maior sobre a apresentação do produto, preços, promoções e respostas às reações competitivas. Como gestora do Nespresso Club, a NCS também conseguiria entender muito melhor o consumidor Nespresso do que ela jamais poderia esperar se o tivesse comercializado somente por meio dos canais de varejo tradicionais. Ao contrário dos produtos Nestlé vendidos através desses canais, o Nespresso deu à empresa, e não aos varejistas, as respostas a todas as perguntas importantes de marketing: "quem compra o quê?"; "quando?" e "a que preço?".

Quando o Nespresso finalmente se tornou um enorme sucesso mundial, os varejistas vieram correndo bater à porta, pedindo para distribuir o produto. A Nestlé recusou. E quando os concorrentes começaram a entrar na briga ao final dos anos 2000, aconteceu a guerra das patentes como se previa. As 1.700 patentes que a Nestlé detinha ajudariam a enfrentar os desafiantes. Porém, muitas delas estavam prestes a expirar e, por fim, o Nespresso Club – com seus 12 milhões de membros no mundo inteiro, comprando em mais de 300 lojas de distribuição direta em áreas nobres e de grande poder aquisitivo das principais cidades, e as outras vantagens *downstream* da NCS – seria essencial para uma vantagem competitiva sustentável e uma barreira formidável à entrada dos novos concorrentes.

O Nespresso mudou o mercado de café para sempre. As cápsulas individuais são responsáveis atualmente por entre 20% e 40% do valor no mercado de café de $17 bilhões na Europa, e o mercado de café em cápsulas apresenta crescimento global de 30% ao ano. Só a NCS vendeu mais de 20 bilhões de cápsulas desde o ano 2000, e a empresa alcançou vendas de mais de 3 bilhões de francos suíços em 2010.[6] Outra medida da inclinação do Nespresso para o *downstream* é que 70% de seus 8.300 funcionários estão em contato direto com os consumidores.

O que Arkwright poderia aprender com o sucesso do Nespresso? Se fôssemos analisar as lições do sucesso como um estudo de caso de uma faculdade de administração, com certeza, iríamos nos concentrar nas razões pelas quais os consumidores domésticos de café espresso gourmet compram e consomem o Nespresso. A pergunta fundamental é: "por que seus clientes compram de você e não de seus concorrentes?", pergunta que fiz a milhares de executivos ao longo dos últimos 15 anos. Por que os clientes estavam prontos, e até mesmos dispostos, a pagar cinco vezes mais o preço do café comum por uma dose de Nespresso? Para essa marca, a resposta é que os clientes não se importam em pagar $1 por um expresso autêntico tão logo pulam da cama em um sábado de manhã. Isso, certamente, é muito melhor do que a outra opção: vestir-se, dirigir até a cafeteria, ficar na fila e pagar $3 por um expresso. Além disso, praticamente não há o risco de ficar sem o produto ou as cafeterias estarem fechadas por causa de um feriado, ou de ser visto na fila sem maquiagem ou com uma tremenda ressaca. Se a empresa tiver como foco o consumidor certo – aqueles que estão convencidos de que o café comum torrado e moído não é um substituto à altura para o expresso – a única comparação é com o café fora de casa. O valor do café está na eliminação dos custos (vestir-se, sair, dirigir, ficar na fila, pagar $3) e dos riscos (o estoque acabar, estar fechado, ser visto com uma cara ruim etc.) envolvidos nessas alternativas. O Nespresso decididamente oferece esses benefícios todos e parece uma excelente escolha quando o consumidor faz a comparação com as demais opções. E é isso que faz um negócio de $3 bilhões ter um crescimento orgânico de 20% ao ano.

Até onde podemos chegar?

"O que uma empresa farmacêutica está fazendo no negócio de videogames?" perguntei. Fiquei curioso em entender a luta da Janssen Pharmaceutica pelo negócio de jogos online. Seria um capricho gerencial ignorar décadas de sabedoria estratégica em relação a ater-se ao seu negócio e afiar as competências essenciais, ou seria um plano muito bem pensado que justificasse abrir mão da sabedoria estratégica? Se fosse este o caso, gostaria de entender a lógica da empresa no empreendimento. Será que se encaixaria dentro do recomendado por uma estratégia *downstream*? Seria este um exemplo extremo das decisões do portfólio de produtos sendo guiadas pela pergunta "do que mais o cliente precisa" e não pela corriqueira questão "quanto mais a empresa consegue vender?" ou até mesmo "o que mais a empresa poderia fazer com sua infraestrutura de produção?"?

"Estamos no negócio porque perguntamos de forma proposital: 'do que mais o paciente precisa?'", disse Annik Willems, líder do Serious Gaming Initiative na Janssen Pharmaceutica. Foi uma das primeiras coisas que ela me disse.

Empresa Focada no Cliente: mude a estratégia do produto para o cliente

A indústria farmacêutica tem todos os motivos para enfocar o *upstream*. O departamento de P&D absorve enormes quantias, os medicamentos de sucesso nascem dos esforços de P&D em um passado recente, os grandes orçamentos para P&D mantêm os concorrentes acuados e um P&D bem-sucedido é a fonte de produtos melhores que permitem que a empresa detenha o monopólio de um mercado legislado durante um determinado período, na forma de patentes. Durante a vigência da patente de um medicamento, a imposição estratégica da empresa é empurrar o maior volume possível para fora, para que os custos com P&D possam ser compensados e as margens possam financiar o desenvolvimento de novas composições. Esse modelo de negócios impulsionou as empresas farmacêuticas a desenvolver alguns medicamentos revolucionários na segunda metade do século XX. Mas, no começo do século XXI, o modelo perdeu a força. O preço dos medicamentos atingiu o ápice em vários países à medida que os governos e as seguradoras não aceitavam os custos das novas drogas. Além disso, os caprichos dos pipelines de P&D significavam que as empresas farmacêuticas dependiam de fusões e aquisições quando as atividades internas de P&D não fossem eficientes. E, finalmente, os concorrentes que buscavam formas de derrubar as patentes levavam a um processo litigioso, aumentando os custos e os esforços pela defesa das patentes. Durante a última década, várias indústrias farmacêuticas buscaram formas de reduzir a dependência do seu modelo de negócios em relação a produtos cada vez melhores. Algumas estão se voltando para o *downstream*.

A Janssen, uma empresa farmacêutica com origem e uma base sólida e contínua na Bélgica, foi fundada por um médico em 1953, com o objetivo de fabricar produtos melhores para o tratamento de inúmeras doenças que afligiam a humanidade. Por volta de 1961, foi adquirida pela gigante norte-americana Johnson & Johnson e tornou-se o pilar principal da divisão farmacêutica dessa multinacional. Durante as últimas cinco décadas, a Janssen desenvolveu medicamentos de ponta no tratamento da doença de Alzheimer, câncer, dor, esquizofrenia, distúrbio do déficit de atenção com hiperatividade (TDAH) e outras doenças. Com início em 2007, uma revisão estratégica de alto nível levou a Janssen a analisar os possíveis cenários futuros para as indústrias farmacêuticas.[7] O mundo caminhava em direção a uma responsabilidade muito maior dos resultados oferecidos pelos produtos e empresas farmacêuticas. Os governos, seguradoras, autoridades reguladoras e órgãos responsáveis pela aprovação de novas drogas, hospitais, pacientes e grupos de pacientes exigiam muito mais do que apenas os comprimidos fabricados pela indústria: esperavam soluções econômicas que se enquadrassem nas necessidades, orçamentos e estilos de vida e que oferecessem resultados de saúde comprovados no longo prazo. Ficou evidente que o simples desenvolvimento de novos compostos e a adoção de uma abordagem transacional para vender os comprimidos tornava-se, rapidamente, um modelo ultrapassado. A empresa tinha de se envolver de maneira muito mais profunda com os envolvidos no *downstream*.

A revisão estratégica da Janssen levou a uma iniciativa global que se ficou conhecida internamente como *Beyond the Pill* (Além do Comprimido), que consistia em reanalisar todos os pontos de contato para cada um dos "clientes" (incluindo pacientes, médicos, governos, seguradoras e outros stakeholders) e perguntar como esses pontos de contato poderiam ser melhorados.

Uma iniciativa inovadora que surgiu dessa diretriz foi o Venture & Incubation Center (Centro de Incubação e Empreendimento) liderado por Tom Aelbrecht, um executivo na casa dos 40 anos de idade, com um jeito fácil, porém determinado, que havia começado sua carreira no departamento de TI. Muito antes da revisão estratégica, Aelbrecht passou um tempo considerável analisando as fortes tendências que afetavam o setor farmacêutico e preparou uma apresentação detalhada sobre o impacto delas. "Talvez fosse por causa da minha experiência em TI", revelou, "mas, quanto mais eu analisava as fortes tendências, mais parecia evidente para mim que as informações eram absolutamente essenciais para o valor que ofereceríamos aos nossos clientes nesse novo ambiente – tão essenciais quanto os produtos farmacêuticos que desenvolvíamos e vendíamos". Não demorou muito até sua apresentação sobre as fortes tendências o alçar para a função de marketing e vendas cobrindo a Europa. Quando a iniciativa Beyond the Pill foi anunciada, Aelbrecht sabia que essa nova direção estava de acordo com as fortes tendências que ele havia documentado. Ele pensou em como poderia contribuir. Montou uma proposta para criar o Venture & Incubation Center a fim de analisar novas oportunidades de negócios desenvolvidas pelos gestores e cientistas da Janssen. Equipes de todos os departamentos da empresa foram convidadas a enviar propostas para novas ideias de negócios, com a chance de participar de um "treinamento intraempreendedor" organizado por Aelbrecht. Depois que o primeiro conjunto de propostas chegou, um seleto grupo foi selecionado para participar de um treinamento com duração de três meses que prepararia equipes multifuncionais de gestores para desenvolver suas novas ideias e lhes daria a chance de apresentar seus bem elaborados planos de negócios para o alto escalão.

"Tive sorte nesse primeiro ano", disse Aelbrecht, "as propostas que desenvolvemos eram muito boas, e uma equipe de primeira linha de gestores de alto nível, incluindo o CEO, estava disponível no dia das apresentações finais. Os altos executivos ficaram impressionados tanto com a qualidade das ideias de negócios quanto com o envolvimento da alta administração."

Os projetos selecionados pela diretoria receberam uma pequena verba e recursos iniciais (mas nenhum staff nessa fase). A tarefa das equipes era demonstrar a validade de suas premissas e a viabilidade do conceito durante os próximos 18 a 24 meses. Se fossem bem-sucedidas, receberiam mais dinheiro e um staff exclusivo. "A ideia do treinamento realmente decolou", disse Aelbrecht, "nem todos os projetos deram certo, claro – afinal de contas, esses são empreendimentos em fases iniciais. Mas estamos recebendo mais propostas para o Beyond the Pill do que havíamos imaginado, as equipes estão extremamente entusiasmadas e as propostas que financiamos são interessantes e estão progredindo para tornarem-se negócios autossustentáveis".

Duas equipes que haviam se candidatado para desenvolver suas ideias no primeiro treinamento acabaram se juntando para formar um só grupo nessa iniciativa. A primeira equipe havia proposto criar *e-clinics* – uma econômica maneira online de oferecer informações sobre os tratamentos para os pacientes. A segunda apresentou os jogos eletrônicos na área da saúde. Os dois projetos eram interessantes, mas faltava algo específico: como gerariam novos negócios? Conseguiriam definir sua proposição de valor em termos mais específicos? Conseguiriam demonstrar um modelo de negócios viável? Finalmente, as duas propostas foram reunidas para formar um projeto mais focado no desenvolvimento de um jogo online para crianças de 7 a 12 anos diagnosticadas com TDAH.

Os medicamentos, incluindo os comprimidos que a Janssen havia desenvolvido, geralmente ajudavam os pacientes com TDAH a se concentrar. Mas, a incapacidade de concentração era apenas um dos sintomas. Os problemas comportamentais relacionados normalmente continuavam. O jogo era visto como uma solução possível para abordar três sintomas comportamentais normalmente observados nos pacientes com diagnóstico de TDAH – má administração do tempo, falta de planejamento e organização, e dificuldade nas interações sociais. Quando falei com Willems, ela já estava realizando um estudo piloto da primeira versão do jogo online, chamada HealSeeker (Em Busca da Cura), com pacientes reais. Willems supervisionava a colaboração no desenvolvimento do jogo com a Ranj, desenvolvedora de *serious games* na Holanda. A empresa já havia desenvolvido jogos usados na seleção de estudantes de Direito e no treinamento e desenvolvimento de líderes em uma empresa de consultoria.

Willems enumerou as vantagens de um jogo na abordagem dos sintomas comportamentais do TDAH: "Os pacientes têm dificuldade de concentração, mas nos nossos testes observamos que adoram os jogos online. Limitamos o tempo dos participantes a 45 minutos de jogo por dia. E quase todos os participantes preferem jogar o tempo completo de uma vez. Quando esse produto for lançado, gostaríamos de poder oferecê-lo às clínicas como um complemento às sessões de terapia e aconselhamento dos pacientes com TDAH, que consideram as visitas clínicas caras e demoradas, e normalmente procuram evitá-las. Com o jogo, sabemos que contamos com o interesse do paciente, uma forma de mantê-los envolvidos em seu próprio tratamento. Eles acessam o sistema e fazem os exercícios no seu ritmo". Por enquanto, Willems estava acompanhando de perto o progresso de 42 pacientes diagnosticados divididos em dois grupos (um com acesso muito limitado ao jogo e outro com até 45 minutos de jogo por dia). Ela estava ansiosa para analisar os dados sobre a melhora dos participantes na administração do tempo, planejamento e habilidades sociais. "Esperamos que o grupo que recebeu mais tempo para jogar tenha apresentado resultados significativamente melhores em toda a dimensão comportamental", declarou confiante.

"O quanto este jogo pode ser generalizado para outros pacientes além daqueles com TDAH?" perguntei a ela. Todos nós poderíamos usá-lo com uma combinação de administração do tempo, planejamento e habilidades sociais. Isso poderia ser usado nas escolas para ensinar as crianças como planejar e fazer suas lições de casa.

"Não temos como alvo uma população muito maior com esse jogo no futuro", disse Willems. Esse é um caminho que vai muito além de vender comprimidos.

A história sobre o desenvolvimento do videogame na Janssen mostra a importância de perguntar o que mais o cliente precisa. Ao fazer essa pergunta, você dá um passo além das fronteiras das competências essenciais que parecem ter sido tradicionalmente definidas pelas empresas com base no *upstream*, ou seja, na capacidade de fazer as coisas. Isso não é algo surpreendente – as empresas acreditam que têm o controle dessas atividades – mais controle do que sobre os clientes e o mercado.

Afastando-se da tessitura básica

Observadores tanto dentro quanto fora da Sony há muito tempo caracterizavam sua competência essencial como a miniaturização dos aparelhos eletrônicos de consumo ou, de uma forma um pouco mais ampla, o desenvolvimento de novos produtos eletrônicos para o consumidor. Ater-se a essa competência essencial geraria o sucesso da vez, como o Walkman ou o PlayStation. Mas, ao se perguntar: "Do que mais o cliente precisa?", a empresa finalmente encontrará uma resposta que a levará a expandir sua competência essencial para áreas distantes do negócio principal e, talvez, para atividades nas quais ela não seja tão competente. Quando isso ocorre, uma empresa como a Janssen Pharmaceutica sai em busca de especialistas como a Ranj.

Mas na Sony, o advento da internet de repente parece ter movido o cliente para fora da órbita da empresa. A Sony chegou atrasada ao jogo. E ainda assim, a Sony – líder no segmento cultura pop mundial nos anos 1980, quando sua receita disparou de $3 bilhões para mais de $25 bilhões – deveria ter percebido que definir e liderar as preferências dos clientes definiriam a base de suas vitórias e que sua tecnologia era apenas um capacitador. Porém, o sucesso foi mal atribuído à sua proeza tecnológica, à capacidade dos engenheiros da empresa de desenvolver novos produtos com mais rapidez do que seus concorrentes e a uma competência essencial definida unicamente em termos de tecnologia. Ao perder o poder de distribuição e conectividade da internet, a empresa entrou em uma profunda crise da qual ainda não conseguiu recuperar-se, apesar de uma série de lançamentos de novos produtos. O lucro caiu abaixo de $1 bilhão até 2004, com a divisão principal de eletrônicos para o consumidor perdendo dinheiro. Até o fim da década, todas as divisões da corporação perdiam dinheiro, apesar de terem desfrutado de um ano excepcional com lucro em 2008, quando a Sony apresentou um resultado positivo de $3,3 bilhões, principalmente devido a um enorme corte nos custos.

Durante esse período, primeiro a Apple atropelou a Sony ao redefinir as preferências e o comportamento dos consumidores na compra de músicas. Depois a Samsung se atualizou e saiu na frente em receita de vendas e tecnologia. Em uma entrevista coletiva em 2011, Howard Stringer, o CEO de uma Sony derrotada disse: "Fazemos muito mais do que costumávamos fazer... binóculos que gravam vídeos e óculos para assistir a filmes e videogames em 3D... Não me diga que a tecnologia da Sony não é boa."[8] Ninguém diria isso. Mas o que a empresa precisava ouvir era que estar casada com a tecnologia era parte de seu problema. Era tarde demais para a festa do MP3 porque a Sony não queria abrir mão dos CDs; era tarde demais para os televisores de tela plana porque ela estava presa à Trinitron, sua tecnologia patenteada. E a empresa continuava definindo seu sucesso, assim como suas oportunidades futuras, em termos de produtos e não dos clientes. Na escolha entre agarrar-se mais ao seu negócio ou permanecer perto do cliente, a Sony sofreu por ter escolhido a primeira opção.

Pender para o *downstream* implica distanciar-se de sua tessitura básica, ou seja, a empresa deve ir atrás das necessidades do cliente, independentemente de sua tecnologia ou competências essenciais. Em um mundo onde o cliente é o recurso crítico e no qual você pode criar, comprar ou terceirizar competências, faz sentido diversificar sua oferta para atender às necessidades dos clientes. Mas isso leva a outras perguntas estratégicas. A que distância do negócio principal estamos dispostos a chegar? Quais são os limites do que você fará na busca pelo cliente? Sua estratégia é definida tanto pelo que você decide não fazer quanto pelo que decide fazer. Então, até onde chegaremos?

A resposta, uma vez mais, está no cliente. Depende do que o cliente espera de você, da sua marca e da sua empresa. Se o cliente espera que a Janssen Pharmaceutica ofereça soluções aos sintomas clínicos e doenças, então essa é a tarefa da empresa. A Janssen não pode vender lixas, ferramentas, fundos mútuos ou utensílios de cozinha a não ser que seus clientes vejam a coerência dessa extensão com a marca. Ao definir o cliente (o paciente, aquele que paga), e não suas fábricas ou patentes de P&D, como o centro imutável de sua estratégia, a Janssen aceita a ideia de envolver-se na oferta de produtos e serviços em cuja produção não tem competência. Ao caminhar em direção às áreas nas quais não têm competência, esta será terceirizada, por exemplo, por meio do contrato firmado com a Ranj para desenvolver o jogo *HealSeeker*.

O foco extremo no *upstream* de Arkwright precisa inclinar-se para o modelo *downstream* do século XXI. Aqui, as considerações estratégicas começam com a compreensão dos clientes e do valor que eles representam para a empresa, e não com a fábrica e o que ela é capaz de produzir. Para desvendar o mistério, é preciso perguntar quais custos e riscos você consegue reduzir para seus clientes em termos de busca, compra, uso e descarte do tipo de valor que você produz, e não em como você consegue gerar mais economias de escala. Considere seu produto um elemento de um pacote de benefícios que o cliente exige – entenda seu papel nesse pacote, depois dê um passo atrás e veja como todo o pacote cria valor, reduz os riscos e os custos dos clientes. Em vez de perguntar quanto mais deste produto conseguimos vender, explore o que mais o cliente deseja. E, finalmente, tenha em mente que o preço que os clientes pagam é apenas um elemento dos custos e riscos que eles correm ao consumir seu produto e, normalmente, é uma pequena parte dos custos e riscos totais. Se você buscar e enumerar esses custos e riscos, ficará surpreso ao saber que a origem de vários deles é, na verdade, a sua empresa: suas políticas e seus programas empresariais, suas interações com os clientes. Se você descobrir formas de diminuir os custos e os riscos e eliminá-los de uma vez, criará valor para o cliente. Esse é o valor *downstream*.

O que é necessário para inclinar o foco de sua empresa?

A indústria da música estava confortavelmente adormecida e seguia o caminho errado quando estouraram as revoluções digitais e da internet. Segura no seu monopólio de acesso às bandas e aos artistas com contratos assinados, negligenciou completamente os consumidores de música. Cada uma das principais gravadoras tinha um grupo de artistas exclusivos que davam à gravadora seu cachê. Essa exclusividade também significava que enquanto todas as gravadoras brigavam pelo dinheiro que os consumidores pagavam pela música, deixavam de fazer concorrência direta umas com as outras. Elas apelavam a diferentes segmentos do mercado com diferentes gostos musicais. As gravadoras contratavam os artistas, prometendo-lhes acesso a uma enorme distribuição e exposição na mídia. Suas redes incluíam intermediários que podiam alcançar ou quebrar um recorde: os publicitários, acordos com estações de rádio e canais de televisão e contratos de distribuição com lojas de discos que compravam uma enorme quantidade de CDs para abastecer as prateleiras. Como consequência, os concorrentes na indústria da música achavam que estavam tranquilos – como corretores entre os produtores e os consumidores de música, com um cadeado que protegia o fornecimento de música e sem nenhum concorrente direto. Tão tranquilos que, na verdade, poderiam continuar vendendo compilações enlatadas com 16 canções (14 das quais poucos queriam escutar) por um preço padrão de $12 a $16. Seria um ótimo negócio, se você conseguisse.

Como consequência, o setor não estava preparado para o que aconteceu quando, de repente, os arquivos de música puderam ser compartilhados com a mesma facilidade com que se envia um e-mail e quando o Napster mostrou que baixar músicas era tão fácil quanto navegar na web. A promiscuidade na internet significava que a música era comprada e paga uma vez, mas poderia ser compartilhada com centenas, milhares e até mesmo milhões de pessoas. A indústria da música entrou em pânico. Rezou para reverter essa corrente. Quando suas tentativas fracassaram, as gravadoras entraram com processos para requerer os direitos autorais em um mundo do compartilhamento global de arquivos. Processaram os responsáveis pelos sites de download de música, os provedores de serviços de internet cujos clientes compartilhavam músicas online, os desenvolvedores dos softwares de compartilhamento de arquivos e aqueles que baixavam músicas gratuitamente. As empresas processaram até mesmo uma mãe solteira com dois filhos em Minnesota no valor de $3,6 milhões por ter compartilhado 24 canções por meio do Kazaa, um site de compartilhamento de arquivos. Mas a avalanche de MP3 baratos não se deixaria abater. A internet não pararia de crescer, tampouco o compartilhamento de arquivos de música. Entre 2003 e 2007, a Recording Industry Association of America entrou com 20 mil processos na justiça. Durante o mesmo período, o número de pessoas que compartilhava arquivos online triplicou.[9] Os CDs, a mídia física sobre a qual a indústria da música ainda tinha algum controle, estava se tornando obsoleta mais rapidamente do que oito fitas cassetes embrulhadas no jornal de ontem. E todos os gestores e advogados do setor não conseguiam recuperar o modelo de negócios.

A batalha pública da indústria da música contra a internet, seus usuários e "piratas" não teve muito efeito para sanar o vazamento. A represa estava a ponto de estourar. Mas antes desse rompimento, Steve Jobs entrou em cena. Ele não pertencia à indústria da música. Ao contrário das gravadoras, sua empresa, a Apple, não estava presa aos ativos *upstream* que a indústria da música havia acumulado (os contratos de gravação com artistas, as décadas de bibliotecas de música). Jobs compreendeu que a indústria da música havia perdido o controle sobre o modo de distribuição e consumo de seu principal produto – as atividades *downstream* – e que, portanto, perderia o controle sobre as atividades *upstream*. Enquanto o setor estava ocupado se perguntando como poderiam reorganizar as cadeiras para voltar à cena, Jobs percebeu que o setor iria afundar se não reanalisasse profundamente seu modelo de negócios. A indústria da música precisava reinventar-se para a era digital, mas sua miopia em relação ao seu próprio negócio, junto com as rivalidades internas e conflitos de interesses, impediam uma reorganização séria. Enquanto isso, os observadores externos reconheciam cada vez mais que o foco de ação havia passado para o *downstream* e que a indústria da música havia naufragado.

A Apple decidiu criar um mercado organizado que criasse um valor *downstream* para os consumidores de música e desse aos produtores um incentivo para continuar produzindo. O gênio dessa abordagem era o reconhecimento de que o valor que os consumidores pagariam já não estava mais no que era vendido, e sim na completa reengenharia da forma como compravam, armazenavam e ouviam as músicas. Nada do que estava na loja do iTunes, ou até mesmo o iPod, era uma tecnologia ou produto revolucionário, e quase nenhum conteúdo era criação ou propriedade da Apple. Os aparelhos de MP3 existiam antes do iPod; Napster, Kazaa, Gnutella e outros já haviam demonstrado como era fácil e o quão dispostos os consumidores estavam em compartilhar as músicas online. Além disso, a Amazon.com havia estabelecido as melhores práticas no espaço do varejo online, e a indústria da música ainda era dona do conteúdo. A contribuição revolucionária da Apple foi encontrar uma solução que criasse valor suficiente para os usuários finais dispostos a pagar $0,99 por canção. A possibilidade de busca, recomendações, listas de repertório, personalização, facilidade de uso e armazenamento, legalidade e o lema *"my music, anywhere"* (minha música em qualquer lugar) são todos os elementos do valor *downstream* que fazem parte de como os consumidores encontravam, compravam e consumiam música. Isso e uma experiência impressionante ao cliente em termos estéticos foram o foco da Apple nos seus esforços de inovação. Desde então, mais de 25 bilhões de músicas (e outros conteúdos) foram baixados da loja do iTunes e, atualmente, a linha de negócios homônima gera mais receita do que a Apple inteira gerava em 2004.

Por que a indústria da música não pensou nisso? Porque ainda estava presa à ideia de que o valor residia completamente no *upstream*, na questão "o quê", e não enxergou a oportunidade de criar valor no *downstream*, no "como".

Iniciando a inclinação

Como lidar com um negócio ou setor que durante mais de 250 anos foi administrado com uma obsessão pelo *upstream* e de repente teve de inclinar-se para o *downstream*? Como criar estratégias, modelos de negócios e mentalidades gerenciais mais conscientes das oportunidades em relação ao *downstream*? Como fazer as pessoas reconhecerem o valor que pode ser criado no *downstream* para os clientes e as novas fontes de vantagem competitiva que podem ser obtidas nessas etapas do fluxo dos negócios? Como levar um negócio a mudar seus recursos e inclinar seu centro de gravidade?

Uma resposta é que você deixa a inevitabilidade das grandes forças realizarem essa transformação: tecnologia, concorrência, regulamentação e a economia obrigarão as empresas a evoluir para atender às necessidades desse novo ambiente. Os métodos *upstream* de trabalhar gerarão retornos cada vez menores e acabarão se tornando obsoletos. A necessidade levará as organizações a olhar para outros horizontes em busca de oportunidades para criar valor e permanecerem competitivas. Aliás, não terão outra escolha a não ser inclinar-se para o *downstream*. Talvez isso seja válido para a economia, mas pode ser perigoso e utópico no nível de uma organização individual. Para evitar o desaparecimento, cada empresa deve adaptar-se de forma proativa. No entanto, as organizações tendem a agarrar-se às velhas formas de fazer as coisas. A indústria da música não escapou disso. Talvez as gravadoras não *conseguissem* escapar, pois tinham uma longa história com o modelo antigo para abandoná-lo. O resultado de décadas de obtenção de receita e lucro de uma maneira cômoda foi a inércia.

Além disso, se você dependesse unicamente das forças macro-externas para guiar a mudança organizacional, obteria uma resposta incoerente e assistemática para uma ampla série de imposições externas. A tecnologia seguirá em uma direção diferente das necessidades competitivas, e várias partes da empresa vão adaptar-se de forma muito diferente e em ritmos diferentes. Os modelos de negócios coerentes não serão aglutinados com os esforços diferentes e disseminados, tampouco evoluirão por conta própria – terão de ser criados. A evolução e a dependência das forças macro para gerar o curso natural são muito lentas e arriscadas no competitivo mundo de negócios da atualidade; elas não são substitutas de uma estratégia proativa, coerente e desenvolvida internamente.

Aproveitar a vantagem no *downstream* pode exigir uma longa curva de aprendizado e, normalmente, investimentos pesados no início. Não é fácil justificar sem ter um reconhecimento claro e deliberado do valor final do investimento. Para aproveitar as oportunidades *downstream*, as empresas podem até mesmo fazer coisas que não são naturais para elas. Por exemplo, as gravadoras talvez precisem cooperar com as antigas rivais, ou uma empresa farmacêutica talvez precise entrar no negócio de videogames. As empresas conduzem as mudanças, criam um novo valor para seus clientes e capturam novas fontes de vantagem competitiva porque reconhecem, de forma antecipada, como o campo de batalha está mudando e o que aqueles que se mexeram primeiro fazem para obter uma vantagem que poderá durar anos ou até mesmo décadas.

Lista de verificação *upstream* versus *downstream*

Ao reconhecer a necessidade de inclinar o foco para o *downstream*, uma empresa passa por uma série de momentos de perplexidade. Considere o seu próprio negócio e faça uma análise com base nas seguintes perguntas:

- ✓ Onde sua empresa está no espectro que vai do *upstream* ao *downstream*? Onde fica o seu centro de gravidade?
- ✓ Onde recaem os principais custos do negócio? Quais atividades são mais valorizadas pelos clientes e mais diferenciadas dos concorrentes? Onde reside sua vantagem competitiva?
- ✓ O que você considera como recursos críticos na empresa? Estes fazem parte das etapas *upstream* ou *downstream*?
- ✓ Quais são seus principais indicadores de sucesso? O que eles monitoram? O *upstream* ou o *downstream*? São indicadores baseados no volume e na produtividade, ou são baseados no cliente, nas medidas profundas de relacionamento (como a participação no orçamento do consumidor)?
- ✓ Como seria sua empresa se ela estivesse voltada para o *downstream*? Como isso seria diferente do que é atualmente? Como suas atividades, alocação de recursos e esforços, indicadores de sucesso e estratégias seriam diferentes?
- ✓ Se em sua empresa houver uma significativa lacuna entre onde você está atualmente e o foco no *downstream*, o que será necessário para preencher tal lacuna? O que é preciso mudar?
- ✓ Como o foco no *downstream* diferenciaria sua empresa da concorrência?
- ✓ Como os concorrentes responderiam e quanto tempo demorariam para responder?
- ✓ Como sua empresa ficará à frente deles?

2

Reduzindo drasticamente os custos e os riscos assumidos por seus clientes

UM DOS exercícios mais valiosos que as empresas podem fazer é descobrir os custos e os riscos assumidos por seus clientes. A Sainsbury, grande varejista do Reino Unido, modificou a categoria e o consumo de vinhos em seu mercado reduzindo os custos e riscos aos quais seus clientes estavam expostos. O consumo de vinhos no Reino Unido sempre esteve muito abaixo do calculado nos países latinos da Europa, particularmente, França e Itália. O consumidor do Reino Unido bebe em média entre 20 e 25 litros de vinho por ano, cerca da metade da quantidade consumida pelos apreciadores nos países produtores de vinhos do continente. São muitas as razões responsáveis por essa diferença: o clima nos países do Reino Unido não é muito adequado ao cultivo de uvas; o hábito de tomar vinho não está tão profundamente arraigado na cultura gastronômica desses países quanto em outros países do continente. Além disso, os britânicos têm, tradicionalmente, preferência pela cerveja e por bebidas alcoólicas mais fortes.

Mas pesquisas sugerem também outra razão que os consumidores talvez não queiram admitir: o vinho os intimida. Naturalmente, isso não se deve a seu sabor ou teor alcoólico, mas ao fato de que a categoria do produto é complexa. A escolha do vinho certo exige um bom conhecimento do *métier*: é preciso conhecer as regiões e sub-regiões produtoras de vinhos, os viticultores, as várias qualidades de uva, ou seja, a *cépage* (cepa), os anos que foram favoráveis e os que foram meramente regulares, as geografias certas, os tipos de vinho que combinam com diferentes tipos de alimentos, quais vinhos são mais adequados para serem tomados como aperitivo ou quais combinam com alimentos doces, e assim sucessivamente. Diante das prateleiras da seção de vinhos de uma loja, com as mais variadas possibilidades de escolha, como o apressado consumidor poderia fazer a escolha certa? Como o desnorteado neófito poderia diferenciar os inúmeros tipos de vinho? Quais os critérios nos quais ele deve se basear na hora de fazer sua escolha? Quais conjuntos de métodos ele deveria utilizar? Escolher o vinho errado para o jantar do chefe, para um casamento ou para uma determinada ocasião pode causar embaraços, mas isso não significa que os consumidores não apreciem um bom vinho.

Ao identificar uma oportunidade, a Sainsbury, segundo maior varejista do Reino Unido, decidiu sair a campo. Ao longo dos anos, os compradores da empresa vêm firmando contratos de fornecimento com viticultores de quase todas as grandes regiões vinícolas do mundo. Objetivo: escolher vinhos que satisfaçam o paladar dos clientes da Sainsbury e que se ajustem ao bolso destes e às ocasiões sociais nas quais eles consomem vinho. Assim, a Sainsbury colocou-se um passo à frente: seus compradores trabalham junto às vinícolas para assegurar que uma variedade limitada – porém cuidadosamente selecionada – de vinhos seja apresentada ao consumidor sob a marca registrada Sainsbury. Um vinho com um rótulo exclusivo não representa uma inovação, mas em muitos países, inclusive na França, isso não é visto com bons olhos. Porém, isso não ocorre na Inglaterra. Sainsbury assegura que sua marca fornece informações ao consumidor e essas informações, aliadas ao produto, representam grande parte do valor adquirido pelo consumidor.

Os vinhos com a etiqueta exclusiva Sainsbury são carinhosamente descritos na revista do consumidor editada pela Sainsbury e nos vídeos apresentados no site da empresa. As descrições têm a finalidade de despertar o interesse do consumidor por uma determinada categoria, fornecendo sugestões úteis na hora de escolher e comprar um vinho; os consumidores que ficam fazendo conjecturas diante de uma prateleira de vinhos complementam essas informações com sugestões sobre os melhores usos da bebida e quais seriam os alimentos mais adequados para acompanhar determinados alimentos. Os rótulos das garrafas dos vinhos comercializados pela Sainsbury são classificados por meio de um código de cores, a fim de simplificar a escolha e a decisão do consumidor. Os vinhos tintos "leves e frutados" levam um rótulo vermelho; os "encorpados e complexos" exibem um rótulo azul. Os vinhos brancos são classificados de acordo com sua própria cor, e as misturas próprias da marca Sainsbury sempre levam um rótulo negro. Para um produto que no entender de muitos consumidores representa uma categoria complexa e confusa, a marca Sainsbury coloca ordem na confusão, derruba mitos, simplifica a escolha e afirma: "confie em mim". A marca faz isso não tanto por meio da oferta de vinhos de qualidade notadamente superior ou por um preço bastante menor, mas principalmente oferecendo vinhos que o *consumidor poderia escolher com facilidade*. E em virtude da experiência da empresa com iniciativas de varejo e com rótulos exclusivos em outras categorias de produtos, o resultado é que os consumidores confiam na marca. O consumo de vinhos no Reino Unido vem crescendo a cada ano desde que a Sainsbury iniciou seu programa de consolidação da marca, e as vendas dos vinhos que levam essa marca vêm crescendo mais rapidamente que o mercado. Durante esse mesmo período, o consumo de vinho *per capita* na França e na Itália diminuiu.

O vinho não é o único produto que intimida os consumidores. Todos os anos, o consumidor comum ou empresas de pequeno ou médio porte adquirem produtos e serviços pertencentes a milhares de categorias diferentes. Cada uma dessas categorias engloba algumas ou centenas de alternativas de escolha. E cada alternativa tem uma infinidade de recursos e atributos, alguns bastante herméticos ou difíceis de compreender. Na verdade, a maioria dos consumidores não sabe o que torna uma câmara digital melhor que outra (dica: não são os megapixels), ou qual modelo de telefone é melhor para seu uso costumeiro, ou por que duas marcas de ar-condicionado têm preços diferentes. A maioria das pessoas não tem conhecimento suficiente para determinar qual computador é melhor, quais seriam os meios de comprovar que um carro é melhor, qual o momento certo de decidir que máquina de lavar tem maior durabilidade; e essas pessoas tampouco têm inclinação para aprender qual fundo mútuo lhes proporcionará o melhor retorno ou diversificação, ou mesmo paciência para descobrirem que tinta seca mais rápido. E mesmo que tivessem paciência para experimentar uma, duas ou mesmo dez categorias de produtos a fim de fazer sua própria pesquisa e saber qual a melhor escolha, não poderiam fazer isso em relação a tudo que adquirem – não haveria tempo hábil para tanto. Você pode se tornar um especialista somente em um número restrito de categorias.

O negócio de vinhos com rótulos diferenciados empreendido pela Sainsbury mostra que mesmo quando uma empresa tem pouco controle direto sobre o produto que comercializa, e este não é muito diferente oferecido pela concorrência, há muito espaço para criar, nas etapas posteriores do fluxo dos negócios (*downstream*), um valor exclusivo para o cliente. Mergulhado em um mar de informações, escolhas e decisões, os clientes procuram atalhos. Confiam em análises empreendidas por colegas e especialistas e coletam opiniões abalizadas antes de tomarem uma decisão. Apoiam-se em sugestões e critérios simples que os ajudem a fazer a escolha certa entre as inúmeras e exaustivas possibilidades ("vou escolher a mistura mais pesada porque ela inspira mais confiança"; "o barulho que a porta desse carro faz ao fechar dá a impressão de robustez"; "a vitamina contida neste xampu deve fazer algum efeito, do contrário, por que estariam alardeando isso nas propagandas?").

Valendo-se dos atalhos mais importantes, os consumidores confiam na *marca* como se fossem sinônimos de qualidade. A marca Sainsbury diz ao consumidor de vinhos comum ou neófito tudo que ele precisa saber para fazer uma compra com confiança e degustar a bebida com satisfação. Na verdade, o que a marca realmente oferece reforça a convicção de que aquele vinho específico é a escolha certa para a ocasião. Os consumidores enxergam o valor da marca porque ela reduz os riscos, poupando-os de um possível desconforto e do custo de fazer uma escolha inadequada. E isso reduz o ônus da escolha: a seleção, a consolidação da marca, a apresentação e as informações complementares simplificam a tarefa do consumidor e tornam sua escolha mais tranquila: escolher, comprar e, mais importante, repetir a compra. A consolidação da marca é uma estratégia poderosa e eficaz que os vendedores utilizam quando desejam reduzir os custos e riscos para um grande número de compradores. Voltaremos a falar sobre esse ponto no Capítulo 3, mas agora vamos analisar os custos e riscos arcados pelo cliente no mercado de modo geral.

Inovações *downstream*

Em termos amplos, a inovação é um conjunto de atividades que envolvem a criação de novas formas de proporcionar valor para o consumidor. Inovamos para permanecer à frente de nossos concorrentes, para escapar da comoditização ou dos perigos representados pelos mercados em amadurecimento. Porém, muitas empresas interpretam a inovação de forma bastante limitada: acham que ela se resume ao lançamento de produtos novos ou melhores. Com muita frequência, os esforços de inovação se traduzem em esforços para desenvolvimento de novos produtos ou recursos. Sem dúvida, esses itens atraem a atenção do cliente, proporcionam um avanço tecnológico em relação à concorrência e marcam alguns pontos no que diz respeito à fatia do mercado, mas não por muito tempo. Contudo, o pessoal de vendas e os gestores de marketing – sempre em busca de uma trégua na batalha da competitividade – nada mais podem fazer além de lançarem olhares ansiosos por cima dos ombros em busca de certo alívio representado pelos novos produtos ou recursos prometidos pelo departamento de P&D ou de desenvolvimento de novos produtos.

Mas se você está tentando obter uma vantagem competitiva duradoura no *downstream*, terá de definir a inovação de uma forma mais ampla. O pessoal de marketing, e mesmo de vendas, terá de tomar parte em iniciativas de inovação, que normalmente ficam a cargo dos gênios do departamento de desenvolvimento de novos produtos.

O ponto inicial de qualquer exercício para a criação de uma vantagem competitiva *downstream* é descobrir os pontos de atrito ocultos nas interações entre você e seus clientes. Três perguntas ajudam a revelar esses pontos de atrito: (1) Quais são os *custos* ocultos arcados por seus clientes ao comprarem e utilizarem os produtos ou serviços que você comercializa? (2) Quais são os custos ocultos assumidos por seus clientes ao negociarem com você? (3) Por que os clientes potenciais não compram de você? (em outras palavras, quais seriam os custos e riscos que impedem que possíveis clientes façam negócio com você?)

Muitas vezes acontece que não só seus clientes, mas também sua própria equipe, ignoram os custos e riscos impostos aos compradores pelo simples fato de fazerem negócio com você. Se você for um fabricante de cerveja, os custos e os riscos podem se resumir a gelar uma cerveja antes de tomá-la. Se for um desenvolvedor de software, esses custos e riscos poderão ser tão complexos quanto integrar um novo sistema de software de uma organização à infraestrutura de TI já existente. À medida que você responder a essas perguntas provavelmente perceberá que custos e riscos semelhantes são impostos aos clientes por seus concorrentes. Na verdade, muitos custos e riscos impostos aos clientes são práticas normais em determinados setores, e como são sempre impostos, tornam-se amplamente aceitos e invisíveis, mas não menos onerosos. Qual foi a última vez que você refletiu sobre o volume de esforços despendidos por seus clientes ao compararem seus produtos com os de um concorrente? Onde eles obtêm informações? Em que critérios se baseiam? Quais as outras marcas que costumam analisar? Quanto tempo levam para chegar a uma decisão? Se você conseguir descobrir os custos e os riscos assumidos pelos clientes nesse processo e encontrar formas de eliminar ou reduzir esses custos e riscos antes que seus concorrentes o façam, obterá a base de uma vantagem competitiva nas fases posteriores do fluxo dos negócios (*downstream*).

Raramente as empresas prestam atenção suficiente aos custos e riscos arcados pelos clientes porque esses aspectos tendem a ficar invisíveis também aos olhos do vendedor: eles se materializam antes ou depois da transação, quando o vendedor ainda não prestou atenção ou já deixou de prestar atenção a eles. A atenção do vendedor tende também a se concentrar no curto ínterim em que ocorre a interação com o cliente, quando o dinheiro muda de mãos. Uma visão mais abrangente dos pontos de contato com o cliente aumenta as chances de você descobrir custos e riscos assumidos pelos clientes que ainda não foram detectados pelos concorrentes.

Além disso, em muitos setores, os custos e os riscos arcados pelos clientes ocorrem *a posteriori* (*downstream*) no mercado, enquanto o campo de visão do vendedor está firmemente ancorado no mercado *upstream*, ou seja, na produção ou no aperfeiçoamento do produto. A redução dos custos e dos riscos *downstream* libera um significativo valor tangível – tão grande que frequentemente os custos e os riscos arcados pelo cliente ultrapassam o valor monetário que ele pagou pelo produto. No capítulo anterior, no exemplo da Coca-Cola, o valor que um cliente atribui a uma única lata de Coca-Cola na hora certa, no lugar certo e na temperatura certa ultrapassa o valor de oito latas de Coca-Cola vendidas em um supermercado. Entretanto, raramente despendemos tempo tentando descobrir esses custos e riscos; raramente os discutimos em reuniões de marketing ou estratégia. De um modo geral, esses custos e riscos são vistos como fontes potenciais de inovação ou de vantagem competitiva. Neste capítulo analisaremos exemplos de empresas que *indagaram* quais os custos e os riscos assumidos pelos clientes e desenvolveram inovações *downstream* visando à eliminação dos mesmos.

Custos invisíveis

Há alguns anos, um alto executivo que atuava no setor automotivo, Wolfgang Reitzle, propôs uma ideia completamente nova. Na época, Reitzle era o CEO da Premier Auto Group (PAG), a divisão de veículos de luxo da Ford. A PAG tinha clientes importantes no mundo todo. O mercado automobilístico sempre foi segmentado de acordo com a receita dos compradores e com o tamanho da família, e os fabricantes de veículos desenvolviam diferentes marcas ou modelos que atingissem cada segmento. Por exemplo, o público-alvo dos veículos Chevy é diferente do definido para o Cadillac, assim como o segmento Mini é diferente do segmento da série BMW 7; o segmento do Corvette é diferente do segmento das minivans, e assim por diante.

Para atender às necessidades de clientes das faixas de renda mais altas, a PAG lançou modelos como Jaguar, Land Rover, Aston Martin, Volvo e Lincoln. Muitos clientes da PAG vivem em ambientes urbanos nos quais possuir mais de um carro representa um desafio, principalmente devido a problemas de estacionamento. Além disso, muitos desses clientes se locomovem com grande frequência, viajando a negócios ou a passeio. Reitzle observou que a PAG e todos os seus concorrentes estavam vendendo uma solução bastante rígida (em essência, uma caixa de metal sobre quatro rodas) para clientes que precisavam de diversificação em seu dia a dia. Por exemplo, um cliente do jet set talvez precise de vários tipos de veículos: um espaçoso sedan para trafegar por grandes rodovias; um carro pequeno, fácil de estacionar, para circular por zonas urbanas; um 4x4 para férias em estações de esqui; e um carro conversível para passear pelas praias. Além disso, muitos desses veículos talvez sejam necessários quando as pessoas estão longe de casa, em uma cidade diferente ou no campo, ou até mesmo em outro continente.

Em outras palavras, Reitzle se deu conta de que as *rígidas caixas de metal* que as empresas vendem proporcionam uma solução apenas parcial para as necessidades dos clientes que precisam de um veículo para exercer suas atividades durante determinadas horas do dia. Uma proposição de valor mais flexível e completa poderia ser apresentada aos clientes se as empresas automotivas projetassem uma solução que atendesse às necessidades de "mobilidade de seus clientes", sugeriu Reitzle, e passassem a enxergar a si mesmas como empresas fornecedoras de mobilidade. Basicamente, ele sugeria que fosse elaborado um contrato que permitisse ao cliente usar um veículo apropriado para uma determinada ocasião em locais de sua escolha ao redor do mundo. Os clientes poderiam pagar um alto preço – digamos $50.000 – que cobriria um período de dois anos e lhes permitiria usufruir do conforto de solicitar qualquer carro pertencente à linha da empresa, em qualquer lugar do mundo, reservado com 24 horas de antecedência, desde que utilizassem somente um carro em uma determinada ocasião. Os clientes poderiam alugar um carro conversível, um carro de passeio ou uma limusine nos fins de semana, e um 4x4 ao desembarcarem em Dallas ou Dubai. Essa era uma proposta radical dentro de um setor cuja identidade está intimamente ligada a suas fábricas e seus produtos, e onde a identidade do cliente reflete-se diretamente no carro que ele possui e dirige. Mais que na maioria de outros setores, a indústria automobilística enxerga o mundo através do prisma de sua infraestrutura e de seus produtos *upstream*.

O ponto de partida para o desenvolvimento de uma solução de mobilidade é a identificação dos custos ocultos que os fabricantes de veículos impõem aos consumidores. A segmentação separa os consumidores em nichos predefinidos, e estes se transformam em alvos para os fabricantes de veículos automotivos que lhes oferecem um produto que, supostamente, conseguirá satisfazer suas necessidades.

As limitações impõem a fabricação de produtos mais rígidos – um veículo pode ser uma minivan ou um conversível; mas não pode ser ambas as coisas. Ao comprar um produto, o cliente incorre num custo de oportunidade: ele se compromete com um pacote definido pelo vendedor e abre mão dos benefícios de outros possíveis pacotes de recursos existentes no mercado. O proprietário de um sedan abre mão do sonho de ter um carro conversível, o de um conversível arca com o ônus de não possuir uma espaçosa SUV, e assim por diante. Mas é claro que o mesmo cliente pode pertencer a diferentes segmentos em diferentes ocasiões – acontece que nossos rígidos produtos e processos de produção não conseguem proporcionar esse tipo de flexibilidade. Portanto, lidamos com essa complexidade colocando nossos clientes em nichos distintos.

A solução para a necessidade de flexibilidade vivenciada pelos clientes não é gerada na fábrica – a questão não é *qual* inovação (não se trata de fabricar um carro melhor), mas sim *que tipo* de vantagem ela oferecerá. O contrato de mobilidade representa a oferta ideal – uma proposta que elimina as limitações de um produto rígido e proporciona ao consumidor a flexibilidade de dirigir um veículo que se adapta a determinadas ocasiões, divididas em blocos de 24 horas. Por fim, conforme acontece com muitas ideias radicais, o contrato de mobilidade não veio à luz da forma contemplada por Reitzle (ele deixou a empresa antes que sua ideia pudesse ser transformada em um projeto). Contudo, sem dúvida, o mercado de veículos automotivos urbanos caminhou na direção prevista por Reitzle: maior flexibilidade do bem adquirido e rápido crescimento do compartilhamento de veículos e das empresas que cobram o aluguel de veículos com base na quilometragem, como a Cambio, a Getaround e a Zipcar. Essas locadoras representam as proposições de valor que crescem com maior rapidez no mercado automotivo. Conforme sugerido por Reitzle, a oportunidade de uma solução de mobilidade verdadeiramente universal ou nacional oferecida por uma empresa do setor automotivo continua aberta, embora ela exija uma infraestrutura gigantesca para permitir a entrega de qualquer veículo em qualquer parte do mundo. Essa infraestrutura não é diferente daquela desenvolvida pela Ford, a empresa-mãe da PAG, com sua ampla gama de produtos e milhares de pontos para locação de veículos ao redor do mundo, e as inúmeras agências Hertz que têm a mesma finalidade.

Como detectar riscos

A segunda pergunta para descobrir oportunidades de obter uma vantagem competitiva é enumerar os riscos assumidos pelo cliente ao entabular negócio com uma empresa. Já analisamos a redução de riscos com o exemplo do vinho Sainsbury em um cenário que envolve o consumidor. Vamos mudar de assunto e considerar um exemplo em um cenário que envolve duas empresas. A MasterBuilders é um fornecedor de aditivos químicos para o setor de construção. Seus aditivos, que são acrescentados à mistura de concreto utilizada em alguns canteiros de obras, conferem ao concreto várias propriedades, reduzindo, inclusive, a fragilidade ou a sensibilidade a variações de temperatura. Esses aditivos são responsáveis por uma pequena parcela do valor da mistura de concreto. Além disso, os aditivos são vistos como um produto de consumo e muitas vezes, após certa reflexão, essa é também a visão do comprador, a empreiteira da construção. Em geral, em determinadas ocasiões, as empreiteiras têm várias obras em andamento, e cada qual prepara sua própria mistura. A compra de aditivos é baseada em propostas apresentadas às empreiteiras, e as decisões de compra são quase sempre baseadas em diferenças de preço praticamente insignificantes.

Um grande cliente, construtora com mais de 200 obras em andamento, assinou um contrato com a MasterBuilders e então, conforme acontecia com frequência, fez os administradores de cada obra encomendarem e manterem um estoque compatível com os requisitos de suas respectivas construções. Mas os administradores das obras nem sempre conseguem prever suas necessidades com exatidão. O atendimento a pedidos de última hora e estoques zerados eram comuns e extremamente dispendiosos. Um caminhão carregado com metade ou com um quarto de sua capacidade total fazia viagens para cobrir um pedido de emergência. Esses pedidos de última hora também eram onerosos para o cliente: a obra podia ser interrompida por falta de aditivos. Uma solução poderia ser a MasterBuilders cobrar mais pela entrega ou cobrar por entregas de emergência, transferindo os custos adicionais de transporte para o cliente e incentivando os responsáveis pelas obras a fazerem pedidos maiores e com a devida antecedência. Mas para o cliente, o custo de um estoque zerado já era muito alto. Torná-lo ainda mais alto por meio da cobrança de uma multa não seria uma forma de criar os incentivos adequados. Além de não resolver o problema, tal medida ainda eliminaria a competitividade da MasterBuilders, tornando-a impopular junto aos clientes.

Em vez disso, a empresa reconheceu que o principal risco enfrentado pelo cliente era um estoque zerado, o que poderia fazer o projeto sofrer atrasos. Em virtude da falta de um simples aditivo, maquinário e mão de obra dispendiosos ficariam parados, contribuindo para eventuais estouros no cronograma e no orçamento. O reconhecimento desse importante impacto – o risco da falta de um aditivo no estoque – revelou uma oportunidade. A MasterBuilders começou a pensar em uma solução que ajudasse a reduzir – em vez de aumentar – os riscos assumidos pelo cliente.

Sem nenhum custo para o cliente, cada canteiro de obras era equipado com tanques para armazenamento de aditivos. Tanto os tanques como seu conteúdo permaneciam propriedade da MasterBuilders até que os aditivos fossem utilizados no projeto. Os tanques de armazenamento eram equipados com um sistema de monitoramento remoto que reportava diretamente à MasterBuilders o nível do aditivo restante no tanque. Com a utilização dos níveis do estoque aliados às taxas de uso, os pequenos e geograficamente dispersos pedidos de compra recebidos a intervalos às vezes imprevisíveis e não planejados eram substituídos por grandes caminhões-tanque que obedeciam a uma rota de entrega planejada. Esse novo sistema agregava um considerável novo valor ao cliente; o aspecto mais significativo era a eliminação do risco de zerar o estoque.

Outras economias adicionais foram alcançadas com a redução dos níveis do estoque, redução das ordens de compra e do processamento de pagamentos, e também com a simplificação do gerenciamento do estoque. A MasterBuilders, por sua vez, obteve recursos para investir em programa, silos, adequação do equipamento, bem como em um sistema de acompanhamento do estoque, graças às economias alcançadas por meio da redução do transporte rodoviário de produtos químicos. Mas a redução dos custos não era o único objetivo desse projeto. Agora a empresa tinha clientes satisfeitos. Muito provavelmente um concorrente que oferecesse um preço mais baixo não conseguiria obter a vantagem da redução de risco oferecida pela MasterBuilders.

A MasterBuilders conseguiu obter uma vantagem perguntando quais seriam os riscos arcados pelos clientes ao comprarem da empresa. O que tornou essa solução particularmente eficaz foi que os concorrentes ainda não haviam feito essa pergunta. E quando isso acontecesse, precisariam de um tempo considerável para desenvolver um sistema que proporcionasse uma solução semelhante para redução de riscos. Nesse meio tempo, a MasterBuilders conseguiu alcançar uma liderança competitiva e reduzir a sensibilidade do consumidor em relação ao preço em um setor que, grosso modo, é razoavelmente comoditizado.

Por que eles não são nossos clientes?

A terceira pergunta que você deve fazer ao tentar criar um valor *downstream* é: "por que os clientes potenciais não compram de nossa empresa?". Clientes potenciais são aqueles que, de acordo com a definição do mercado-alvo, deveriam estar comprando de você, mas que, por alguma razão, não estão consumindo os produtos de sua empresa ou os estão adquirindo de concorrentes.

Perguntar por que não estão comprando de você e pensar que talvez seja devido aos custos e riscos envolvidos na possível compra poderá levá-lo a desenvolver soluções específicas, quase sempre, muito mais eficazes do que a oferta de descontos nos preços ou outros incentivos. Consideremos o exemplo da Hyundai, profundamente atingida pela Grande Recessão de 2008–2009.

No início da Grande Recessão, que teve lugar no último trimestre de 2008, à medida que a economia se desestabilizava e a perspectiva de emprego para milhões de norte-americanos se tornava incerta, as vendas do setor automobilístico sofreram drástica redução. Os consumidores estavam adiando a compra de bens duráveis, particularmente de veículos, até que obtivessem uma visão melhor do rumo que a economia iria tomar e de suas perspectivas de emprego. Os efeitos sobre as indústrias automotivas foram muito sérios. Os problemas financeiros há muito enfrentados pela GM e pela Chrysler ressurgiram com violência, e ambas as empresas recorreram à ajuda do governo. A Hyundai, que tinha uma linha de modelos direcionada aos consumidores de baixa renda, foi particularmente atingida conforme a crise hipotecária atingia o ápice. As vendas da empresa nos Estados Unidos tiveram uma queda de 37%.[1]

A redução da demanda provocou uma resposta imediata por parte da maioria das empresas automotivas: reduzir os preços e implementar descontos na forma de ofertas de reembolso e outros incentivos embutidos nos pacotes dos revendedores. A Hyundai também considerou essas possibilidades, mas acabou adotando uma abordagem diferente: perguntou por que os consumidores não estavam comprando. E os clientes responderam em uníssono: "porque o risco de comprar agora, quando o depauperado estado da economia significa que eu posso perder meu emprego a qualquer momento, é alto demais. Se eu fizer um financiamento ou um leasing para adquirir um veículo e precisar devolvê-lo quando perder meu emprego, meu crédito na praça ficará abalado".

Em vez de oferecer uma redução no preço, a Hyundai desenvolveu uma garantia de redução dos riscos, abordando diretamente as preocupações do consumidor: se você perder seu emprego ou sua renda dentro do prazo de um ano após efetuar a compra do veículo, poderá devolvê-lo sem nenhum prejuízo para seu crédito. Denominada Garantia da Hyundai, a proposta eliminava diretamente a principal razão que o cliente tinha para não comprar um carro novo. O programa foi lançado em janeiro de 2009. Naquele mês, as vendas da Hyundai praticamente dobraram, enquanto as do restante do setor tiveram uma redução de 37%, a maior queda ocorrida no mês de janeiro desde 1963.

A Hyundai vendeu um número maior de veículos do que a Chrysler, que conta com o quádruplo de revendedores. Os concorrentes não teriam muita dificuldade de fazer uma oferta semelhante à da Hyundai, mas não o fizeram. Continuaram a reduzir os preços e a oferecer incentivos monetários.

Descobrir os custos e os riscos ocultos e então reduzi-los, é uma atitude que cria valor para o consumidor e compensa para o pessoal de vendas. No exemplo da PAG, os custos assumidos pelo consumidor estavam ocultos: para possuir um determinado tipo de carro é necessário abrir mão da aquisição de outros tipos de veículos. Mas como são difíceis de descobrir, os custos ocultos representam uma oportunidade; e como não é muito provável que os concorrentes os descubram, eles poderão representar uma base de diferenciação à qual os clientes em geral dão muito valor. A MasterBuilders e a Hyundai focaram os riscos inerentes à compra ou consumo do produto. Em minha experiência, frequentemente os gestores não dão atenção aos riscos nos quais o comprador pode incorrer, mesmo quando tais temeridades são visíveis. Os riscos tendem a ser menos tangíveis e menos aparentes que os custos. Mas como vendedor, a compensação por abordar os riscos que podem ser assumidos pelo cliente tende a ser muito alta por duas razões. Em primeiro lugar, quando a empresa aborda diretamente o motivo para comprar ou não comprar em vez de tentar oferecer um desconto no preço, ela consegue manter suas margens. Em segundo lugar, é menos provável que os concorrentes enxerguem os riscos e façam alguma coisa para reduzi-los. Os concorrentes da Hyundai, por exemplo, não seguiram o exemplo de oferecer uma política de isenção de multa caso o cliente devolvesse o veículo.

Pode parecer paradoxal, mas todos os exemplos que analisamos também demonstram que ao reduzir os custos e os riscos para o cliente, na verdade, você aumenta o montante que eles estão dispostos a pagar, mesmo em mercados nos quais os preços são altamente competitivos.

Redução sistemática de custos e riscos

Nas empresas em que as etapas iniciais de produção (*upstream*) pesam muito nas decisões e na estratégia, a falta de processos sistemáticos, de estruturas organizacionais e de orçamentos para inovações nas etapas posteriores (*downstream*) é, frequentemente, um esforço assistemático, impulsionado por um gestor motivado ou por uma equipe dotada de espírito empreendedor. Tornar o processo mais sistemático ajudaria as empresas a reconhecer fontes de vantagens competitivas e a elas se agarrarem, forneceria um meio de subdividir a tarefa de inovação *downstream* em etapas administráveis, reduziriam a incerteza dos investimentos nesse tipo de inovação e produziria formas sustentáveis de alcançar vantagem competitiva. Mas como seria esse processo?

Vamos começar pela análise do comportamento do cliente. As perguntas a seguir foram elaboradas para ajudá-lo a analisar e o processo de compras, a fim de revelar os custos arcados pelos clientes ao fecharem negócio com sua empresa.[2] Pergunte a si mesmo como o cliente desempenha as seguintes tarefas:

- Percebe que precisa de um produto como o seu.
- Toma conhecimento de seu produto.
- Obtém informações adicionais sobre seu produto (e sobre os de seus concorrentes).

- Testa ou experimenta seu produto.
- Compara sua mercadoria ou oferta com a dos concorrentes.
- Limita o conjunto de alternativas a serem levadas em consideração. Você faz parte desse seleto conjunto?
- Escolhe seu produto dentro desse seleto conjunto. (Ou por que o cliente não escolhe seu produto?)
- Leva o produto para casa e o retira da embalagem.
- Descarta os materiais de embalagem.
- Prepara o produto para ser usado.
- Usa e fica satisfeito com o produto. (De que outras maneiras o cliente utiliza o produto além daquelas prescritas ou previstas?)
- Usufrui dos benefícios proporcionados pelo produto adquirido.
- Paga pelo produto.
- Armazena o produto.
- Mantém o produto.
- Atualiza o produto.
- Descarta o produto utilizado.
- Procura novamente pelo produto, caso tenha ficado satisfeito com ele.
- Conversa com outras pessoas a respeito de seu produto.

De modo semelhante, pense nas perguntas que os clientes poderiam fazer a si mesmos a respeito dos riscos de negociar com sua empresa:

- Posso acreditar nas promessas do vendedor?
- O produto terá o desempenho esperado? Cumprirá com o prometido?
- Quais seriam os efeitos colaterais?
- O produto pode ser perigoso?
- Conseguirei usá-lo do modo apropriado?
- Perderei dinheiro pagando o preço proposto? Posso arcar com esse custo?
- O preço da manutenção do produto será muito alto?

- O produto é compatível com outros produtos que utilizo?
- O produto sofrerá depreciação? Em caso afirmativo, qual seria o ritmo dessa depreciação?
- O produto se tornará obsoleto?
- Poderei ficar sem o produto ou sem condições de fazer seu reabastecimento?
- O produto continuará disponível quando eu precisar dele novamente?
- O vendedor estará por perto para executar reparos e manutenção?
- O produto é socialmente aceito? O que a forma como eu o utilizo revela sobre mim às pessoas que me cercam?
- Quais são os riscos para o meio ambiente?
- Quais são os regulamentos que envolvem o uso e o descarte desse produto?
- Os chefes da empresa onde trabalho concordam com minha decisão? Ela está de acordo com a política, a história, a cultura e os acordos implícitos?
- A escolha desse produto contribuirá para meu conceito e sucesso na empresa?

Essas perguntas salientam a incerteza do consumidor sobre qualquer tipo de compra. Não se esqueça de que seus clientes compram seus produtos a despeito dessa incerteza ou porque encontraram uma forma de reduzi-la ou de conviver com ela. Seja qual for a solução, se você conseguir encontrar uma forma de reduzir a incerteza de maneira mais eficiente, terá condições de criar valor para o cliente.

As respostas às perguntas sobre custos e riscos revelam o esforço que o cliente faz e os riscos que corre para obter os benefícios que lhe foram prometidos. Cada custo e cada risco reduzem o valor que ele obtém da interação com sua empresa, e cada redução nos custos e nos riscos que você lhe proporciona aumenta esse valor. Nos exemplos relativos a Sainsbury, PAG, MasterBuilders e Hyundai apresentados neste capítulo havia um ponto nevrálgico – um risco ou um custo crítico arcado pelo cliente – e a tarefa era reduzir essa desvantagem, criando uma nova forma de valor para o cliente. Mas a despeito da eficácia das soluções desenvolvidas, cada inovação continua sendo assistemática – ela combate um único ponto nevrálgico. E mesmo que a solução gere uma inovação bem-sucedida, não há nenhuma garantia de que um fluxo de inovação será gerado. Uma máquina inovadora focada no *downstream* exigiria que a empresa conduzisse mais sistematicamente um exercício semelhante e em uma escala mais ampla, cobrindo todos os pontos de contato do cliente e potencialmente liberando uma torrente de inovação nesse sentido. O processo tem início com uma auditoria sistemática dos custos e riscos arcados pelos clientes, com objetivo de revelar o maior número possível de oportunidades de criação de valor.

Vejamos, por exemplo, a aquisição e o uso de servidores, desktops e laptops por grandes organizações de grande porte. Naturalmente, as etapas da transação envolvem diferentes pessoas, equipes e unidades, tanto dentro da organização vendedora como da organização compradora. Na Tabela 2-1, mostramos o processo simplificado de cinco pontos de contato: pré-compra (busca de informações e avaliação das alternativas), aquisição (incluindo entrega e instalação), utilização, manutenção e descarte (incluindo substituição e recompra). Você poderá detalhar esse conjunto de pontos de contato tanto quanto achar necessário, desde que mantenha um nível de informações suficientes para poder descrever os custos e os riscos a serem abordados e reduzidos.

TABELA 2-1

Pontos de contato, custos e riscos arcados pelo cliente

	Pontos de contato				
	Recompra	Compra, entrega, instalação	Utilização	Manutenção	Descarte, substituição, recompra
Custos arcados por nossos clientes					
Riscos arcados por nossos clientes					

Vamos acompanhar o comportamento comum do consumidor em cada ponto de contato, a fim de localizar os custos e os riscos para o cliente. Na etapa que antecede a compra, o setor de TI do departamento de compras estabelece os requisitos internos e as especificações para os computadores utilizados no sistema central e para as máquinas de cada departamento. Os computadores do departamento de vendas são equipados e configurados de forma diferente daqueles do RH que, por sua vez, são diferentes daqueles usados pelo pessoal de contabilidade ou de produção. Cada requisito dos setores de hardware e software é avaliado e especificado.

Em seguida, o departamento de TI localiza na web catálogos de fornecedores, conversa com o pessoal de vendas dos fornecedores de computadores, elabora uma pequena lista, obtém cotações, seleciona um fornecedor e efetua um pedido de compra. Algumas semanas mais tarde, os computadores começam a chegar ao departamento de TI, onde são retirados da embalagem. Programas de software comuns, bem como software para os vários departamentos da empresa são carregados, e os computadores são entregues aos usuários finais. Mais tarde, quando há necessidade de reparos ou manutenção, o departamento de TI examina os computadores. Esses reparos, bem como a manutenção, muitas vezes são substanciais. Por fim, ao longo de sua vida útil, os computadores custam à empresa no mínimo o dobro do valor de seu preço de compra. Esse valor inclui interrupções para intervenções por parte do departamento de TI, instalação, serviços, reparos, resolução de problemas, atualizações de software e afins.

Mais de 80% das vendas de computadores da Dell são efetuados por clientes corporativos. A empresa tem uma profunda compreensão das fases de pré-compra, compra, uso, manutenção e pontos de contato para descarte junto a essas organizações. Ao longo dos anos, a Dell vem desenvolvendo formas inovadoras de abordar os custos e riscos em cada ponto de contato.

Durante a etapa de pré-compra, a Dell elabora catálogos personalizados, denominados *Premier Pages* para cada empresa e, muitas vezes, para cada departamento do cliente corporativo. Os usuários da organização que está comprando podem abrir sua Premier Page, digitar seu respectivo código de funcionário e folhear um catálogo de hardware, software ou de outras opções disponíveis. Eles não se deparam com nenhuma informação estranha – por exemplo, não precisam percorrer listas de opções que não estejam disponíveis para seu departamento – a pré-seleção é feita pelo sistema, e isso evita que os usuários desperdicem tempo e esforços. O catálogo também permite que seja feito o acompanhamento do orçamento de cada usuário, para que ele possa colocar pedidos diretamente na página.

Em vez de ter o software da organização instalado pelo departamento de TI assim que o produto é recebido, os programas são carregados durante a produção, na própria linha de montagem da Dell. Essa etapa automatizada leva 45 segundos e não uma hora ou mais – tempo que o pessoal de TI da empresa compradora levaria para personalizar minuciosamente cada equipamento.

Em geral, o computador é entregue diretamente ao usuário. O departamento de TI não precisa receber, armazenar, remover o equipamento da embalagem ou encarregar-se da entrega do mesmo. Isso representa uma substancial economia de custos para a organização que está adquirindo o equipamento.

Em sua interação com o cliente, a Dell também repensou a etapa de utilização dos equipamentos. Sempre que possível, a resolução de problemas, atualizações e reparos de software são realizados pela Dell pela internet, minimizando, assim, os custos ou intervenções do departamento de TI da empresa compradora.

Por fim, a Dell estimula seus clientes a participarem de um ciclo de planejamento – que abrange de três a cinco anos – de suas necessidades de TI. Esse processo inclui uma discussão sobre a substituição dos equipamentos e da infraestrutura de TI, bem como a reciclagem das máquinas antigas. O planejamento de cinco anos reduz tanto os custos do cliente (por meio da reinstalação, da obsolescência planejada e do gerenciamento do custo total de propriedade) como os riscos de o cliente ser pego de surpresa pelas necessidades de expansão ou de novas tecnologias. A abordagem proporciona também à Dell um horizonte estável para planejamento de contas, do grupo de trabalho e da utilização da capacidade. No instável mercado de informática, esse enfoque fornece uma razão para que o cliente continue a comprar da Dell.

Por meio dessas iniciativas para redução de custos e riscos, a Dell cria um valor para as organizações que vai muito além da simples aquisição de produtos. Em um setor no qual a tecnologia e os produtos dos grandes fabricantes de computadores estão em pé de igualdade, a Dell talvez não venda computadores melhores, mas ao reduzir os possíveis custos e riscos para os clientes, ela acaba vendendo computadores melhores.

Como identificar oportunidades de inovação

A identificação dos custos e dos riscos que seus clientes podem encontrar em cada ponto de contato é a primeira etapa. Depois, você deve analisar sua capacidade de mitigar esses custos e riscos de uma forma mais eficaz do que a adotada por seus concorrentes. Duas perguntas o ajudarão nessa etapa. Primeira, essas eficiências de escala agregam custos e riscos? A pergunta significa o seguinte: o custo ou o risco por unidade fica menor quando você os analisa em conjunto ou faz isso em uma escala que não está disponível para o cliente? Por exemplo, a Dell automatiza a instalação de software na linha de montagem, realizando em 45 segundos uma operação que o cliente, com esforço, conseguiria realizar em uma hora. Fazendo uma comparação, as seguradoras não existiriam se não fosse mais produtivo agregar riscos do que assumi-los individualmente. Muitos custos e riscos associados a cada etapa da interação com o cliente apresentam oportunidades semelhantes de maximizar a eficiência por meio da agregação e do agrupamento. Essas são oportunidades de criar uma vantagem competitiva *downstream*.

A segunda pergunta revelará se você tem condições de abordar os custos e os riscos com maior eficiência que seus clientes: onde, ao longo da cadeia de valores, faz mais sentido atacar esses custos e riscos? Vejamos um exemplo simples de custo: quem deve arcar com o custo de manutenção do estoque, o fabricante ou o distribuidor? Outra forma de fazer a pergunta é: o vendedor deve ampliar o crédito para o comprador e, em caso afirmativo, por quantos dias? Se, de modo geral, o número de dias de extensão do crédito for estabelecido por meio de uma negociação entre o comprador e o vendedor, a resposta deve ser baseada no custo relativo do capital de giro para o fabricante comparado àquele que seria arcado pelo distribuidor. Se o fabricante puder fazer um empréstimo a juros mais baixos que aqueles que o distribuidor pagaria, ele deve se oferecer para arcar com o custo de manutenção do material de estoque e, em troca, negociar um preço ou condições melhores, publicidade cooperativa, ou qualquer outra coisa que o distribuidor possa fazer com maior eficiência e que represente valor para ele.

Uma lógica semelhante se aplica quando você determina em que local, na cadeia de valores, os riscos devem ser alocados. Consideremos uma negociação comum entre um fabricante de uma marca de creme dental e seu principal cliente, uma rede de lojas de varejo. O fabricante está lançando um novo tipo de creme dental. Os resultados das pesquisas de opinião revelaram que os consumidores do mercado-alvo gostaram muito do novo produto e que ele supera a marca que costumam comprar praticamente em todos os aspectos considerados importantes. O seguimento-alvo é amplo, e as projeções do fabricante indicam que um bom número de consumidores passará a comprar o novo produto se o preço for razoável, o que potencialmente o tornaria bastante lucrativo tanto para o fabricante como para o varejista. Assim, o fabricante tenta convencer o varejista a alocar espaço em suas prateleiras para esse novo produto. Contudo, o varejista fica em dúvida. Argumentando que a categoria de cremes dentais já está saturada e que as marcas consagradas proporcionam boas margens e boa rotatividade, o varejista não vê razão para arriscar. Após muita discussão, ele concorda em fechar um pedido pequeno, a título de experiência. Mas o fabricante sabe que a menos que o varejista reserve bastante espaço nas prateleiras à época do lançamento o produto estará fadado ao fracasso. Assim, ele está diante do desafio de tentar convencer o varejista a fazer um pedido grande e reservar espaço suficiente em suas prateleiras, a fim de dar uma chance ao novo creme dental. A última coisa que o fabricante quer é despender muito dinheiro com publicidade para atrair os consumidores para uma loja na qual não encontrarão o produto porque o varejista reservou pouco espaço para ele em suas prateleiras ou não encomendou uma quantidade suficiente.

Ainda assim, o varejista continua a enxergar o lançamento do novo produto como uma proposição arriscada. Afinal, o setor em que ele atua experimenta um alto índice de insucessos no lançamento de novos produtos (mais de 80% dos novos produtos lançados não emplacam depois de um ano).[3] Portanto, o varejista fica ressabiado diante do risco de introduzir um produto novo. Muitas vezes, ele se vê com excesso de estoque que permanece sem movimentação e do qual não consegue se livrar facilmente, e teme alocar espaço em suas prateleiras a um perdedor, quando poderia alocá-lo a um vencedor. A essa altura das negociações, a maioria dos fabricantes oferece ao varejista margens mais altas, polpudas taxas pela exposição de produtos para venda e outros incentivos monetários para convencê-lo a adquirir o novo produto. Essa negociação comum não é exclusiva da categoria de cremes dentais ou de determinados artigos comercializados em supermercados – é uma etapa que ocorre, de alguma forma, em quase todos os setores.

Mas vejamos o que aconteceu. O fabricante interpretou a atitude reticente do varejista como uma tática de negociação, ou seja, como um pedido de margens maiores ou de custos mais baixos. Na verdade, o abismo entre o fabricante e o varejista surge em virtude da maneira diametralmente oposta de cada um enxergar os riscos: aos olhos do varejista, o risco da introdução do novo produto é muito maior do que aos olhos do fabricante. Em vista da assimetria do possível grau de risco, a resposta apropriada do fabricante ao varejista não deveria ser uma oferta para redução do custo, mas sim de absorver os eventuais riscos associados ao lançamento. Em outras palavras, se o fabricante está tão seguro do sucesso do produto e considera seu lançamento muito menos arriscado que o varejista, ele deveria arcar com esse risco. Por exemplo, o fabricante poderia se oferecer para ficar com qualquer estoque encalhado se os níveis de venda do produto não correspondessem às expectativas. Ou poderia se oferecer para compensar o varejista pela perda de margens se – e somente se – o estoque do produto não apresentasse nenhuma movimentação. Em vez disso, ao oferecer ao varejista polpudas taxas pela exposição dos produtos para venda e descontos no preço, o fabricante está sacrificando lucros futuros para compensar o inconveniente de manter o produto na prateleira. O varejista poderia exigir as mesmas margens altas em compras futuras, mesmo se o produto fosse um tremendo sucesso. No longo prazo, a alocação equivocada dos riscos na cadeia de valor pode se tornar onerosa.

Soluções operacionais e baseadas em informação

Proponho um exercício para você. Reúna sua equipe e preencha todas as células da Tabela 2-1, enumerando os custos e os riscos que seus clientes arcam em cada etapa do processo de compra. Depois, pergunte como reduzir esses custos e riscos. Você poderá constatar que existem dois tipos de soluções para reduzir os custos e os riscos assumidos pelos clientes: operacionais e baseadas em informação. Basicamente, as soluções operacionais se resumem à entrega do produto na ocasião certa, no lugar certo e no formato certo, além de permitir que o cliente compre, utilize e descarte o produto com facilidade e da maneira correta. Os exemplos que vimos incluem as máquinas de vendas automáticas da Coca-Cola, o sistema de estocagem da MasterBuilders gerenciado pelo fornecedor, a personalização dos programas de software da Dell nos computadores ainda na linha de montagem e a entrega direta da Dell aos usuários finais do cliente corporativo. Todas essas soluções operacionais reduziram os custos e os riscos. Todas criam enorme valor para o cliente por meio de operações projetadas para que o produto adquirido se encaixe na maneira como os clientes o compram e o utilizam. Em geral, essas oportunidades de inovação operacional são difíceis de detectar, porém relativamente simples de serem colocadas em prática, desde que você consiga localizá-las nas colunas da Tabela 2-1.

A segunda maneira de reduzir os custos do cliente envolve informações e redes por meio das quais elas fluem. A redução dos custos e dos riscos assumidos pelos clientes da Sainsbury na seleção de vinhos, o desenvolvimento de um videogame Serious pela Janssen Pharmaceutica e o Plano de Garantia da Hyundai são exemplos de como aproveitar o poder das informações para satisfazer o cliente. Grande parte dos capítulos restantes deste livro fala sobre dois tipos de informação que criam uma vantagem competitiva *downstream*: (1) informações que os vendedores usam para mapear mercados e redes de clientes; e (2) informações que os compradores usam para compreender os vendedores e o mercado. A Parte II deste livro é dedicada ao primeiro tipo de vantagem competitiva baseada em informações e a Parte III versa sobre segundo tipo. Antes de chegar lá, o capítulo que se segue analisará mais detalhadamente o conceito de vantagem competitiva *downstream*.

Lista de verificação de custos e riscos

✓ Você mapeou o processo de informação de seus clientes no tocante aos produtos que comercializa? Em quais etapas do processo de compra a incidência de custos é maior? Que tipos de risco você poderia tentar reduzir? Você conseguiria descobrir o comportamento do consumidor usando a lista de perguntas "Redução sistemática de custos e riscos" apresentada anteriormente neste capítulo?

- ✓ Como os consumidores decidem o que devem comprar na categoria de produtos que você comercializa? Como decidem quando, quanto e a que preço comprar?

- ✓ Em quais fontes especializadas seus clientes buscam informações e aconselhamento antes de comprar um produto pertencente à categoria na qual sua empresa atua?

- ✓ Você seria capaz de fazer uma projeção dos custos de comunicação, consolidação da marca e das operações relativas à entrega de seus produtos para obter uma redução dos custos e dos riscos?

3

Aproveitando a vantagem *downstream*

AS EMPRESAS que inclinam o foco para o *downstream* (etapas posteriores do fluxo dos negócios) não estão apenas fugindo dos estéreis campos de atuação obcecados pelo *upstream* (etapas iniciais) – elas estão aproveitando as novas e valiosas fontes de vantagem competitiva. Mas o que exatamente é uma vantagem competitiva *downstream*, e por que ela seria diferente e melhor do que a vantagem competitiva *upstream*? Nos capítulos anteriores, analisamos vários exemplos de inovação *downstream*, ou seja, novas formas de valor que criam vantagem competitiva. Agora, vamos nos basear nesses exemplos para entender o que torna especial a vantagem *downstream*.

Estratégia é o meio pelo qual uma empresa procura superar seus concorrentes. Em outras palavras, estratégia é a busca por uma peculiaridade no mercado que permitirá a uma empresa gerar retornos superiores aos de seus concorrentes. Em mercados eficientes, não é fácil encontrar fontes duradouras de vantagem competitiva. Os rivais são rápidos em localizar e copiar fontes de vantagem e transformar peculiaridades em lugar comum. Ainda assim, algumas empresas conseguem desenvolver negócios formidáveis que obtêm retornos acima da média, de modo saudável e constante. Se as empresas são formadas por recursos, conhecimento, capacidades e outros ativos, então a concorrência entre elas é uma competição entre composições distintas e diferenciadas. Não existem duas empresas idênticas. Propomos a ideia de que, como nem todas as partes do conjunto de recursos que formam uma organização contribuem igualmente para a vantagem competitiva duradoura, a estratégia principal deve ser encontrar ou desenvolver nesse conjunto elementos capazes de fazê-lo.

Como vimos, uma estratégia de inclinação bem-sucedida reúne recursos e atividades em dois grupos: *upstream* ou *downstream*. As empresas que buscam explorar uma peculiaridade no *upstream* tendem a se concentrar em vantagens como novos produtos, tecnologias, recursos, fontes de fornecimento de baixo custo e processos de produção eficientes. Já as fontes de vantagem competitiva *downstream* residem no quanto sua empresa conhece e interage com sua base de clientes e o quanto eles sabem sobre sua organização. Vejamos por que esses dois tipos de vantagem competitiva são tão diferentes.

TABELA 3-1

Diferenças nas vantagens competitivas *upstream* e *downstream*

	Upstream	Downstream
Localização da vantagem competitiva	Interna: reside dentro da empresa, em seus ativos (inclusive nos intangíveis, como patentes), recursos, habilidades, processos e conhecimento.	Externa: reside no mercado e nas ligações da empresa com os clientes e as redes do mercado.
Tipos e fontes de vantagem competitiva	Acesso a fontes de fornecimento de baixo custo, eficiência na produção ou logística, escala, tecnologia proprietária, patentes, capacidades em termos de produtos e P&D, profissionais, procedimentos, estrutura e cultura organizacional.	Informações do mercado, relacionamentos com os clientes, fidelidade dos clientes; presença no mercado e influência nos critérios de compra do consumidor, controle de ritmo das mudanças do mercado, como os clientes veem sua empresa e as marcas que vocês comercializam.
Base de valor para o cliente	Diferenciação ou liderança em termos de custos.	Redução de custos e riscos.
Inovação	Novos produtos, tecnologias, P&D, muitas vezes representados por bancos de patentes; pipelines e sistemas de desenvolvimento de novos produtos.	Novas maneiras de interagir com os clientes; redução dos custos e riscos; inovação baseada no mercado.
Sustentabilidade da vantagem competitiva	A vantagem competitiva se corrói à medida que os concorrentes alcançam, imitam, copiam ou ultrapassam as inovações tecnológicas e de produtos do líder.	A vantagem competitiva é acumulativa: pode crescer com o tempo, com a experiência e o acúmulo de informações como, por exemplo, os efeitos da rede do mercado.

Obviamente, as etapas *upstream* e *downstream* como fontes de vantagem competitiva diferem em termos da localização que ocupam no fluxo dos negócios, mas também em uma série de outras dimensões. A Tabela 3-1 resume essas diferenças, cujas implicações, vamos explorar a seguir.

Prisioneiros em seus próprios muros

A vantagem competitiva *upstream* tende a residir dentro da empresa. Na tentativa de aproveitar a vantagem competitiva *upstream*, as empresas lutam para travar as fontes de fornecimento (as petrolíferas que buscam direitos de exploração, por exemplo) ou aumentar a eficiência da produção ou da logística (com a instalação de sistemas de identificação por radiofrequência, por exemplo) ou construir uma infraestrutura de produção de larga escala, desenvolver e patentear tecnologia proprietária, aprimorar as capacidades de P&D, montar equipes de alto desempenho, construir estruturas organizacionais enxutas e eficientes, ou desenvolver uma cultura exclusiva. Todos esses esforços incutem uma ideia comum: formar valores e recursos únicos e depois erguer um muro ao redor deles. O objetivo do muro é promover e manter a vantagem, evitando que a fonte de vantagem competitiva vaze para concorrentes e o resto do mundo. Podemos identificar quais são os aspectos de funcionamento interno que uma empresa considera como sua fonte de vantagem competitiva, avaliando quão bem protegidos eles estão. Se a organização acredita que seus processos de produção são sua fonte de vantagem competitiva, as visitas às fábricas são rigorosamente controladas, a segurança em torno delas é hermética e os novos produtos são mantidos em absoluto segredo até a hora do lançamento. Se acreditar que seu departamento de P&D é a sua fonte de vantagem competitiva, ela cercará seus laboratórios de pesquisa com a segurança equivalente à de um banco, e colocará um exército de advogados para cercar suas patentes. Agora, quando uma empresa considera o pessoal como sua real vantagem competitiva, como muitas no Vale do Silício, encontramos ambientes de trabalho acolhedores, refeitórios, academias de ginástica com aparelhos de última geração, estúdios de ioga, recantos para sesta, licenças sabáticas e horários de trabalho flexíveis. O Facebook, por exemplo, oferece até serviços de lavanderia a seus funcionários.[1]

No entanto, com o passar do tempo, esses muros e mecanismos de proteção podem ter um efeito pernicioso: podem isolar a organização do mundo exterior. Em casos extremos, as empresas tornam-se obcecadas com o que está dentro de seus muros e permanecem alheias ao mundo exterior onde habitam clientes, fornecedores, integrantes dos canais e concorrentes. Em uma possível trajetória evolutiva para essas empresas, suas interações com os mercados e, em particular, com os clientes podem se tornar limitadas, enfraquecidas, restritas a um roteiro muito rígido e às transações em que o produto é entregue em troca de dinheiro. A capacidade de tais empresas de ouvir o mercado e responder às constantes mudanças nas necessidades deste acaba prejudicada, pois elas estão focadas em proteger suas fontes internas de vantagem competitiva. Estão obcecadas em produzir mais porque cada unidade trará mais receita e uma boa margem. Esse aumento das receitas lhes permite investir em uma fábrica maior ou no aumento de qualquer outra vantagem interna à qual atribuem o segredo de seu sucesso. Esses investimentos elevam os custos fixos do *upstream*, obrigando-as a vender mais. O volume torna-se o imperativo principal. O foco no *upstream* torna-se autossustentado. O mercado pode até comprar mais por um tempo, mas o foco nas etapas iniciais acabará fazendo essas organizações acabarem deixando de se perguntar por que o cliente está comprando o seu produto e, especialmente, por que o cliente está comprando deles, e não de seus concorrentes. A conclusão lógica dessa trajetória é o aprisionamento dentro dos muros erguidos em torno do que elas acreditam ser sua vantagem competitiva.

Quebrando os muros

Vantagem competitiva *downstream*, em contrapartida, não reside nas instalações da empresa. Ela não pode ser trancada à noite. Seu lugar é no mercado, nas ligações da empresa com este, nas interações com os clientes, no entendimento que ela tem do mercado e no comportamento e na lealdade resultantes de suas percepções em relação ao mercado e aos clientes. A reputação da marca, por exemplo, não se encontra dentro dos muros da empresa, mas sim na mente dos consumidores. Seus efeitos são sentidos no mercado e são evidentes no comportamento dos clientes. A marca – um ativo disperso e baseado no mercado que reside na mente de milhões de clientes – é apenas nominalmente de propriedade da empresa.

Em um experimento simples realizado por pesquisadores da Faculdade de Medicina de Stanford, 63 crianças em idade pré-escolar, entre 3,5 e 5,4 anos, provaram cinco pares de alimentos idênticos, incluindo minicenouras e leite ou suco de maçã.[2] Um conjunto de alimentos foi embrulhado em embalagens do McDonalds, enquanto o outro conjunto idêntico foi colocado em embalagens simples. Das 63 crianças, 23% disseram que preferiam as cenouras que lhes foram apresentadas nas embalagens simples, 23% disseram que não havia diferença entre os dois tipos e uma gritante maioria de 54% deu preferência às cenouras nas embalagens do McDonalds. Os resultados para o leite ou o suco de maçã foram ainda mais impressionantes, com 61% preferindo as suas bebidas servidas nas embalagens do McDonalds. Como era de se esperar, a reação das crianças estava relacionada com o número de aparelhos de televisão que elas tinham em casa. Quanto maior o número de aparelhos de televisão, maior a preferência da criança por alimentos em embalagens do McDonalds. Desde tenra idade, os consumidores experimentam o mundo por meio das marcas. Suas escolhas e comportamentos são influenciados pelas marcas, que consistem em uma poderosa vantagem competitiva *downstream*, pois estão incutidas na mente dos consumidores. Empresas focadas no *upstream*, sempre em busca de ativos tangíveis, podem considerar suas marcas registradas uma prova palpável de que sua vantagem competitiva encontra-se intramuros. Podem até mesmo processar concorrentes que tentem roubar suas marcas registradas. Mas se a percepção dos consumidores em relação à marca, ou suas preferências em termos de produtos, mudar com o passar do tempo, as marcas registradas passarão a oferecer pouca proteção e serão de pouco valor. A fonte da vantagem competitiva reside no mercado, na mente dos consumidores. Empresas que inclinam o foco para o *downstream* reconhecem que suas marcas são intangíveis e amplamente dispersas.

As marcas não são o único ativo de mercado. Vejamos uma empresa como a Netflix, que revolucionou o negócio de aluguel de filmes e gerou dezenas de imitadores. A Netflix continua à frente dos seus concorrentes, graças aos sistemas que criou para aproveitar e facilitar o fluxo de informações do mercado. Deixou a sua principal rival –

a Blockbuster, rede de locadoras de vídeos – "comendo poeira", não só por ser uma operação online, o que dispensa os custos de manutenção de uma infraestrutura física de lojas e prateleiras, mas porque contava com uma vantagem crucial: as informações obtidas em sua rede de clientes. Os assinantes avaliam os vídeos assistidos e a Netflix usa essas classificações para fazer recomendações a outros clientes. O sistema conecta as preferências de seus telespectadores com as de outros usuários. Ao criar essas conexões de mercado e oferecer novas formas de captura, análise e divulgação de informações, a Netflix permanece à frente da concorrência. O aproveitamento dos dados de mercado é um recurso *downstream* – a Netflix apenas construiu os canais por meio dos quais as informações fluem melhor para os clientes. Em posse de tais indicações, os clientes correm um risco menor de escolher um filme que não os agrade. É por isso que sempre voltam a acessar a Netflix, mesmo depois que a organização resolveu aumentar seus preços em 60%, certo dia de 2012.

O mercado é o teste definitivo

Mesmo as fontes de vantagem competitiva *upstream* devem passar no teste de mercado: os clientes valorizam o menor custo ou a diferenciação resultantes da vantagem obtida nas etapas iniciais do fluxo de negócios? Em uma estratégia de baixo custo, uma empresa pode fabricar os produtos de forma mais eficiente ou mais barata do que os concorrentes e vendê-los a um preço semelhante ao praticado no mercado, obtendo, assim, retornos mais elevados. Ou pode fabricar produtos mais baratos e vendê-los a preços mais baixos, o que ajuda a aumentar as vendas e, consequentemente, o retorno financeiro. Quando a diferenciação, e não o menor custo, é a fonte de vantagem competitiva, a empresa investe em fabricar seus produtos com maior eficácia. E se realmente considerarem os produtos superiores, alguns clientes talvez se disponham a pagar um preço mais elevado, proporcionando à empresa um retorno maior.

Em resumo, essas são as opções estratégicas disponíveis para as empresas focadas no *upstream*. Como resultado, os seus esforços para renovar sua vantagem competitiva concentram-se na inovação de produtos ou processos. Essas organizações podem criar melhores produtos ou encontrar formas mais eficientes de fabricá-los.

As empresas com foco no *downstream*, por sua vez, buscam vantagem competitiva reduzindo os custos e os riscos dos clientes. Seus retornos superiores são o resultado da disposição dos clientes em pagar ou comprar mais por encontrarem custos e riscos menores ao fechar negócios com elas. Como vimos, a Dell e a MasterBuilders ganham tanto a fidelidade do cliente quanto maior poder de precificação, minimizando os custos e os riscos para os clientes. A Hyundai reduz os riscos dos clientes para não ter de oferecer o tipo de desconto especial que tem esmagado seus concorrentes.

Como veremos ao longo deste livro, as fontes de vantagem competitiva *downstream* são menos propensas à erosão do que focadas no *upstream*. Os concorrentes são mais rápidos em copiar, neutralizar e comoditizar a vantagem competitiva *upstream* do que a *downstream*. Mais adiante, depois de analisarmos como as empresas podem criar uma vantagem competitiva *downstream*, veremos por que esse tipo de vantagem é mais sustentável. Mas, antes, a Parte II convida-nos a desenvolver uma perspectiva mais abrangente de toda a rede de mercado de clientes, fornecedores, concorrentes e complementadores. Na Parte III, faremos um mergulho profundo na mente do cliente para explorar e compreender o campo de jogo competitivo que existe por lá.

Lista de verificação da vantagem competitiva

Analise as descrições na Tabela 3-1 neste capítulo, tendo em mente as seguintes perguntas:

- ✓ As fontes de vantagem competitiva de sua empresa são internas ou externas? Podemos dizer que sua vantagem competitiva reside dentro da empresa ou no mercado?

- ✓ Qual é a base da diferenciação de sua empresa com relação aos concorrentes? É a liderança de custo, diferenciação dos produtos ou menores riscos e custos para os clientes? Ao pensar em inovação, você pensa em termos de novos produtos ou vê a inovação de forma mais ampla, em termos de novas formas de valor para os clientes? Você é o tipo de profissional que defende patentes e produtos, em vez de marcas e posições de mercado?

- ✓ Quão sustentável é a vantagem competitiva de sua empresa? Será que ela pode corroer-se rapidamente? Os concorrentes podem alcançá-la muito facilmente? A sua diferenciação é estável ou pode ser copiada pelos concorrentes em um piscar de olhos?

Parte II
O "Mirante"
Mapeando as redes existentes no mercado

4

Atribuindo um novo valor a seus clientes

SEJA QUAL for seu segmento, você sabe coisas a respeito de seus clientes que eles próprios desconhecem e não conseguem descobrir por conta própria, mas às quais dariam imenso valor se você as compartilhasse com eles. Neste capítulo, descreveremos como esse conhecimento inexplorado pode se transformar em um bem inestimável para sua empresa, como muitas vezes ele permanece oculto embora esteja tão óbvio, e como pode ser fonte de insights únicos, que só você possui.

E seja qual for seu grau de competência e sagacidade, seus clientes estão sujeitos a grandes restrições: acham difícil transcender as limitadas fronteiras de sua própria experiência. Se pertencerem a um segmento empresa-empresa (B2B), raramente se dão conta do que acontece fora dos limites da própria empresa, dos relacionamentos com fornecedores e clientes e das transações que ocorrem no mercado. Se você atua em um setor empresa-consumidor (B2C), seus clientes raramente conseguem visualizar o mercado como um todo. Em qualquer dos casos, dificilmente os clientes conseguem visualizar o cenário global ou os padrões que surgem quando o indivíduo enxerga simultaneamente o setor como um todo, toda a base de clientes ou o mercado de um modo mais amplo.

Ao contrário de seus clientes, você tem acesso à realidade mais ampla e consegue ver coisas diferentes no mercado com maior facilidade que eles. Enxerga problemas que provavelmente surgirão porque já surgiram em outros lugares; encontra soluções para problemas que afligem um determinado cliente ou subgrupo de clientes porque já testemunhou a implementação bem-sucedida de soluções em outros lugares. Da mesma importância é o fato de que você talvez saiba o que não funciona, pois já viu a mesma coisa acontecer em outros lugares. E, por fim, talvez você enxergue padrões que eles não enxergam porque está analisando o mercado como um todo e de uma só vez, e essa perspectiva diferente proporciona um insight único. Porém, o grande cenário é um conceito abstrato, e antes de dar início a uma descrição e a uma definição, vamos trabalhar com base em um exemplo.

Um negócio em rápida expansão?

O cenário abrangente foi utilizado com muita propriedade pela divisão australiana da empresa de explosivos ICI. Alguns anos atrás, a ICI era uma organização presa na armadilha das commodities, tentando sobreviver em meio à intensa concorrência de preços oferecidos por empresas semelhantes que também vendiam explosivos usados por pedreiras para estourar rochas sólidas, transformando-as em pedras de tamanhos semelhantes. O principal negócio das pedreiras era produzir pedras de tamanhos tão semelhantes quanto possível para vendê-las a clientes dos setores de paisagismo e construção. Como os explosivos vendidos pelos concorrentes eram praticamente idênticos, as pedreiras selecionavam os fornecedores quase que exclusivamente com base no preço. Sob esse aspecto, as pressões dos concorrentes não eram muito diferentes das sofridas por muitas empresas do setor de commodities, entre outros.

A lucratividade da ICI dependia da retenção de clientes, e mantê--los naquele tipo de ambiente não era tarefa fácil. Pequenas reduções de preços oferecidas pelos concorrentes poderiam ocasionar a perda de clientes. Não eram impostas grandes multas pela mudança de fornecedor, que acarretavam despesas de transição, troca de ferramentas ou uma curva de aprendizado necessária à utilização dos explosivos comercializados por concorrentes. Trocar de fornecedor era quase tão fácil quanto acender um fósforo. Ou seja, para os vendedores de explosivos, cada concorrência tinha importância e cada pequena redução do preço fazia diferença.

Mas no nível estratégico, a ICI reconhecia que se desejasse uma trégua na intensa concorrência e uma lucratividade acima das margens mínimas normalmente obtidas em um setor de commodities, teria de repensar sua abordagem aos negócios. Precisaria abrir mão de seu desejo natural de vencer todas as concorrências e procurar adquirir uma visão mais abrangente do cenário. Se naquela época você perguntasse aos executivos da ICI (ou a qualquer dos concorrentes desta) em que tipo de negócio eles estavam, a resposta óbvia, natural – porém incorreta – seria: "No negócio de venda de explosivos". Como a maioria das empresas, a ICI focava o produto que vendia. Mas ao repensar seu negócio, pela primeira vez, a organização tentou responder uma pergunta diferente: o que os clientes estão comprando?

Com essa mudança de ponto de vista, a ICI constatou que nenhum de seus clientes estava particularmente interessado em explosivos, exceto pelo fato de que eles eram necessários para a obtenção de rochas fragmentadas. Não era surpreendente que o principal interesse das pedreiras fosse produzir rochas fragmentadas com especificações bem definidas e, ao mesmo tempo, minimizar os custos de produção. O pessoal das pedreiras não via razão para pagar um preço mais alto à ICI ou a qualquer outra empresa de dinamitação. As respostas usuais do mercado a essas questões – tentativas de mostrar ao pessoal das pedreiras as sutis diferenças que tornavam os explosivos da ICI superiores, dar maior autonomia aos profissionais de vendas e motivar o pessoal da linha de frente a estabelecer relacionamentos com os compradores, mudar o formato dos pacotes, oferecer termos e condições mais atraentes – caíam no vazio ou eram imediatamente imitadas pelos concorrentes.

Para as pedreiras, pechinchar na hora de estabelecer o preço dos explosivos era um desvio necessário – porém tedioso – de sua verdadeira tarefa: fragmentar rochas. Mas essa tarefa não é tão fácil quanto pode parecer. Se as pedreiras não conseguem projetar corretamente a dinamitação inicial ou usar a quantidade certa de explosivos, posicionando-os do modo certo, muitos fragmentos resultantes sairão grandes ou pequenos demais para serem utilizados. Se forem grandes demais, será preciso proceder a novas explosões da rocha, tarefa demorada e dispendiosa. Se forem pequenos demais, serão rejeitados pelo cliente.

Visto que cerca de 20 parâmetros influenciam o resultado de uma explosão, muitas coisas erradas podem acontecer. O perfil da superfície da rocha, sua localização, a profundidade e o diâmetro das perfurações, e até mesmo as condições climáticas podem alterar a quantidade necessária de explosivos a serem utilizados e a maneira como devem ser dispostos. Se você cometer erros frequentes na hora de utilizar essa complexa combinação, seus lucros se transformarão em pó ou serão levados pelo vento.

A oportunidade proporcionada por um cenário abrangente

Diante desse dilema, a ICI descortinou uma oportunidade. Se a empresa se limitasse a definir seu negócio como venda de explosivos a preços competitivos e a determinar a eficiência do cliente em termos de redução de custos, não conseguiria se destacar. Mas se transformasse a visão do cenário abrangente em uma vantagem, poderia desenvolver uma estratégia totalmente nova, com novas fontes de vantagens competitivas e uma oferta inédita e diferenciada.

Os gestores passaram a fazer a primeira pergunta importante: quais são os custos e os riscos ocultos assumidos pelos clientes da ICI ao comprarem e utilizarem seus produtos? A empresa concluiu que o principal receio dos clientes girava em torno dos riscos resultantes de erros cometidos durante as explosões, aliados ao custo da correção de tais equívocos. Colocando-se no lugar do cliente e fazendo uma reflexão mais profunda, a ICI constatou que havia também uma ansiedade não verbalizada em relação ao armazenamento, ao transporte e ao manuseio dos explosivos de forma correta e livre de acidentes. Após essa reflexão, a empresa reconheceu algo que era válido para todas as pedreiras: esses custos e riscos pesavam muito mais que as diferenças de preço dos explosivos entre fornecedores concorrentes. Se a ICI pudesse reduzir sistematicamente pelo menos alguns desses riscos, estaria proporcionando às pedreiras um valor novo e significativo – muito mais representativo que qualquer redução de preço que a ICI ou qualquer de seus concorrentes poderia oferecer.

A empresa constatara que todos os seus clientes se deparavam com o mesmo fator restritivo: o conhecimento deles em termos de explosões era limitado, em virtude da reduzida gama de condições dentro das quais operavam. Entretanto, essa desvantagem não se aplicava à ICI, pois a empresa monitorava um número significativo de explosões realizadas em muitas pedreiras dentro das mais variadas condições climáticas e geográficas. O problema, assim como a oportunidade descortinada, era que até aquele momento nem a ICI nem qualquer de seus concorrentes tinha reunido e analisado os dados de forma sistemática.

Certa vez, quando os engenheiros da ICI estavam selecionando dados sobre as condições e os resultados de centenas de explosões ao longo de uma ampla gama de pedreiras, observaram algo que nunca tinham observado antes: padrões que ajudavam a explicar os resultados das explosões. Agora a ICI tinha algo que uma pedreira, atuando independentemente, jamais teria: um conjunto de dados que refletiam uma abrangente base de experiências e cobriam uma ampla gama de condições. Valendo-se de experimentações e modelos empíricos, a ICI desenvolveu estratégias e procedimentos que reduziram significativamente a incerteza que, até então, andava de mãos dadas com as explosões. Agora a empresa tinha condições de prever e controlar o tamanho das pedras que resultariam de uma explosão realizada sob determinadas condições.

A ICI estava diante de uma escolha de estratégia. Poderia continuar a vender explosivos, oferecendo seu conhecimento recém-adquirido como um serviço extra. Essa abordagem proporcionaria à empresa uma vantagem óbvia, porém a manteria na mesma órbita que seus concorrentes. Por outro lado, essa abordagem apresentaria aos participantes do setor um objetivo claro, que carregava a seguinte mensagem: "copiem isso". Mas em vez de tomar esse caminho, a ICI deu um passo mais arrojado e começou a assinar contratos que asseguravam os resultados desejados pelos clientes: rochas fragmentadas de acordo com determinadas especificações. A ICI estabelecia os preços para os clientes de acordo com os resultados das explosões, assegurando que esse preço seria uma porcentagem predeterminada dos fragmentos de rocha que caíssem dentro de uma faixa cuja extensão era previamente especificada.

A redefinição do contrato significava que a ICI não mais atuava no setor de commodities. Agora seu negócio era vender uma proposição de valor extremamente diferenciada, criada por meio da aplicação conjunta de conhecimentos de engenharia altamente especializados, sólida experiência em marketing e grande perspicácia. Esses elementos caminharam juntos para compor um abrangente cenário do mercado que resultara de centenas de explosões em dezenas de pedreiras.[1]

Mais importante ainda, a vantagem competitiva obtida pela ICI com base nesses fundamentos era difícil de ser imitada por seus concorrentes, a menos que eles tivessem acesso à ampla gama de dados que os anos de experiência e a variedade de clientes proporcionaram à ICI. Por fim, o tipo especial de vantagem competitiva obtida pela ICI tinha uma característica interessante: era cumulativa. Quanto maior o número de explosões por ela conduzidas, maior o volume de dados coletados. E quanto mais refinados seus modelos de explosões se tornassem, mais à frente de seus concorrentes ela se posicionaria.

∼ ❦ ∼

Como parte de sua rotina de trabalho, você entra em contato com os mais variados clientes, cada qual com necessidades, problemas, desafios, desejos e recursos específicos. E apenas em virtude da exposição a esse diversificado grupo, você acumula uma série de experiências que um cliente seu, isoladamente, não conseguiria acumular. Exclusivamente em virtude de sua posição no mercado, você ocupa uma posição privilegiada que lhe proporciona uma visão panorâmica de todos os seus clientes. Essa perspectiva significa que você consegue enxergar a floresta como um todo, enquanto cada cliente consegue enxergar apenas as árvores.

É claro que o fato de você ter à disposição um cenário abrangente não significa que deva revelar aos outros aspectos confidenciais da empresa ou da experiência de seus clientes. Mas conforme veremos, um substancial volume de informações não confidenciais tem grande valor ou adquire valor uma vez que seja acrescentado ao conjunto de detalhes. As informações têm valor não pelo fato de serem confidenciais, mas sim porque podem ser utilizadas em conjunto com outros dados para que revelem algo novo.

No restante deste capítulo, veremos como as empresas utilizam sua perspectiva abrangente para reduzir os custos e os riscos assumidos por seus clientes e são recompensadas com a lealdade destes ou com a flexibilidade de preços, ou com ambas as coisas.[2]

Como montar o quebra-cabeça

Imagine que você tem 500 clientes e que cada um deles representa uma peça de um quebra-cabeça. Embora cada peça seja única, quando montadas, elas adquirem um significado mais abrangente.

Cada um de seus clientes detém informações que são semelhantes a uma peça ou a algumas peças de um mesmo quebra-cabeça. Eles não sabem o que fazer com elas – essas peças não têm nenhum significado, a menos que sejam reunidas. Na maioria dos casos, a peça do quebra-cabeça permanece esquecida em uma gaveta, em um banco de dados, intocada e ainda não utilizada porque os clientes não conseguem descobrir qual seria seu possível papel em um contexto mais abrangente. Insights provenientes desses dados jamais veem a luz do dia. Frequentemente é preciso que alguém de fora enxergue o potencial do quebra-cabeça depois de montado. No setor de pedreiras, esse alguém foi a ICI, um mero fornecedor de explosivos. Em seu setor, poderia ser você. E quando você descobrir um jeito de reunir as quinhentas, mil ou milhares de peças (informações) dispersas entre seus clientes conseguirá enxergar padrões que jamais estiveram visíveis. Esses padrões podem ajudar seus clientes a fazer escolhas melhores e a acrescentarem valor a eles próprios e à sua empresa.

Um novo cenário abrangente pode ter um impacto que se dissemina ao longo do comportamento dos clientes e da dinâmica do setor. O setor de publicação de livros sofreu profunda transformação quando, em 1895, a hoje extinta revista literária *The Bookman* passou a publicar uma classificação mensal de suas vendas de livros de ficção. A classificação se transformou na primeira lista de livros mais vendidos nos Estados Unidos.[3] Hoje, a lista dos livros mais vendidos publicada pelo *New York Times* agrega dados sobre as compras de livros por meio de pontos de distribuição e, por outro lado, reflete essa abrangente classificação para os leitores. Acontece que os leitores gostam de saber o que os outros estão lendo, tornando esse ranking em um poderoso propulsor do comportamento do indivíduo como leitor, contribuindo para incrementar as vendas de livros. Mas antes da lista da revista *The Bookman*, os leitores não tinham acesso a um cenário abrangente. Atualmente, existem mais de 40 listas dos livros mais vendidos apenas na categoria de ficção, cada qual com suas próprias metodologia e perspectiva. Além disso, existem centenas de listas dos mais vendidos para cada categoria de livro, de música e, vale lembrar, para qualquer outro produto de consumo em massa. Há listas diárias dos principais termos de buscas executadas por sites como o Yahoo! e o Google, a lista do *New York Times* dos artigos mais acessados via e-mail e de sites como o Reddit, que grava e divulga as páginas mais populares da web, as mensagens mais acessadas no Twitter e as postagens mais apreciadas do Facebook. Em todos esses casos, as informações sobre um *grupo* de clientes são agregadas e retransmitidas individualmente para *cada* usuário. A opinião do grupo não fica disponível para os indivíduos até que esteja agregada, mas tão logo tomam conhecimento dessa opinião, as pessoas acabam modificando seu comportamento.

Os padrões dos pixels

Os padrões formados por informações fragmentadas e dispersas podem ser vistos nos mais surpreendentes lugares. E somente agora, em pleno século XXI, com o surgimento de novas tecnologias de medição, agregação e visualização, é que estamos começando a enxergar padrões que passaram despercebidos, em alguns casos por séculos.

Durante milhares de anos, agricultores, fazendeiros, pastores e caçadores aparentemente não se davam conta de que o gado e os animais selvagens se alinham na mesma direção quando estão pastando, ou se fizeram essa constatação, não saíram alardeando-a aos quatro ventos. Em 2008, zoólogos tchecos e alemães decidiram observar imagens obtidas pelo Google Earth de 308 vacas pastando e de 241 locais de caça de cervos em todo o planeta. O que descobriram foi surpreendente: quando está pastando, o gado tende a se alinhar em um eixo na direção norte-sul, orientando-se na direção do norte magnético da terra.[4] Conforme ocorre com qualquer descoberta científica surpreendente, as explicações eram abundantes e incluíam sugestões de que os animais estavam apenas maximizando sua exposição ao sol ou que a direção do vento influenciaria a orientação das vacas. A fim de colocar por terra essas explicações, os cientistas passaram a analisar o gado encontrado em pastagens localizadas perto de linhas de transmissão de energia elétrica. Observaram que os animais não ficavam alinhados quando pastavam perto desses campos de energia.[5] Em vez disso, espalhavam-se aleatoriamente.

Tal observação corroborou a teoria do campo energético e despertou um novo interesse em explicar a orientação magnética dos animais. Contudo, o fenômeno do alinhamento aparentemente tinha passado despercebido por um longo tempo – exceto, talvez, pelo perspicaz observador do comportamento humano e dos animais, Mark Twain:

> "Se 15 vacas estiverem pastando em uma colina, quantas estariam comendo com a cabeça apontada na mesma direção?"
> "Todas as 15, mamãe."
> "Bem, imagino que você realmente viveu no campo. Achei que talvez estivesse tentando me enganar de novo."[6]

Uma visão panorâmica

A capacidade de adquirir uma visão panorâmica sempre esteve ligada, de forma inexorável, a uma vantagem competitiva estratégica. Portanto, não é de se admirar que os estrategistas estejam sempre à procura de novas ideias que os ajudem a desenvolver uma visão abrangente, capaz de posicioná-los à frente de seus concorrentes. Em 1858, Gaspard Félix Tournachon, um fotógrafo parisiense jovial, boêmio, sociável, criativo, especialista em retratos e que era mais conhecido por seu pseudônimo, Nadar, fez uma viagem em um balão movido a ar quente com o intuito de sobrevoar as cercanias de Petit Bicêtre, pequeno vilarejo situado a sudoeste de Paris. Nessa empreitada, como muitos antes dele, Nadar foi movido por uma necessidade do ser humano aparentemente irresistível: ver o mundo do alto, ou seja, adquirir uma visão panorâmica de nosso planeta.

O balão, que não tinha nada de especial, não foi muito longe (na verdade, permaneceu praticamente preso ao solo, voando apenas por cerca de 80 metros). Mas o que tornou o evento memorável foi que Nadar levou consigo seu equipamento fotográfico – que na época se resumia praticamente a uma placa molhada – o que não foi uma tarefa fácil. Foi preciso improvisar um quarto escuro dentro da cesta do balão. Lá do alto, Nadar esquadrinhou a pitoresca região do Vale do Bievre, tornando-se o primeiro indivíduo a combinar a fotografia ao recém-descoberto campo do balonismo, o que deu início à atividade de fotografias aéreas. Com o tempo, essa atividade passou a ter inúmeras aplicações em geologia, arqueologia, espionagem e transmissão de notícias sobre nosso mundo. Um dos exemplos mais célebres é a foto tirada pela Apollo 17 mostrando o planeta azul "flutuando" no espaço, mas hoje, as fotos tiradas pelo onipresente satélite Google Earth, que aparecem na tela de nossos computadores, tornaram-se corriqueiras.

Voltando àquela época, Nadar e seus contemporâneos reconheceram o valor das fotos aéreas. As imagens proporcionavam uma perspectiva única que rapidamente se tornou essencial para a supervisão e a cartografia, além de representar uma fonte de vantagens competitivas no tocante a estratégias e táticas militares. Na verdade, um ano depois que aquelas fotos foram tiradas, Napoleão III ofereceu a Nadar uma polpuda comissão para que ele tirasse fotos panorâmicas das tropas inimigas durante a campanha contra a Itália. Nadar declinou a oferta porque sua maneira de pensar não estava em sintonia com a política do imperador, mas não se passou muito tempo antes que a inevitável união entre a fotografia aérea e a estratégia militar fosse celebrada. Do outro lado do Atlântico, quando a Guerra Civil Americana eclodiu, Abraham Lincoln nomeou Thaddeus Lowe, químico e meteorologista, chefe do Corpo de Baloneiros do Exército da União. O reconhecimento aéreo empreendido por Lowe localizou e fotografou os movimentos das tropas confederadas, e ajudou a empreender contagens das tropas em tempo real, estabelecendo um laço duradouro entre as fotos aéreas e a estratégia militar.

No início do século XX, câmaras suficientemente pequenas para serem presas ao corpo de pombos-correios inauguraram a era da dissimulação. Perto do final da Primeira Guerra Mundial, a fotografia aérea fazia parte da rotina dos esforços de guerra. Dizia-se que nas épocas de pico, "fantasmas" franceses tiravam 10 mil fotos aéreas por dia; os ingleses diziam que tiraram meio milhão de fotos aéreas durante a guerra; e os alemães, para não ficarem atrás, afirmavam que poderiam cobrir o solo de seu país com as fotos aéreas que haviam tirado se as colocassem lado a lado. Com os subsequentes avanços da aviação e das técnicas fotográficas, novas aplicações e novos insights surgiram.

Mesmo na era anterior ao balonismo, generais de ambos os lados procuravam sítios elevados de onde pudessem supervisionar o campo de batalha e comandar suas tropas. A visão do campo como um todo lhes proporcionava uma perspectiva de sua própria estratégia e da tática do inimigo, o que seria impossível dentro do campo de batalha.

Os mapas que os ajudavam a esboçar os movimentos das tropas também representavam uma tentativa de obter uma visão abrangente – visualizar o campo de batalha como um todo, de uma só vez. Mas um mapa é uma representação estilizada que omite, obscurece ou altera grande parte dos detalhes reais, o que impede que o indivíduo obtenha um modelo simplificado. Por outro lado, uma foto aérea é uma informação quase em tempo real, que fornece tantos detalhes quanto a revelação de uma foto pode permitir. Graças a essas propriedades, a foto aérea é um complemento indispensável de um mapa no que diz respeito à execução de uma estratégia. Ela permite que padrões e alterações sejam rapidamente observados. Essas propriedades são importantes e permitem fazer analogias diretas quando a estratégia da empresa é analisada.

A floresta e as árvores

Nos últimos anos, cientistas da informação começaram a analisar dados relativos ao comportamento de vários rebanhos, não apenas dos bovinos. Vários robôs de monitoramento e pequenos aplicativos fazem análises de sites populares de mídia social – por exemplo, o Facebook e o Twitter – com a finalidade de analisar a reação do público diante de um evento, um tópico, um produto ou uma marca. Por exemplo, em estudo realizado pela HP Labs, a análise da reação dos usuários nas redes sociais foi utilizada com êxito para prever a arrecadação das bilheterias de cinemas. Os pesquisadores monitoraram o número de acessos ao Twitter em relação a cerca de 24 filmes lançados entre dezembro de 2009 e fevereiro de 2010. Os resultados do estudo sugerem que as reações publicadas no Twitter consistem em uma forma mais precisa de prever a arrecadação das bilheterias do que outros métodos, como o popular jogo Hollywood Stock Exchange, uma espécie de bolsa de valores de entretenimento criada especificamente com essa finalidade. Os pesquisadores da Hewlett Packard argumentam também que o método usado para criar o algoritmo poderia ser estendido a vários outros produtos e serviços, a fim de prever o sucesso comercial de um produto nas primeiras fases de seu ciclo de vida.

Em outro estudo, três cientistas da área de informática que analisavam a reação do público com base em uma grande amostra de acessos diários ao Twitter conseguiram prever os movimentos diários do mercado de ações. Os resultados obtidos confirmaram que os feeds do Twitter realmente fornecem uma previsão confiável das mudanças do Dow Jones Industrial Average.[7] Na verdade, alterações na reação do público demonstraram que é possível prever oscilações nesse índice com três ou quatro dias de antecedência. Cientistas da área da informática estão tentando descobrir se dados semelhantes, utilizados com a finalidade de obter uma visão abrangente, podem prever os resultados de uma eleição de forma mais precisa do que os resultados de pesquisas eleitorais. Outro conjunto de estudos analisou o uso de palavras que têm uma conotação positiva, como "surpreendente" e "concordar", bem como daquelas que carregam uma conotação negativa, como "aborrecido" e "amedrontado" encontradas em centenas de milhares de acessos ao Twitter realizados por milhares de usuários em 84 países.[8] Conclusão importante: o humor das pessoas obedece um ritmo biológico diário que transcende diferenças culturais ou do meio ambiente. Até pouco tempo, esse tipo de insight não podia ser obtido porque os dados que compõem o cenário abrangente ainda não estavam disponíveis, tampouco formas de medição, agregação e técnicas de análise de tais informações.

Por exemplo, a Bluefin Labs, sediada em Cambridge, Massachusetts, é uma empresa fundada recentemente pela professora Deb Roy do MIT (Massachusetts Institute of Technology) e por seu orientando Michael Fleischman. A empresa tem o objetivo de compreender como a "esfera do Twitter" (e de outras mídias sociais) reage à programação e à publicidade feita pela televisão. Por meio da análise de padrões nos acessos ao Twitter que aparecem como reação aos comerciais, a Bluefin tem condições de informar aos anunciantes quais anúncios causaram maior impacto nas mídias sociais e se esse impacto foi positivo ou negativo. Pela primeira vez, os anunciantes perceberam que o mesmo anúncio colocado em diferentes contextos publicitários com índices de audiência semelhantes pode produzir reações muito diferentes nos telespectadores. A tecnologia de análise das mídias sociais aplicada pela Bluefin Labs foi considerada tão valiosa, que a empresa adquiriu o Twitter em fevereiro de 2013 e declarou que os produtos da Bluefin não seriam vendidos a nenhum novo cliente.[9]

A implicação para os negócios é que um conjunto de desenvolvimentos tão grandes e tão abrangentes quanto a utilização da combinação da fotografia aérea e do balonismo projetada por Nadar hoje se reflete na forma como uma empresa representa e utiliza informações sobre o mercado. Enormes volumes de dados, que nem mesmo existiam há alguns anos, hoje são gerados e capturados dia após dia pelo mercado. Atualmente, inúmeros robôs estão ocupados coletando e processando a trilha digital de bilhões de fragmentos de dados e cookies que os usuários da internet deixam pelo caminho ao navegarem. Operadores de telecomunicações analisam a frequência, a duração e o ritmo dos acessos. As empresas de cartões de crédito sabem quais incentivos têm maior probabilidade de intensificar o uso do cartão. O Facebook captura dados sobre as interações dos consumidores com a finalidade de detectar padrões ocultos que preveem seu comportamento. Por exemplo, poucos segundos depois que um consumidor compra um produto Tide em uma loja do Walmart, o pessoal da Procter & Gamble (fabricante dessa linha de detergentes) recebem informações que incluem o tamanho da embalagem, o preço que o consumidor pagou pelo produto, se ele utilizou um cupom de desconto e talvez até mesmo as características demográficas do comprador, caso ele tenha utilizado um cartão de fidelidade. Dados coletados pelos leitores de códigos de barra instalados nos caixas e informações obtidas por meio de cartões de fidelidade respondem às questões mais críticas relativas a marketing, ou seja, quem comprou o quê, quando e a que preço. Esses avanços indicam uma revolução na forma como as empresas coletam e agrupam dados sobre o mercado. A maneira como utilizam esses dados irá determinar a natureza da vantagem competitiva que poderão obter.

O marketing e o cenário abrangente

A revolução nos dados de mercado que transformou o mercado de massa e de marcas padronizadas em um mercado que satisfaz a cada cliente individualmente está passando por outra grande transformação. Há algumas décadas, quando o mercado de massa ainda comandava, era quase impossível, ou extremamente dispendioso, para as empresas que vendiam a um grande número de consumidores compreenderem e satisfazerem as necessidades de cada indivíduo. Como resultado, a maioria das empresas tinha de contar com exercícios anuais de segmentação dos mercados que as ajudassem a navegar em seus respectivos mercados. Esse ritual anual agrupava os clientes em categorias rígidas que forneciam às organizações um quadro ou um mapa estático dos hábitos de compra e do comportamento dos clientes, bem como de suas preferências e das coisas das quais não gostavam. Conforme ocorre com um mapa, de um modo geral, as categorias se resumiam em simplificações e generalizações, quase uma caricatura dos grupos de consumidores que permaneciam estáticos com o passar do tempo. Mas mesmo com essas falhas, o exercício era válido, pois na ausência de informações mais detalhadas coletadas em tempo real, os profissionais de marketing conseguiam agrupar os consumidores, comunicar-se com eles de forma eficiente e encontrar uma mídia que os alcançasse do ponto de vista econômico. Por exemplo, os compradores de creme dental eram agrupados em segmentos que utilizavam o produto por diferentes razões: para proteger os dentes, para ficar com um hálito refrescante, para clarear os dentes ou apenas pelo gosto que o produto tinha.

Mas nos últimos anos, à medida que o nível individual do consumidor e os dados sobre os níveis das transações se tornam cada vez mais abundantes, a rígida segmentação que tinha lugar em um mercado de massa à moda antiga se tornou ultrapassada. A verdadeira fluidez dos mercados começou a ser revelada. Reconhecia-se que o mesmo consumidor podia almoçar no McDonald's e à noite jantar em um restaurante francês – essas peculiaridades desempenhavam um papel muito maior nas escolhas do consumidor do que se imaginava. Paralelamente, os mercados começaram a se movimentar com rapidez excessiva para que a segmentação resistisse ao teste do tempo. As caricaturas dos segmentos que os profissionais do marketing haviam projetado nos dados foram levadas por uma torrente de informações mais novas e detalhadas sobre cada transação. Na virada do século, quando os dados – até então esparsos – transformaram-se em um dilúvio, as empresas se encantaram com a ideia de terem como alvo cada pessoa, não como parte de um segmento, mas como indivíduo. A atuação do marketing tornou-se um processo de comunicação e persuasão pessoa a pessoa.

Desde então, o Santo Graal do marketing tem sido prever o que cada consumidor em particular pretende comprar. Ter como objetivo o consumidor como indivíduo torna os orçamentos de marketing mais eficientes e evita o desperdício de esforços: os profissionais de marketing só se valem de mensagens que têm como objetivo prováveis clientes ou aqueles que podem ser facilmente persuadidos. Eis um exemplo de como uma marca ou um varejista poderia pensar: "vamos tentar abordar o consumidor pelo nome, lembrá-lo de suas compras recentes e não lhe oferecer 40% de desconto na próxima compra, pois sabemos que esse cliente provavelmente se contentará com uma oferta de 20% de desconto".

Em busca dessa recompensa – a próxima transação – os profissionais do marketing tentam pintar um quadro mais detalhado de cada consumidor, memorizando suas preferências, procurando se inteirar de seus hábitos de compra e catalogando interesses, aspirações e desejos. O resultado é uma foto detalhada, de alta resolução, de cada consumidor, que revela qual seria seu próximo passo.

Mas na ânsia de descobrirem e objetivarem os "segmentos individuais", as empresas acabaram deparando-se com uma realidade inquietante: o fato de terem aprofundado as pesquisas de dados sobre transações individuais acabou levando-as apenas a uma vantagem tática e fez um resultado inevitável passar despercebido. Quando todos os concorrentes se tornam igualmente capazes de prever a próxima compra que os clientes vão fazer, todos despenderão esforços e dinheiro para "fisgar" essa compra. Na verdade, farão tantos esforços e gastarão tanto dinheiro, que acabarão com os lucros daquela transação marginal. Essa batalha com armas imbatíveis fatalmente leva a um nivelamento dos concorrentes no médio e no longo prazo. A vantagem de abordar cada cliente individualmente tem curta duração. Isso não significa que as empresas não devam tentar prever e capturar a próxima compra a ser feita por um cliente. Mas devem esperar retornos acima da média somente se estiverem atuando em um setor no qual os concorrentes estão mais atrasados. Além disso, elas conseguirão obter algumas recompensas por estarem posicionadas na frente dos demais. Muitos setores, como viagens, seguros, telecomunicações e até mesmo o setor automotivo, estão rapidamente atingindo a equalização e, portanto, há poucas vantagens competitivas duradouras a serem obtidas: o campo de batalha por clientes individuais está sendo rapidamente nivelado.

Ao contrário das informações individuais sobre o consumidor e da batalha para capturar a próxima transação, a montanha de dados hoje disponíveis pode ser utilizada para adquirir uma visão abrangente dos consumidores. A visão panorâmica que uma empresa adquire, os insights que derivam dessa visão e o valor que ela pode proporcionar a seus clientes sempre serão exclusivos. Nenhum de seus concorrentes possui a mesma combinação de clientes ou estabelece o mesmo tipo de interação com os clientes que você estabeleceu, tampouco enxergam o setor sob a mesma perspectiva que você. As medições deles são diferentes porque seus imperativos estratégicos são diferentes. As peças do quebra-cabeça que você pretende montar são diferentes das escolhidas por seus concorrentes. O cenário abrangente que você criou não pode ser replicado por seus concorrentes. Na verdade, talvez eles nem tenham interesse em reproduzi-lo, pois alcançaram uma visão geral que lhes fornecerá os insights que os demais rivais, incluindo você, não têm.

Portanto, em vez de tentar capturar a próxima transação desenvolvendo um retrato ainda mais detalhado do cliente, analise o cenário abrangente que você criou. Quando os detalhes dos dados sobre o indivíduo são agregados formando algo significativo, essa visão macro pode adquirir o valor de uma transformação. Como Nadar, os profissionais de marketing deveriam considerar a possibilidade de passarem dos retratos para a fotografia aérea.

Obstáculos ao desenvolvimento de um cenário abrangente

Um dos primeiros empecilhos que você encontrará ao tentar obter um cenário abrangente é extrair valor a partir de um ponto cego. Muitas vezes, você não percebe que aquilo que sabe (ou poderia saber) tem valor para seus clientes. A resolução desse ponto cego é o primeiro passo para visualizar o cenário abrangente.

Em uma reunião que se estendeu pelo dia todo com três presidentes divisionais de uma grande empresa fornecedora de implementos agrícolas, aprendi que, ao longo dos últimos anos, o principal desafio deles era impedir que seu fluxo de receita, calculado em $4 bilhões, fosse corroído por concorrentes cada vez mais agressivos que ofereciam sementes, fertilizantes e defensivos agrícolas muito semelhantes aos que ela comercializava. Diante dessa situação, a empresa resolveu empreender uma estratégia focada no *downstream* (etapas posteriores do fluxo de negócios): fortalecer a linha de frente, treinar e dar autonomia a seus profissionais de vendas, alinhar seus incentivos e aperfeiçoar os serviços para aprofundar os relacionamentos com clientes individuais. Essas iniciativas foram projetadas para evitar que os principais clientes da empresa, agricultores e proprietários de lojas de varejo passassem a comprar dos concorrentes. Essas estratégias funcionaram durante certo tempo. Um profissional de vendas que trabalhava em uma área rural foi citado como exemplo das melhores práticas. Esse representante de conta conquistara a confiança de proprietários de lojas de varejo independentes por meio de uma excelente prestação de serviços e da atenção a eles dispensada, às vezes até mesmo tomando conta da loja por algumas horas enquanto o proprietário estava fora desempenhando pequenas tarefas. O profissional recebera um prêmio de vendas concedido pela empresa, e os outros representantes de vendas foram incentivados a fazer o mesmo.

Mas quando esse profissional resolveu sair para trabalhar com um concorrente, a empresa se deu conta de que os esforços por ele empreendidos haviam tornado os clientes leais aos profissionais da linha de frente, e não à empresa. Ela não conseguira oferecer a seus clientes uma proposição de valor que conquistasse uma fidelidade de longo prazo.

Acrescentar serviços a produtos cada vez menos diferenciados por meio do fortalecimento da linha de frente não contribuíra para manter a fidelidade dos clientes. Portanto, era hora de analisar outras estratégias.

A fim de romper o ciclo de custos cada vez maiores na linha de frente e de reduzir a pressão para que os preços baixassem, a empresa fez uma pausa a fim de analisar o cenário mais amplo. Inspirando-se em suas raízes como cooperativa, criou uma equipe de agrônomos encarregada de coletar e analisar os dados de insumos e resultados obtidos em fazendas em inúmeras regiões. A tarefa da equipe era determinar o efeito dos vários insumos e atividades agrícolas (por exemplo, variedades de sementes, uso de fertilizantes, defensivos agrícolas e práticas de irrigação) nos importantes indicadores de resultados, como índices de produtividade e qualidade dos produtos para uma ampla variedade de culturas e condições das lavouras. Da mesma forma que a ICI no mercado de pedreiras, a empresa tinha condições de adquirir uma compreensão abrangente da relação entre os dados de insumos e resultados em inúmeras condições. Poderia também criar modelos de níveis ideais de fertilizantes, uso de defensivos agrícolas e irrigação em diferentes condições climáticas e em diferentes tipos de solos. Nenhum de seus clientes tinha esse tipo de conhecimento, mas todos estavam ansiosos para saber onde se encontravam em relação aos concorrentes e para identificar lacunas em suas próprias práticas.

Os resultados da análise dos dados foram encaminhados aos agricultores pelos representantes de vendas, agora em condições de mostrarem aos clientes como eram suas fazendas comparadas a outras de tamanho e características semelhantes, no tocante a várias dimensões de dados de insumos e resultados. Um ajuste nos níveis de uso de fertilizantes ou de defensivos poderia aumentar a produtividade ou reduzir os custos. Quando necessário, os agricultores eram capazes de ajustar suas práticas agrícolas, pois observaram que isso os ajudava a compreender o que estavam fazendo de certo ou errado. Os profissionais de vendas se sentiram investidos de autonomia, pois agora poderiam transmitir conhecimento a seus clientes e lhes proporcionar um valor ímpar que seus concorrentes não tinham condições de oferecer. Mais importante ainda, a empresa desenvolvera uma vantagem competitiva que residia no núcleo da organização e não no nível do profissional de vendas ou dos funcionários da linha de frente. Essa vantagem competitiva era assegurada mesmo quando um profissional de vendas deixava a empresa. E como as informações do sistema eram constantemente atualizadas com os dados coletados em campo, essa vantagem continuava a representar um poderoso diferencial, mesmo que os concorrentes tentassem reproduzi-la.

Esse tipo de liderança competitiva ajuda a empresa a se concentrar firmemente nas necessidades do cliente em vez de se sentir acossada por decisões relativas a produtos e a preços de serviços tomadas pelos concorrentes que estão sempre em seus calcanhares. Hoje a concorrência parece ser muito menos intensa, tanto na linha de frente como nos resultados financeiros, e os compradores são leais à empresa, não apenas à força de vendas. Outro ponto muito importante é que a organização consegue atrair e reter vendedores mais preparados, que gostam do ambiente de vendas fundamentado em provas que a empresa proporciona, do papel que exercem como conselheiros e do valor criado para os clientes.

O potencial do cenário abrangente

O cenário abrangente agrega valor porque permite visualizar os problemas com antecedência, descobrir possíveis soluções e evitar que a organização entre em um beco sem saída. Em cada situação, as duas fontes subjacentes de valor para os clientes permanecem inalteradas: você tem condições de reduzir os custos e os riscos, ou de fazer ambas as coisas.

Vamos analisar, por exemplo, o guia Zagat,* que o *Wall Street Journal* apelidou de "bíblia gastronômica". Essa empresa familiar foi fundada por Nina e Tim Zagat em 1979 como um hobby, partindo de uma premissa bastante simples: a opinião de milhares de assíduos frequentadores de restaurantes vale mais que a opinião de uma meia dúzia de críticos profissionais. Os fundadores da publicação passaram a conduzir uma pesquisa anual entre seus clientes com o objetivo de coletar opiniões sobre lugares onde comer, beber e hospedar-se ao redor do planeta. Com mais de 30 anos de existência, o Zagat se tornou uma das fontes mais confiáveis de classificação de restaurantes, hotéis e bares e de outros tipos de informação para milhões de consumidores, ajudando-os a tomar decisões abalizadas. O valor criado pelo ranking do Zagat é simples. As classificações do guia reconhecem a importância do fornecimento de informações precisas ao cliente em relação às categorias dos serviços fornecidos que as pessoas não podem, de fato, avaliar antes de comprar. Você só consegue avaliar a qualidade de um restaurante depois de ter feito uma refeição lá – e aí já é tarde demais. Assim, o Zagat reúne as experiências de 350 mil clientes e as transmite aos assinantes do guia, que deixam de arcar com os custos ou os riscos de experimentar um restaurante desconhecido ou de passar uma noite insone em um hotel de terceira categoria.

Com o tempo os consumidores passaram a confiar no Zagat e a marca se tornou sinônimo de uma forma de reduzir custos e riscos antes de experimentar um produto ou um serviço. A reputação e a força da marca Zagat permitiram que a empresa ampliasse seus serviços de informação em novas categorias e subcategorias relacionadas com a alimentação e o lazer, como entretenimento ao vivo da melhor qualidade, os melhores lugares para curtir um romance, e até mesmo os melhores campos de golfe e os melhores lugares para fazer compras.

* *Nota da Tradutora: Zagat Survey* é um guia de restaurantes e entretenimento de várias cidades dos Estados Unidos e Europa. Fonte: site da empresa em http://www.zagat.com/locations. Acesso em julho de 2014.

O modelo de negócios do Zagat também é simples. Além de vender o guia – projetado para caber no bolso – o Zagat está presente na web, e pode ser acessado por meio do pagamento de uma taxa anual que permite acesso online às classificações dos restaurantes e a outros serviços. Como não poderia deixar de ser, a empresa tem também um aplicativo móvel, disponível mediante pagamento. Nas diferentes plataformas e categorias de consumo, a premissa básica permanece a mesma: os consumidores pagam para que os riscos e os custos sejam minimizados. E, em parte, é por essa razão que o Zagat foi adquirido pelo Google em 2011.

O cenário abrangente como modelo de negócios

Nas empresas de informação do século XXI, o cenário abrangente está se tornando uma ferramenta indispensável. As organizações reconhecem que uma visão panorâmica representa uma vantagem competitiva, bem como uma fonte de valor para os consumidores. Mas algumas empresas vão ainda mais longe – o cenário abrangente *é* seu negócio. Da mesma forma que a Bluefin Labs, que avalia as reações dos usuários do Twitter a anúncios publicitários; o Zagat, que tabula as avaliações dos usuários e o TripAdvisor, site de viagens da web, esse tipo de empresas é fundamentada na percepção de que agregar dados e apresentar aos consumidores uma perspectiva macro representa valor.

A INRIX, startup com sede em Seattle, iniciou suas atividades com base no conceito de que informações em tempo real sobre o tráfego são valiosas para motoristas, proprietários de frotas, operadoras de rodovias, provedores de serviços de GPS, para a mídia e para outros revendedores; enfim, para os mais diversos tipos de usuário. A INRIX reuniu informações captadas por torres de telefones celulares localizadas perto de rodovias. Coletou dados relativos ao número de telefones conectados às torres em um determinado horário. A direção e a velocidade dos carros podiam ser determinadas à medida que as conexões telefônicas passavam de uma torre para outra. Essas informações podiam ser combinadas a dados relativos à capacidade da rodovia, com a finalidade de obter um cenário abrangente sobre padrões e congestionamentos nas estradas. As pessoas pagariam para ter acesso a esse cenário abrangente?

A INRIX vem acrescentando a seus aplicativos muitas fontes de informações sobre o tráfego, incluindo os tradicionais sensores de velocidade e até mesmo calendários de eventos a serem realizados em determinadas localidades – como concertos, convenções ou jogos esportivos – a fim de obter uma visão triangular do tráfego em tempo real. Talvez o mais interessante em relação a outras fontes de informação seja a versão de *crowdsourcing* lançada pela INRIX, o SmartDriver. Mais de dois milhões de motoristas usam um GPS ou o aplicativo de tráfego da INRIX disponível na App Store. À medida que o motorista dirige, automaticamente o aplicativo retransmite ao banco de dados central informações sobre a velocidade e as condições do tráfego. Em seguida, os dados são agregados e analisados com a finalidade de produzir relatórios significativos. Os usuários obtêm previsões acuradas sobre congestionamentos, relatórios reais sobre acidentes, advertências sobre obras que estão sendo realizadas nas rodovias e outras coisas do tipo. Os clientes pagam uma taxa que lhes proporciona acesso a informações sobre o cenário abrangente para o qual seu próprio telefone contribuiu com uma ou duas informações.

De forma semelhante, o CitySense, aplicativo para celulares da Sense Networks, informa em que local de uma determinada cidade o usuário se encontra. Esse aplicativo faz uso inteligente das informações sobre a localização do usuário. Fornece combinações de dados provenientes de GPSs de táxis que circulam pelas grandes metrópoles norte-americanas com mapas do Google Maps e informações coletadas pelo dispositivo de busca Yelp, a fim de identificar o movimento de restaurantes, bares, lojas e outros pontos de interesse, fornecendo aos usuários um mapa das atividades sociais que se desenrolam em uma determinada cidade. Mas o CitySense oferece outras facilidades: projetado com a finalidade de compreender seus usuários, o aplicativo grava o comportamento destes usuários (locais visitados e ocasiões de tais visitas) e soma esses dados aos de outros usuários, formando um cenário abrangente. Com base nesse cenário, o mecanismo de mesclagem de dados identifica os segmentos de acordo com o estilo de vida. Esses segmentos são exibidos em cores diferentes na representação gráfica (heat map), de modo que o aplicativo não responde apenas à pergunta: "que lugares as pessoas estão frequentando?", mas também à pergunta mais importante: "que lugares outras pessoas *como eu* estão frequentando?".

Isso significa que, em qualquer cidade na qual o aplicativo esteja disponível, os usuários são capazes de identificar restaurantes que gostariam de frequentar, eventos que gostariam de assistir e pessoas que compartilham dos mesmos interesses.

A Bluefin Labs, a INRIX e a CitySense são exemplos de uma nova geração de empresas – criadas inteiramente com base no valor atribuído ao cenário abrangente. Elas eliminam a assimetria existente entre as informações coletadas de indivíduos e o cenário abrangente. Um indivíduo não consegue prever as condições do tráfego, mas a combinação de dados de milhares de pessoas permite que a INRIX faça essas previsões com razoável precisão.

As empresas desse novo segmento se destacam como exemplos de organizações que conseguiram obter um cenário abrangente porque atuam na área da informação. Mas em pleno século XXI, todas as empresas não seriam empresas de informação? Conforme vimos no caso dos explosivos, dos insumos agrícolas, dos dados relativos ao tráfego e de outras empresas, as informações contidas no cenário abrangente oferecem um novo tipo de valor.

Talvez porque muitas empresas estejam tão ocupadas tentando vender seus produtos que se esquecem de fazer uma pausa, examinar o cenário abrangente e avaliar o potencial de suas próprias perspectivas. Contudo, as que agem de forma diferente ganham o respeito dos vorazes concorrentes dos setores comoditizados e criam uma diferenciação sustentável que estimula a lealdade do cliente. Capitalizar o valor de *sua* visão da floresta exige o estabelecimento de sistemas para coleta, combinação, análise e compartilhamento de dados que dizem respeito à experiência do cliente. Qualquer empresa com alguns poucos clientes é capaz de fazer isso.

Compartilhar o que você enxerga a partir de seu privilegiado mirante pode ser extremamente valioso para seus clientes e surpreendentemente compensador para sua empresa. Você tem condições de obter não só o engajamento dos clientes como também prestígio no mercado, tornando-se o canal por meio do qual os clientes tomam conhecimento de um contexto mais abrangente, encontram soluções e evitam entrar em um beco sem saída. Você consegue obter flexibilidade de preços em virtude do valor agregado que proporciona, bem como conquistar a fidelidade dos clientes, que não conseguiriam obter esse valor agregado junto a seus concorrentes. O cenário abrangente é a quintessência da vantagem competitiva *downstream* com base em sua perspectiva do mercado. Mas para obter essa vantagem será preciso inclinar o eixo de gravidade de suas operações.

No próximo capítulo, analisaremos detalhadamente três formas distintas de explorar o valor das informações contidas no cenário abrangente para benefício de seus clientes. Analisaremos especificamente as estratégias de reposicionar-se e conectar-se, de realizar testes comparativos (benchmarking) e espelhar-se, e de fazer previsões.

Lista de verificação do cenário abrangente

Ao tentar montar seu próprio cenário abrangente, vale a pena recordar os seguintes princípios e fazer perguntas a eles relacionadas:

- ✓ O que seus clientes gostariam de saber? Especificamente, quais os tipos de informação que ajudariam a reduzir os custos ou riscos aos quais eles estariam sujeitos?

- ✓ Quais são os tipos de informação hoje totalmente dispersos, mas que poderiam fornecer um novo insight se fossem agregados? Existem alguns dados produzidos incidentalmente (como número de toques no teclado ou dados de localização) que poderiam se tornar valiosos se fossem agregados?

- ✓ Seus clientes são suficientemente diversificados para que se beneficiem da agregação de seus dados a dados de outros? (caso exista pouca diversidade ou variação, o benefício para os clientes será pequeno, pois a maioria dos outros clientes será exatamente igual a eles).

- ✓ Quais são os custos e os benefícios de agrupar dados? Você poderia citar alguns benefícios? É capaz de desenvolver um projeto piloto que visa à redução de riscos?

- ✓ Qual uso você pretende fazer do cenário abrangente? Ele será um produto, um serviço adicional para seus clientes, ou mais um insight para que você lhes forneça produtos e serviços melhores?

- ✓ O cenário abrangente mudará a forma como você enxerga sua empresa? Mudará sua compreensão de suas principais competências e da vantagem competitiva?

- ✓ Você consegue convencer seus clientes a contribuírem com dados? É o primeiro do setor a fazer isso?

5

Extraindo valor da visão panorâmica

ATUALMENTE O marketing enfrenta um desafio tão significativo quanto aquele que o atirou na era da massificação, há pouco mais de um século. Naquela época as fábricas que haviam adotado o sistema de produção em massa despejavam no mercado produtos com baixo custo de produção a uma velocidade maior que o mercado conseguia absorver. A industrialização da agricultura criara uma infinidade de produtos agrícolas. A mecanização e as linhas de montagem das inúmeras indústrias reduziram os custos dos produtos manufaturados em cerca de 90%. Os gargalos na cadeia de valores não mais residiam na escassez de mão de obra ou no processo de fabricação, mas sim na demanda: na capacidade do consumidor de tomar conhecimento, encontrar um sentido e comprar os produtos que saíam das fábricas. O marketing e, em particular as marcas, aliviavam os gargalos transformando os artigos de primeira necessidade na satisfação do cliente com os bens de consumo, assim facilitando o desenvolvimento da mídia de massa e criando os *brandscapes** nos quais hoje todos nos vemos inseridos. As marcas Wrigley, Coca-Cola, Kellogg, Ford, Heinz, Levi's, Ivory, Budweiser, como também

* *Nota da Tradutora: Brandscapes* é um trocadilho com a palavra *landscape*. Trata-se do conjunto de marcas disponíveis no mercado ou em um segmento específico sob a perspectiva de um fenômeno cultural coletivo.

o fabricante de produtos de limpeza Sunlight, para citar apenas algumas, tornaram-se nomes familiares porque tinham encontrado uma forma de usar a mídia de massa para convencer um grande número de consumidores a comprar seus produtos, criando assim uma grande demanda por mercadorias produzidas em massa. Os fabricantes de visão tornaram-se peritos em marcas, pois elas representavam uma espécie de micromonopólio – os clientes e os consumidores não mais enxergavam as marcas competitivas como substitutos, mas como uma proposição de valor exclusiva. As marcas passaram a representar uma poderosa e duradoura vantagem competitiva, ou seja, um baluarte na defesa contra a concorrência. O marketing lidara com o desafio da produção em massa adotando uma estratégia que deu resultado: desenvolveu marcas populares que passaram a transformar os mercados que nos rodeiam. Hoje, no início do século XXI, o marketing enfrenta um desafio de proporções semelhantes.

O imenso volume de *petabytes* gerados pelas incontáveis interações, transações e outros eventos carregava a promessa de responder a perguntas sobre tudo que os profissionais de marketing sempre quiseram saber a respeito dos consumidores, mas em relação às quais ainda não havia dados suficientes disponíveis. Hoje, qualquer empresa tem condições de estabelecer uma relação entre os hábitos de mídia do consumidor e seus hábitos de compra. As empresas conseguem rastrear um consumidor individualmente, avaliar a fidelidade deste para com uma marca ou loja, e até mesmo calcular sua influência sobre outros consumidores. Pode também detectar padrões ainda não observados por outros e fortalecer as relações entre os consumidores tornando-as mais profundas, mais significativas e menos baseadas em transações. O que os profissionais de marketing fazem com os dados e como eles os convertem em valor para o consumidor irá determinar se esses dados proporcionam uma vantagem competitiva duradoura ou se desencadeia uma intensa corrida em direção ao nivelamento por baixo. Neste capítulo analisaremos três estratégias por meio das quais as informações sobre o mercado podem criar valor para o consumidor: repassar informações e conectar, conduzir testes comparativos (*benchmarking*) e espelhamentos, e fazer previsões. Você reconhecerá alguns casos já abordados neste livro à medida que estes encontrarem seu lugar como exemplos de estratégias. Vamos começar com o mais básico: repassar e conectar.

Repassar e conectar

Repassar e conectar são conceitos simples, adotados intuitivamente por muitas empresas com uma finalidade específica. A empresa coleta informações em um local e as aplica em outro. Aprende com um consumidor e usa esse conhecimento para ajudar outro comprador. Atua como ponto de contato entre duas partes que podem se beneficiar do fato de se conhecerem. Mas se você preferir usar uma analogia, pense em sua empresa como um satélite que tem uma grande base, que lhe permite coletar informações em um local e repassá-las para outras partes do mundo, criando valor para o receptor e talvez também para você mesmo, o emissor. Por meio dessa estratégia é possível colocar um comprador em contato com um vendedor. A despeito da simplicidade da ideia, é preciso grande habilidade e capacidade de organização para implementar esse sistema e fazê-lo funcionar sem interrupções. Em geral, as organizações grandes e dispersas que contam com uma ampla base representam os grupos mais bem posicionados para implementar esse tipo de sistema, em virtude de seu amplo alcance ao longo de diferentes áreas geográficas, setores ou mercados. Mas não há nada que impeça qualquer empresa que tenha mais de um cliente ou de um fornecedor de criar valor valendo-se do recurso de repassar e conectar.

Assim como no caso das outras estratégias para a coleta de informações sob uma perspectiva global, a vantagem desse sistema é que ele lhe proporciona uma visão da floresta como um todo, ao passo que seus clientes só conseguem enxergar as árvores. Sua empresa, a partir de seu privilegiado posto de observação, pode divisar ideias e soluções que já foram implementadas ou experimentadas antes. Você sabe quais funcionaram e quais foram abortadas. Muitas dessas soluções poderiam ser valiosas para outros clientes em outros locais, setores ou contextos. Entretanto, com frequência os clientes não têm meios de acessar o conhecimento que para você já se tornou comum, graças à sua visão panorâmica das circunstâncias.

Consideremos a Hilti, empresa privada com sede em Liechtenstein especializada em ferramentas mecanizadas e sistemas de fixação de alta tecnologia. A rede de repasse de informações da empresa é responsável por sua robusta vantagem competitiva no setor em que atua. Praticamente todas as vendas da Hilti, que giram em torno de

$5 bilhões, são efetuadas para empreiteiros e construtoras. Embora o porte de alguns clientes seja maior que o da Hilti, a maioria não atua internacionalmente – na verdade, no mundo todo o número de empresas internacionais que atuam no setor de construção é pequeno. A maioria das empresas fica restrita às fronteiras nacionais por diversas razões, como os intrincados códigos de construção de cada país, as necessidades práticas de edificação e as fontes locais de fornecimento de materiais e de mão de obra. Mas a ausência de concorrentes globais não significa que os problemas enfrentados por uma empresa durante a fase de construção sejam diferentes de um lugar para outro. Problemas complexos relacionados com a execução de projetos cuja arquitetura é de difícil execução ou que resultam da escolha de materiais novos e exóticos são familiares aos construtores em muitas partes do mundo. A Hilti está familiarizada com as soluções para esse tipo de problema, pois já testemunhou sua resolução em outros locais de sua rede. Essa é a oportunidade de efetuar um repasse com base no qual a Hilti estabelece sua vantagem competitiva.

Atuando em mais de 120 países, a Hilti preenche a lacuna de informações geográficas para os clientes que gostariam de saber o que está acontecendo ao redor do mundo. Esses clientes valorizam as informações que a Hilti pode lhes fornecer, porém não dispõem de tempo, recursos ou alcance de visão para que possam coletar informações por conta própria. A pedra angular da capacidade de repasse da Hilti é representada por seu sistema de vendas diretas. Por meio dele, mais de 13.000 de seus 22.000 funcionários trabalham e trocam informações. Todos os dias mais de 100 mil contatos com clientes são registrados, incluindo informações sobre os tipos de produtos que os clientes estão adquirindo, os tipos de problemas que estão enfrentando e as soluções que a Hilti está sugerindo. A fim de complementar essa capacidade da rede, a Hilti propositalmente definiu seus processos de negócio no mundo todo de maneira uniforme. Essa abordagem uniforme permite que seus representantes de vendas e os engenheiros de suporte ao cliente acessem, individualmente e de forma rotineira, soluções desenvolvidas em outros pontos da rede, a fim de auxiliar os clientes locais.

Um dos clientes da Hilti, empresa sediada em Brunei que opera mais de 200 plataformas submarinas para produção de gás e petróleo, enfrentou um problema que não estava relacionado com a sua atividade principal, mas que representava um incômodo persistente e um risco à segurança. As passarelas das plataformas exigiam constantes reparos em virtude dos efeitos da corrosão e das severas condições climáticas. A principal preocupação residia nas passarelas e nas grades da área onde as ondas quebravam – as partes da estrutura constantemente fustigadas por ondas gigantescas. A área de atuação da Hilti não inclui o fornecimento e a instalação de passarelas e grades. Mesmo assim, quando a empresa soube do problema, colocou sua rede mundial de informações em ação. Um fornecedor norte-americano de passarelas de fibra de vidro já tinha sugerido à Hilti que encontrasse uma forma de fixar as passarelas às plataformas da construção. A fibra de vidro é uma solução natural para problemas de corrosão e desgaste excessivo, mas ainda não tinha sido amplamente testada. Os dados sobre a experiência da Hilti com fixação coletados nas plataformas localizadas na região europeia do Mar do Norte foram combinados com as informações sobre o novo material, enquanto o escritório de Cingapura conduzia testes-piloto para adaptar a solução às condições locais. O resultado obtido pelo cliente foi uma solução personalizada para as passarelas, que passaram a ser montadas com base nas informações coletadas na rede da Hilti ao redor do mundo.

Poucas empresas conseguiriam obter essa rápida integração de informações dispersas nos quatro cantos do mundo. A Hilti se beneficia de duas formas distintas: foi ela quem forneceu o sistema de fixação das grades às plataformas, e foi ela quem proporcionou satisfação ao cliente. A postura de foco nos clientes, o know-how em relação a aplicações e a competência na área de consultoria são vistos, tanto pela Hilti quanto por seus clientes, como um importante diferencial que justifica seus preços acima da média em um mercado altamente competitivo. Na verdade, muitos funcionários da Hilti se referem à empresa como uma rede de informações que, por um acaso, vende ferramentas mecanizadas e sistemas de fixação.

Em vista disso, o repasse de informações acaba sendo um processo quase que natural. E, de certa forma, é mesmo, pois repassar a um cliente informações a respeito do que aconteceu com outro cliente parece uma tarefa muito simples. Porém, conforme demonstrado pelo exemplo da Hilti, repassar informações de forma eficaz é mais que isso. Transformar o repasse de informações em uma vantagem competitiva exige mais que uma transferência instantânea de um conjunto de dados. Os clientes só darão o devido retorno a seus fornecedores se puderem confiar neles e acreditarem que contribuirão, de modo coerente, com ideias inovadoras e relevantes para a resolução de problemas complexos. Os clientes estão em busca de um sistema de repasse de informações confiável, não apenas de exemplos esporádicos desse benefício. Isso exige que o fornecedor desenvolva sistemas para coleta e comparação de dados a partir de uma vasta rede global e transforme o conhecimento adquirido em soluções possíveis de serem implementadas pelo cliente. A função de repasse deve ser institucionalizada, e não deixada a cargo da iniciativa de pessoas empreendedoras e capacitadas da linha de frente da empresa. Não é de surpreender que esses tipos de sistemas de informação sejam os mais desenvolvidos em empresas que têm uma extensa base de clientes e precisam administrar um intenso fluxo de informações online. Entre essas empresas, podemos destacar a Amazon.com.

Valor extraído do repasse e da conectividade

As vendas anuais da Amazon.com cresceram do zero para mais de $65 bilhões em um período de cerca de 15 anos. Durante esse tempo, a empresa revolucionou as vendas de varejo, surgindo como um poderoso rival dos maiores comerciantes do mundo, inclusive do Walmart. Como parte da estratégia de consolidação de um vasto shopping online, o varejista adquiriu várias empresas líderes no setor de varejo e que se dedicavam a vendas online, incluindo a Zappos, que atua no setor de calçados, e a Diapers.com, que comercializa produtos para bebês. Como uma loja cresceu o suficiente para adquirir outros varejistas que atuam em outras categorias? Por que um varejista online que comercializa mercadorias em geral não saiu desse tipo de mercado? E como em uma "economia de experiências" a Amazon. com foi capaz de neutralizar os desafios das livrarias convencionais que ofereciam não apenas livros, mas também café quente, confortáveis poltronas confeccionadas em couro, tardes de autógrafos, entrega imediata do produto, além da oportunidade de participar de agradáveis reuniões de clubes de leitura?

A resposta é que os consumidores obtêm muito mais que livros na Amazon.com – e grande parte desse valor adicional reside na experiência repassada e nos *contatos* com outros leitores e consumidores, que fornecem informações valiosas. A Amazon.com não só permite que o consumidor faça compras online a qualquer momento, independentemente das diferenças de fuso horário; além disso, o leitor recebe muitas informações e sugestões que não estariam disponíveis em uma livraria tradicional. Ele pode examinar a capa de um livro, ler o primeiro capítulo, dar uma olhada no índice dos capítulos e na contracapa e examinar as listas da Amazon.com dos livros mais vendidos para se inteirar daquilo que os outros estão lendo, tudo isso no conforto de seu lar, a qualquer hora da noite, em qualquer lugar do planeta. Mas o melhor é que o leitor pode também tomar conhecimento da opinião de outros leitores a respeito do livro que ele pretende comprar – críticas detalhadas estão disponíveis 24 horas por dia e podem ser selecionadas e pesquisadas. Além disso, com um único clique do mouse o leitor pode se informar sobre outros livros comprados pelos leitores do livro que ele está pensando em comprar – se o consumidor tiver acabado de ler um livro que o agradou, essa é uma excelente maneira de encontrar outros livros do mesmo tipo, dos quais ele talvez nem tivesse ouvido falar ou nem mesmo teria pensado em comprar. A Amazon.com parte da ideia de uma lista dos livros mais vendidos e depois a personaliza. Da mesma forma que ocorre com o aplicativo City-Sense, já analisado neste livro, o leitor não só fica sabendo o que os outros estão lendo, como também obtém uma resposta a uma pergunta mais personalizada: "o que as pessoas *como eu* estão lendo?". E se você for um cliente habitual, a Amazon.com lhe fará recomendações extremamente objetivas e precisas sobre livros, DVDs e outros itens semelhantes – mercadorias que provavelmente são de seu interesse, pois seu histórico de compras e de pesquisa foi comparado com o banco de dados da empresa, que inclui mais de 150 milhões de clientes.

Plataformas para repasse e conectividade

O cenário abrangente carrega em sua essência uma perspectiva que pode se transformar em vantagem – sua posição no mercado lhe proporciona uma visão que os outros não têm. Ao difundir a perspectiva global, você a transforma em uma vantagem competitiva por meio de agregação, análise e repasse de informações aos clientes. Por meio desse mecanismo, sua empresa passa a ocupar o centro do nó de uma rede que se irradia a partir desse ponto – todas as informações fluem a partir desse nó central. Mas existe uma possibilidade ainda mais radical: conectar propositadamente determinadas partes da rede que não se conectariam de outra forma. Ao agir assim, sua empresa se transforma em um nó crítico e indispensável. A Amazon.com interliga leitores (e consumidores), proporcionando-lhes um fórum para compartilhamento de produtos e experiências. Essa conectividade cria valor e um volume maior de vendas para a empresa. Mas a Amazon.com também interconecta milhares de proprietários de lojas pequenas, que podem instalar vitrines virtuais no shopping digital da Amazon.com e obter acesso aos consumidores que visitam o site. Se não fosse essa facilidade, proprietários de pequenas lojas e consumidores talvez nunca tivessem entrado em contato. O consumidor sente tranquilidade em comprar nessas pequenas lojas, pois elas estão na Amazon.com e pagam uma taxa para terem acesso a seus 200 milhões de consumidores e a uma plataforma comum que lhes permite fazer pesquisas e facilita os serviços relativos a faturamento e pagamento. Estratégias de conexão semelhantes também estão disponíveis na loja iTunes e em várias outras do mesmo segmento; os proprietários de conteúdo são conectados a consumidores de conteúdo; as lojas que comercializam aplicativos são conectadas a usuários de aplicativos.

Enquanto a maioria das empresas focadas no *upstream* (etapas iniciais do fluxo dos negócios) pensa em termos de incrementar as vendas (movimentando um volume maior de mercadorias por meio da infraestrutura existente); a interconexão acontece como resultado de se perguntar: "o que mais os consumidores desejam?". Esse resultado pode ser tão ambicioso quanto criar novos nichos de mercado e ser dono de plataformas por meio das quais outras empresas comercializam as mercadorias que os clientes desejam.

Um desafio estratégico relacionado com o ato de conectar é determinar o grau de controle exercido sobre a plataforma. Naturalmente, a empresa precisa ter controle suficiente para manter os padrões e a qualidade, e conquistar uma fatia do valor criado pela plataforma. As plataformas da Apple tendem a ser rigorosamente controladas e proporcionam à empresa uma fatia maior das receitas. A empresa vale-se do controle para manter altos níveis de qualidade. Mas o rigoroso controle exercido sobre as plataformas representa também o tendão calcâneo (anteriormente denominado tendão de Aquiles) da empresa, em virtude da concorrência das plataformas mais abertas criadas pelos concorrentes. O iTunes é uma excelente plataforma para buscar, armazenar, organizar e escutar conteúdo digital. No entanto, esse aplicativo não permite compartilhar o conteúdo, talvez porque tenha sido projetado como um contraponto ao compartilhamento ilegal de música em sites como Napster, Gnutella, Kazaa e LimeWire. Atualmente, o maior desafio competitivo para o iTunes é representado pelas empresas que criam plataformas sociais para compartilhamento legítimo de música, como o Spotify, com sua perfeita integração ao Facebook, e o Google Music com sua capacidade de integração aos muitos serviços oferecidos pelo Google.

Uma plataforma fechada, rigidamente controlada, é também um convite aos concorrentes para que lancem plataformas mais abertas. O sistema operacional do Google, o Android, é um sistema livremente licenciado que representa um desafio ao iOS, o sistema operacional da Apple. Milhares de fabricantes de hardware para tablets e telefones incorporam o Android às suas invenções. Com os diversos fabricantes de hardware vendendo dispositivos que incluem o Android, esse sistema operacional fortalece sua presença no mercado, pois é um indicador fundamental do sucesso em segmentos de tecnologia nos quais a interoperabilidade dos dispositivos é importante. No mundo todo, a plataforma do Android conquistou rapidamente 80% da fatia do mercado de smartphones. A desvantagem é que a presença do sistema Android no mercado é mais caótica que a do iOS da Apple no sentido de que muitas versões do Android convivem no mercado. Algumas são versões mais antigas que não foram atualizadas pelo Google; outras foram personalizadas ou adaptadas por meio de licenças, como as da Samsung, LG, HTC e outros fabricantes de telefones. Os ciclos de atualização não são sincronizados nos vários fabricantes ou nas operadoras de telecomunicações, portanto algumas vantagens advindas de sua relevância no mercado se perdem em meio ao caos das várias versões. O controle de plataformas abertas continua a representar um desafio, mesmo para empresas grandes e com vasta experiência tecnológica, como o Google.

Vários outros concorrentes constataram que a vulnerabilidade da fortaleza que é a Apple reside, na verdade, em suas plataformas de conexão fechadas e rigorosamente controladas.

A Nuance Communications, desenvolvedora de software para reconhecimento de voz, criou uma alternativa aberta ao Siri,[1] o assistente de inteligência artificial da Apple. Ao contrário do Siri, o Nina (o sistema da Nuance), pode ser utilizado por outros desenvolvedores e ser integrado a aplicativos de segurança bancária e de smartphones, bem como a programas personalizados. O Siri da Apple continua sendo uma plataforma fechada que não pode ser acessada por outros desenvolvedores.

Vantagem competitiva

Os concorrentes encontram dificuldade para copiar as funções de repasse e conectividade. Como atraem uma massa crítica de usuários, essas funções se transformaram em uma barreira praticamente intransponível. Se os concorrentes da Amazon.com quisessem fornecer informações semelhantes a seus clientes com precisão e confiabilidade, teriam de replicar a vasta base de varejo da Nuance – sua experiência com centenas de milhões de clientes e as experiências trocadas entre eles. A vantagem competitiva da Amazon.com reside, literalmente, em sua base de clientes.

Como consumidores, sabemos que os recursos de TI da Amazon.com são projetados para convencer o cliente a comprar cada vez mais. A Amazon.com, como qualquer outro varejista, quer maximizar o volume de dólares que gastamos quando acessamos esse site. E para a maioria dos clientes, isso está funcionando muito bem – em 2006, o faturamento da loja ultrapassou $10 bilhões e de lá para cá quadruplicou, mesmo durante a pior recessão que os Estados Unidos enfrentaram desde a Grande Depressão, em 1929. Além disso, os clientes também estão felizes: desde 2005, a empresa mantém sua posição entre os maiores varejistas norte-americanos, de acordo com o ForeSee, índice anual que mede a satisfação dos varejistas. Outro líder é o Netflix, cujo poderoso dispositivo de recomendação, semelhante ao da Amazon.com, continua a representar uma vantagem competitiva.

No coração do mecanismo de recomendações da Amazon.com está o objetivo de responder a um pergunta muito simples feita pelos clientes: "o que está acontecendo em outros lugares?". O repasse de experiências é valioso para todos os usuários porque nenhum cliente consegue, por conta própria, informar-se sobre o que está acontecendo no resto da floresta. Os sistemas de repasse e de conectividade da Amazon.com ajudam os clientes a encontrar informações e produtos que são relevantes para sua experiência. Esse valor agregado se aplica tanto a sapatos quanto a produtos para bebês, móveis e eletrônicos, bem como a livros. A Amazon.com diversificou suas atividades e adquiriu outros varejistas focados na mesma categoria. Enquanto seus concorrentes, como comerciantes de mercadorias em geral, levaram para suas operações online o modo de pensar do mundo offline, ou seja, vender um volume maior das mercadorias que já estavam vendendo, a abordagem da Amazon.com era estabelecer canais para repasse de informações. E, assim como no exemplo da empresa de explosivos ICI analisada no Capítulo 4, esse tipo de vantagem competitiva tem uma característica ímpar: quanto maior a lucratividade dos clientes da Amazon.com, mais informativas se tornam suas análises, mais precisas são suas recomendações, mais substancial é o valor oferecido aos clientes, e maior o volume de negócios a baixo custo movidos pelo site. E menores as possibilidades de os concorrentes copiarem essas vantagens – as barreiras para penetrar nesse mercado aumentam quando a base instalada de clientes é maior.

O repasse e a conectividade são mais valiosos quando barreiras físicas ou perceptivas – como distância, fronteiras do setor ou limites do conhecimento e das informações – não permitem que os clientes troquem experiências ou acessem outros segmentos do mercado. Mas o vendedor pode ajudar a preencher a lacuna de informações. Nos casos em que o cliente acha difícil ou dispendioso familiarizar-se com novas ideias ou desenvolvimentos que poderiam ter relevância para sua própria situação, o vendedor lhe proporciona acesso ao conhecimento e a soluções desenvolvidas em outros locais. Os clientes dão valor a essas coisas, pois elas maximizam o tempo, os esforços e a energia necessários para reinventar a roda – particularmente em áreas que não pertencem ao núcleo de sua empresa ou de sua vida. O recurso subjacente comum da tarefa de repassar e conectar estratégias é que ele reduz o custo para o cliente da busca, avaliação, comparação e do processo decisório, reduzindo também os riscos envolvidos quando o cliente opta pelo produto errado.

Testes comparativos (benchmarking) e espelhamento

Os testes comparativos fornecem aos clientes importantes coordenadas e dimensões relevantes para que eles avaliem a posição em que se encontram no mercado em relação a seus pares. Suas decisões e seu comportamento podem mudar como resultado desse conhecimento. As residências, por exemplo, reduzem ainda mais seu consumo de energia e adotam a coleta seletiva com maior seriedade quando conseguem se comparar às moradias dos amigos ou vizinhos.[2] Além disso, a Opower, empresa de cobrança de serviços públicos, permite que os usuários se comuniquem e comparem suas contas de energia às de amigos que usam, por exemplo, o Facebook. Resultado: reduções significativas no consumo de energia.

Os testes comparativos representam um caso específico do uso mais genérico de uma visão panorâmica: o espelhamento. Pense novamente nos exemplos que já vimos: a lista dos livros mais vendidos, a compilação dos restaurantes mais frequentados do mundo feita pelo guia Zagat, as análises dos padrões do tráfego empreendidas pelo INRIX e as representações gráficas do CitySense que indicam locais onde atividades sociais estão acontecendo. Cada um desses exemplos agrega e alimenta informações que são repassadas a grupos de clientes. Todos esses exemplos agregam e repassam informações sobre grupos de consumidores. Após termos visto exemplos de espelhamento no capítulo anterior, nesta seção vamos nos concentrar nos testes comparativos.

O valor e a disponibilidade de dados para realização de testes comparativos aumentaram com o crescimento do setor de benchmarkings terceirizados, bem como das comparações em sites de redes sociais como o Facebook e o LinkedIn.[3] A Nike permite que os atletas meçam seu desempenho nas corridas e carreguem esses dados no Facebook. Os testes comparativos permitem que um atleta compare seu desempenho ao de outros atletas ou a seu próprio desempenho no passado, e isso motiva os clientes da Nike a manterem um regime de treinamento. Mas os testes comparativos já existiam muito antes dos sites de mídia social.

Exemplos bastante conhecidos de testes comparativos realizados por terceiros incluem as avaliações da qualidade dos veículos conduzidas pela J.D. Power & Associates, que motivam as montadoras a prestarem atenção a certos aspectos da qualidade; a lista Empresas Mais Admiradas do Mundo da revista *Fortune*, que classifica publicamente as empresas admiradas por outras empresas, e o Índice Sócrates de Responsabilidade Social Corporativa. Esses tipos de classificações conduzidas por agregadores de dados que atuam na área de testes comparativos têm a vantagem de serem considerados imparciais. Mas testes comparativos conduzidos pelo vendedor do produto podem ser ainda mais valiosos, pois muitas vezes o fornecedor tem acesso a dados nos quais terceiros não podem colocar as mãos. Por exemplo, um fornecedor de equipamentos para automação de escritório sabe muito mais a respeito de práticas de manipulação de documentos de organizações que atuam na área de compras do que uma associação do setor de automação de escritórios ou uma empresa de pesquisa terceirizada. O vendedor pode fornecer aos compradores dados comparativos sobre o consumo de papel e sobre a intensidade das operações de impressão durante o dia, a semana e o ano para que os compradores possam modificar suas práticas relativas ao fluxo de trabalho e ao controle do estoque de papel e de toner, caso isso seja necessário.

Os testes comparativos conduzidos pelos fornecedores ajudam o consumidor a responder perguntas do tipo: minha produtividade está acima ou abaixo do padrão do setor? Estou despendendo mais ou menos que os outros em tecnologia da informação? Minhas práticas ambientais são tão seguras quanto às dos outros? Meus servidores estão operando acima ou abaixo da média? Obtenho um número maior ou menor de visualizações de páginas e de cliques em meu site e em meus anúncios publicitários? Meu consumo de energia está acima ou abaixo daquele de meus vizinhos? Nas ocasiões em que treino, minhas corridas são mais longas ou mais aceleradas? Os clientes adoram esse tipo de informação, pois elas os ajudam a compreender melhor o ambiente no qual operam, o que lhes permite mudar o próprio comportamento.

Muita coisa já foi escrita sobre testes comparativos, a maior parte na forma de consultoria ou de guias DIY ("faça você mesmo") direcionados a gestores que querem se inteirar da posição de sua empresa em relação a seus concorrentes e pares. O volume de literatura a esse respeito revela que há grande demanda por informações relativas ao assunto. Mas a oportunidade negligenciada nos testes comparativos tem a ver com os fornecedores, que têm uma perspectiva abrangente do setor e podem ajudar os clientes a conduzirem testes comparativos das variáveis que sejam do interesse de ambos.

Como os testes comparativos mudaram um setor

Um setor relativamente pequeno e fragmentado, embora global e interessante, foi seriamente afetado nas duas últimas décadas porque os testes comparativos conduzidos por terceiros eram baseados em determinadas dimensões da qualidade. Esses testes, embora não tenham sido conduzidos por um fornecedor, transmitiram aos fornecedores lições significativas, pois o exercício de comparação teve efeitos de longo alcance. Entretanto, reconfiguraram a aplicação de recursos de cada uma das partes. Os testes foram conduzidos no setor de faculdades de administração. O processo partiu das classificações conduzidas pela publicação *BusinessWeek* de programas de MBA em 1988, e seus efeitos continuam a ser sentidos um quarto de século mais tarde.

Antes de 1988, as faculdades de administração competiam mais por professores do que por alunos. A reputação sempre foi um critério importante tanto para professores quanto para alunos na escolha de uma faculdade de administração. Mas a reputação de uma escola – conceito nebuloso que significa coisas diferentes para pessoas diferentes – não necessariamente é baseada em dados concretos ou recentes. Na verdade, a reputação tende a ser baseada em coisas difíceis de mensurar, como o histórico da instituição, o reflexo da reputação da universidade em sua faculdade de administração e o desempenho de ex-alunos que se destacam. Mas seriam esses critérios relevantes para um aluno na hora de escolher uma faculdade?

As publicações da mídia como a *BusinessWeek* e, mais tarde, o *Financial Times,* fizeram essa pergunta e concluíram que tinham condições de definir medições mais relevantes da qualidade das faculdades de administração. Elas então começaram a classificar as faculdades de administração com base em critérios "objetivos" que incluíam pesquisas conduzidas por ex-alunos, valor do dólar por ocasião dos aumentos salariais que ocorrem da admissão até a graduação, bem como nos três anos após a graduação, diversidade do corpo discente e docente (proporção de mulheres, de alunos estrangeiros e de professores), feedback fornecido pelo recrutador, quantidade e impacto das pesquisas conduzidas pelos professores, retorno sobre o investimento (para o aluno) do custo do programa e outras coisas semelhantes.

A finalidade inicial das classificações era fornecer um guia para os alunos que estavam pensando em participar de programas de MBA. Ou, mais estrategicamente, para os meios de comunicação que publicavam essas listas a finalidade era atrair novos leitores e vender um volume maior de cópias por meio da publicação de informações relevantes para a identificação de segmentos críticos. Um grande número de candidatos a um MBA, ex-alunos, recrutadores e doadores está interessado em saber a posição das escolas dentro dessas classificações. Na verdade, a edição *BusinessWeek* (uma publicação da Bloomberg) com as listas de classificação relativas a MBAs foi a mais vendida do ano, o que equivale à edição da revista *Sports Illustrated* que tratava de trajes de banho. As publicações sabiam que haviam feito uma descoberta valiosa quando os anunciantes, visando atingir o público de candidatos a MBA, começaram a comprar espaço, reforçando a motivação das publicações para que realizassem classificações. Naturalmente, as próprias faculdades de administração estavam entre aquelas que ficavam na fila para comprar espaço. Em poucos anos, as coisas ficaram realmente interessantes: o impacto que as classificações tiveram no setor foi muito além de servir como um dado informativo para as decisões dos aspirantes a um MBA, muito além de vender alguns milhares a mais de revistas.

Ao longo da década de 1990 e na primeira década deste século, a globalização do pool de alunos modificou a natureza das admissões nas faculdades de administração. O fenômeno provocou uma disputa muito mais acirrada pelos melhores candidatos, que hoje têm grande mobilidade e estão dispostos a mudar, muitas vezes para outro país, a fim de terem acesso a uma educação melhor. Como os candidatos não têm informações diretas, tampouco conhecimento local, os que vêm de lugares muito distantes frequentemente buscam informações independentes e a validação da qualidade de possíveis escolas e de seus programas de MBA. Essa necessidade coincidiu como o surgimento das classificações.

À medida que os critérios utilizados pelos candidatos para a escolha de uma faculdade de administração passaram a se basear cada vez mais nas classificações, as escolas se viram competindo crescentemente com base em dimensões que antes mal eram captadas por seus radares estratégicos. De repente, elas estavam lutando para estabelecer departamentos de gestão de carreira cuja finalidade era melhorar as relações com os recrutadores, que recebiam altos salários. As faculdades de administração pretendiam recrutar um número maior de mulheres e de estudantes e professores de outros países, e incentivavam os professores a publicarem artigos em revistas acadêmicas monitoradas por listas de classificações. As escolas estimulavam o contato com ex-alunos, particularmente os graduados até três anos antes, com a finalidade de reacender as lembranças positivas que o grupo tinha da escola. Algumas faculdades de Administração chegavam a selecionar os alunos com base na capacidade do indivíduo de, depois de formado, conseguir um emprego na área de consultoria e finanças em empresas que pagam altos salários, assim, o salário dos ex-alunos daria um grande salto, levando a um bom retorno sobre o investimento feito no MBA – um dos critérios também usados nas classificações.[4]

Havia muitas coisas em jogo. As faculdades logo constataram que, caso se saíssem bem nas classificações, atrairiam um número muito maior de candidatos, mas se ocupassem uma classificação desfavorável, acabariam com um número insuficiente de alunos. As instituições que tinham um grande volume de candidatos conseguiram aumentar significativamente a qualidade de seus alunos e os preços cobrados por seus programas. Embora a educação universitária em geral tenha se tornado muito mais cara nos últimos anos, os programas de MBA estão entre os primeiros itens a sofrerem aumentos abusivos. Um estudo constatou que a diferença entre as taxas cobradas pelas faculdades de administração posicionadas entre os 10 primeiros colocados nas classificações do *Financial Times* comparadas aos 10 últimos do ranking girava em torno de 100%.

Em resumo, as classificações mudaram radicalmente o comportamento das faculdades de administração e ajudaram a determinar seu êxito ou seu fracasso ao longo das duas últimas décadas. As classificações influenciaram a alocação de recursos e a estratégia das escolas, a admissão de alunos e o recrutamento de professores, bem como sua capacidade de estabelecer preços. Não é de surpreender que as mudanças estruturais mais radicais tenham ocorrido ao longo das dimensões que serviram de base para as classificações. As outras faculdades dos campi universitários que não foram submetidas a essas classificações se perguntavam o que significava toda aquela comoção em torno das faculdades de administração.

Como fazer testes comparativos no seu setor

Agora analise seu setor e seus clientes. Você poderia exigir um grau de influência semelhante do comportamento de seus clientes? Seus clientes alteram sua alocação de recursos, suas escolhas no longo prazo e outras decisões em virtude das informações que você lhes fornece? Caso isso não aconteça, os testes comparativos podem representar seu recurso de alavancagem. Eles têm o poder de mudar radicalmente a pauta e o comportamento de um setor como um todo e de todo um segmento de clientes. O que é avaliado realmente pode ser gerenciado.[5] Cada vez mais, as empresas estão avaliando e publicando testes comparativos das variáveis mais importantes para seus clientes. Os bancos que vendem serviços de administração de finanças corporativas, por exemplo, oferecem aos seus clientes testes comparativos que avaliam a eficiência do capital de giro, para que os clientes saibam onde se encontram em relação a seus pares. As empresas de software se valem de testes comparativos para classificar o uso e a produtividade de seus produtos. E, conforme vimos antes, as concessionárias de serviços públicos não só estão fazendo testes comparativos, como também estão permitindo que os consumidores também façam comparações para verificar seu próprio uso de recursos públicos em relação ao de grupos de pares de sua própria escolha (por exemplo, o consumo médio de vizinhos ou amigos do Facebook). E mais ainda, empresas de medição como a J.D. Power & Associates (satisfação do cliente e medições da qualidade) e a Comscore (fornecedora de análises avançadas da internet), constantemente, fornecem dados valiosos de testes comparativos de diferentes setores a fim de atrair clientes aos seus serviços de informação e consultoria.

Previsões

O uso mais sofisticado de dados de mercado reside em discernir padrões que possam ajudar a prever futuras tendências. No capítulo anterior, analisamos vários exemplos de previsões. O modo como a

ICI usou dados sobre explosões para prever os resultados das dinamitações permitiu que a empresa criasse valor para as pedreiras por meio da redução dos custos e riscos das explosões. Os insumos agrícolas que a empresa utilizava em seus modelos empíricos tinham como finalidade prever a produtividade das fazendas com base na qualidade das sementes, na quantidade dos fertilizantes e dos defensivos agrícolas. Uma análise dos acessos ao Twitter permitiu prever os movimentos da Bolsa de Valores e a arrecadação da bilheteria de um cinema novo. E o INRIX tem condições de fazer previsões usando seus modelos de fluxo do tráfego, ou seja, prever onde um congestionamento irá ocorrer. Em todos esses casos, os dados utilizados para fazer previsões já existiam, mas não eram usados pelo consumidor. Essas empresas enxergavam os dados como um ativo e conseguiram agregá-los a modelos preditivos e gerar insights que, de outra forma, não se tornariam disponíveis.

Quando criaram o Google, seus fundadores não imaginavam que um dia eles teriam condições de dizer, com algumas semanas de antecedência, que um surto de gripe atingiria uma determinada localidade. Hoje, a empresa sabe disso porque ao longo dos anos desenvolveu uma visão panorâmica dos usuários da internet – o que atualmente inclui quase todas as pessoas. De seu posto de observação no topo da internet, o Google tem condições de discernir padrões na web quando a maioria das pessoas só consegue enxergar peças desconexas. E está fazendo uso dessa visão de formas bastante interessantes.

Uma das aplicações é prever qual será o próximo alvo da gripe. Todos os anos a gripe atinge entre 5% e 20% da população norte-americana; mais de 200 mil pessoas são hospitalizadas em consequência de complicações provenientes da gripe, e cerca de 36 mil pessoas morrem. A extrapolação para a população mundial indica que todos os anos no mínimo 500 mil pessoas morrem em consequência da gripe. A impressionante maioria dessas mortes ocorre entre populações mais vulneráveis, como idosos, crianças pequenas e pessoas que já tinham problemas de saúde. Os custos para a economia não são nada desprezíveis: calcula-se que a fatura ultrapasse os $100 bilhões, só nos Estados Unidos.

Uma epidemia de gripe que se espalha rapidamente é considerada um dos maiores perigos que a humanidade pode enfrentar.

A pandemia de 1918 ceifou entre 20 e 40 milhões de vidas. Com essas estatísticas alarmantes, não é de surpreender que os médicos e os pesquisadores tenham grande conhecimento sobre os vírus da gripe e que as autoridades despendam grandes esforços rastreando surtos de gripe e procurando evitá-los. Elas sabem *quando* a gripe vai atacar (a expressão *estação da gripe* faz parte de nosso vocabulário). Sabem *qual* cepa da gripe atacará em um determinado ano e projetam vacinas para combater a variante genética prevista. Sabem *como* a doença progride e *quem* provavelmente desenvolverá complicações. Contudo, não sabem *onde* os surtos vão ocorrer. Os procedimentos atualmente adotados – coletar, tabular e divulgar dados sobre uma doença que se assemelha a uma gripe com base em visitas a salas de pronto atendimento e em conversas com médicos plantonistas – resultam em uma ou duas semanas de atraso, o que limita o valor preditivo dos dados.

Esse lapso de tempo é significativo. A população não sabe que talvez esteja correndo um grande risco, os provedores de assistência médica não podem incorporar informações generalizadas a um diagnóstico, e os funcionários da saúde pública talvez percam a oportunidade de empreender campanhas de saúde apropriadas. Os efeitos de alertas antecipados sobre a cadeia de abastecimento seriam ainda mais pronunciados. Hospitais, clínicas e consultórios médicos poderiam manter um estoque de vacinas contra a gripe, drogas antivirais e antibióticos para as pessoas que contraem o que é conhecido como coinfecções, infecções bacterianas que agravam um surto de gripe. Saber com antecedência o local que será atacado pela gripe poderia salvar vidas.

É nesse ponto que o Google Flu Trends (www.google.org/flutrends) entra em cena. Todos os dias, centenas de milhões de pessoas recorrem ao Google para fazer pesquisas sobre os tópicos mais inconcebíveis. Como a pesquisa é intencional, o Google se baseia no pressuposto lógico – o que aparece impresso na barra de pesquisa é uma representação acurada da intenção do pesquisador. Extrair significado das milhões de pesquisas gera insights que não estão disponíveis para as pessoas individualmente. Esse cenário abrangente pode ter grande valor. E o Google Flu Trends extrai esse valor por meio da agregação de pesquisas e da plotagem dos dados sobre localizações geográficas (e, como seria de imaginar, de outras variáveis).

O Google argumenta que quando as pessoas se sentem mal tendem a recorrer à internet para obter informações antes de procurar um médico. Ao fazerem pesquisas por região e por estado sobre coisas do tipo "sintomas de gripe" ou "dores musculares", com o tempo os analistas passaram a relacionar determinados termos de busca com futuros picos de entrada de dados sobre doenças semelhantes à gripe nos Centros de Controle de Doenças (CDC). Após analisar padrões por mais de cinco anos, o Google Flu Trends conseguiu desenvolver um sistema preditivo que estabelecia uma correlação com os números coletados pelos CDCs. E como a internet permite fazer uma compilação de dados em tempo real, o Google Flu Trends pode fornecer indicações de surtos de gripe regionais 7 ou 10 dias antes que o atual processo usado pelos CDCs. O modelo continua a ser burilado à medida que o comportamento de busca muda. Por exemplo, na época da gripe de 2012–2013 nos Estados Unidos, o Flu Trends superestimou suas previsões sobre a gripe devido a um efeito do feedback: um número maior de pessoas estava consultando o Google porque a cobertura da mídia sobre a gripe estava se intensificando e mais discussões sobre o assunto estavam ocorrendo nas mídias sociais. Mas questões de calibragem são inerentes a qualquer tecnologia de medição recém-criada. O modelo preditivo irá se tornar mais preciso quando um volume maior de dados estiver disponível.

Consideremos que o valor do Google Flu Trends se deve inteiramente ao resultado de ele enxergar um cenário que os outros não conseguem ver e reconhecer e usar um ativo que tantas vezes permanece dormente e negligenciado pelas empresas: sua própria visão abrangente de sua base de clientes. E qualquer empresa, de qualquer setor, tem essa visão.

A capacidade de prognosticar resultados representa um dos mais sofisticados e valiosos usos da visão panorâmica. O ato de prever exige avançadas habilidades analíticas e cria uma diferenciação ímpar. Muitas vezes, os dados nos quais as previsões se baseiam são protegidos por leis de propriedade intelectual ou difíceis de ser agregados para que formem um cenário abrangente, e as habilidades necessárias ao processamento desses dados são raras. Por essas razões, a empresa que se dá ao trabalho de desenvolver habilidades preditivas obtém uma vantagem competitiva difícil de ser replicada.

Repassar e conectar, testes comparativos, espelhamento e previsões são três mecanismos que podem ser usados a fim de extrair valor para o cliente com base na visão panorâmica. Com cada uma dessas técnicas você tira proveito de sua localização – seu observatório ou sua visão de todo o campo de jogo – com a finalidade de desenvolver insights sobre as necessidades de seus clientes, sobre seus desejos e desafios. Insights obtidos com o uso de cada um dos mecanismos discutidos neste capítulo ajudam a reduzir os custos e os riscos aos quais os clientes estão sujeitos. Em outras palavras, a redução desses custos e riscos passa a fazer parte de seus esforços de inovação *downstream* – parte de sua mudança de foco.

Lista de verificação da visão panorâmica

À luz de nossa análise anterior (feita no Capítulo 2) dos custos e riscos em cada ponto de interação com o cliente, seria produtivo fazer várias perguntas:

- ✓ Quais são as assimetrias entre as informações nos mercados que você atua?
- ✓ O que você sabe sobre seus clientes que eles mesmos desconhecem? O que alguns desconhecem e outros sabem? Seus clientes detêm algum tipo de conhecimento que poderia ser útil em outro local?
- ✓ Quais são os tipos de informação que ajudariam a reduzir os custos e riscos aos quais os clientes estão sujeitos?
- ✓ Onde as informações residem?
- ✓ De quais sistemas, comportamentos e procedimentos você precisa para coletar e armazenar informações de forma sistemática?
- ✓ Quais tipos de insights poderão ajudar seus clientes a reduzir os custos e os riscos? Que tipos de modelos, técnicas de agregação e ferramentas de visualização poderão ajudá-lo a obter uma visão panorâmica útil?
- ✓ Como você repassa aos clientes as informações obtidas? Você deve vender ou oferecer gratuitamente a seus clientes os insights que a visão panorâmica lhe proporcionou? Essa visão deve ser um produto autônomo ou uma linha de negócio?

- ✓ De que forma o repasse de informações cria uma vantagem competitiva para você? Seus insights são ímpares? No tocante à visão panorâmica, o que você pode dizer que os outros não podem?

- ✓ A vantagem competitiva proporcionada pela visão panorâmica é sustentável? Caso seja, o que lhe confere essa qualidade?

- ✓ De que maneira a exploração de sua visão panorâmica muda a natureza de seu negócio? Ela é parte importante do valor que os clientes esperam obter de você?

- ✓ De que forma o uso da visão panorâmica como fonte de vantagem competitiva muda sua organização?

Parte III
O mergulho profundo
O campo de competição na mente do cliente

6

Definindo o escopo do campo de batalha

A FEDEX RESUME sua proposição de valor no slogan "Relax, it's FedEx" e, mais recentemente, no slogan "The World on Time" (o mundo na hora certa). O slogan do sabão em pó da Tide "washes whitest" (lava mais branco) e, mais recentemente, o slogan "clean you can trust" (limpeza em que você pode confiar), são exemplos de proposições de valor. Podemos citar ainda a marca Volvo, que na mente dos consumidores está diretamente associada à segurança. Qualquer marca representa uma clássica vantagem competitiva *downstream*, pois como consiste em uma plataforma para transações entre compradores e vendedores, está presente no mercado e contribui para reduzir os custos e os riscos aos quais os consumidores estão sujeitos. Com uma marca cujo sucesso já está consolidado, o vendedor é dono de uma clara proposição de valor que não só atrai os clientes como se diferencia das proposições de valor dos concorrentes. Não é por acaso que o posicionamento das marcas e seus respectivos slogans têm como objetivo prometer a redução dos custos e dos riscos.

Nos mercados do século XXI, as marcas são onipresentes, pois os custos da consolidação da marca – o dinheiro gasto em fazer uma promessa e não deixar de cumpri-la – são mais baixos que os benefícios de uma clara proposição de valor em um mercado próximo da saturação. As marcas ajudam a encontrar e atrair consumidores e, com elas, os consumidores acham mais fácil localizar os produtos que querem e precisam. Elas tornam os mercados mais eficientes no sentido de que a reunião entre compradores e vendedores se dá a um custo mais baixo para ambas as partes do que seria possível sem a existência delas.

A promessa da marca

Em um mundo no qual as escolhas são praticamente ilimitadas, os consumidores gravitam em torno de uma marca ou produto acreditando que este cumprirá as promessas feitas. Portanto, no papel de uma plataforma que possibilita o encontro entre clientes e vendedores, a marca transmite confiança por meio da oferta de qualidade constante e de um posicionamento coerente ao longo do tempo e nas diversas ocasiões em que o consumidor adquire o produto. A marca oferece uma garantia implícita de que a experiência atual do consumidor, bem como suas experiências futuras com o produto ou o serviço serão semelhantes às experiências obtidas com compras anteriores. Às vezes o consumidor está disposto a pagar um alto preço pela transparência de uma determinada marca – "o que você vê é o que você obtém" – e, às vezes, ele retorna à sua marca preferida em virtude daquilo que os profissionais de marketing denominam fidelidade à marca. Em qualquer dos casos, a marca obtém um retorno sobre o investimento feito para assegurar a qualidade e a coerência, e esse retorno pode atuar como um incentivo para que o consumidor mantenha esse investimento.

Um clássico exercício hipotético relacionado com a consolidação da marca é perguntar o que aconteceria com a capacidade da Coca-Cola de levantar um financiamento e reiniciar suas operações, caso um misterioso incêndio acabasse com todos os seus ativos físicos ao redor do mundo. A maioria das pessoas sensatas concluiria que a catástrofe obrigaria a empresa a fazer grandes esforços e a gastar muito dinheiro, mas que a Coca-Cola não teria grande dificuldade em levantar fundos e dar a volta por cima. Sua marca a ajudaria a superar a crise e a atrair investidores em busca de futuros retornos.

A segunda parte do exercício hipotético seria perguntar o que aconteceria se em vez da perda de ativos físicos, 7 bilhões de consumidores ao redor do mundo acordassem com amnésia parcial e não se lembrassem da marca Coca-Cola ou de qualquer associação a essa marca. Nesse cenário hipotético, a despeito do fato de que os ativos fixos da Coca-Cola tivessem permanecido intactos, a maioria dos profissionais sensatos diria que seria difícil para a empresa obter recursos financeiros para reiniciar as operações. No frigir dos ovos, a perda dos ativos *downstream* (ou seja, da marca) seria um golpe mais sério na capacidade da empresa de dar prosseguimento aos negócios do que a perda dos ativos *upstream*. "Espere um momento", você pode dizer. E a fórmula secreta da Coca-Cola? Não seria um contraexemplo? A fórmula é um ativo *upstream* patenteado da empresa, sem o qual ela não seria tão bem-sucedida.

Contudo, o fato é que a fórmula não é tão secreta assim – deixou de ser secreta há pelo menos duas décadas. No apêndice do livro *For God, Country, and Coca-Cola*, uma biografia da empresa[1] publicada em 1993, Mark Pendergrast publicou a fórmula que encontrara nos arquivos da multinacional quando fazia as pesquisas para escrever o livro. Se a "fórmula sagrada", como ele a chama, é o segredo por trás do sucesso da Coca-Cola, a publicação e disponibilização desta para os concorrentes deveriam ter feito o preço das ações da Coca-Cola despencar, porém isso não ocorreu. Mas a amnésia parcial entre os consumidores do mundo todo, sem dúvida, teria esse efeito.

Como competir pela atenção do cliente

Como as empresas administram suas marcas? Quem dentro da organização está encarregado de criar e manter essa fonte *downstream* tão importante de vantagem competitiva? No afã de criar marcas e disputar os consumidores, as empresas costumam competir pelos cliques que recebem em suas páginas da web, por uma melhor classificação de suas páginas na internet, pela visibilidade na mídia, pelo endosso de celebridades, por contratos de distribuição, espaço nas prateleiras e espaço publicitário pago. Entabulam rebuscadas "conversas" com consumidores em sites de mídia social e rastreiam o comportamento destes com o uso de programas de fidelidade e de correntes de cliques (click-streams). As despesas globais anuais com publicidade paga ultrapassam os $500 bilhões e crescem cerca de 10% ao ano. Os varejistas brincam com o layout das lojas, com a colocação dos produtos nas prateleiras, com planogramas e com consumidores que conversam com seus botões quando estão diante das prateleiras de uma loja, com a finalidade de oferecer marcas que proporcionam margens mais altas e que têm maior visibilidade dentro do estabelecimento. Exploram comercialmente o espaço da loja cobrando dos fabricantes pela colocação de seus produtos em locais mais visíveis, por exemplo, em prateleiras na altura dos olhos do consumidor e em gôndolas no final dos corredores. Aqueles que administram marcas – gestores de marketing e de marcas, empresas de pesquisa de mercado, agências de publicidade e de mídia, designers de embalagens e profissionais de vendas são especialistas em compras. São compradores especializados nesses recursos do mercado, que incluem mídia, cliques e layout das prateleiras. A tarefa deles, da maneira como muitos a enxergam, é obter recursos melhores e mais abrangentes para suas marcas a um preço menor e utilizar esses recursos de uma forma mais eficiente que a utilizada pelos concorrentes.

Mas isso é quase a mesma coisa que perguntar a Michelangelo o que ele faz e obter a resposta "uso um cinzel". Embora a resposta seja precisa, omite o propósito final da atividade do artista. O que estaria faltando na descrição do cargo de gestor de marcas seria uma foto do campo de batalha no qual ele atua e o resultado desejado da guerra pelas marcas. O campo de batalha pode ser invisível, mas é extremamente importante: a mente do consumidor. Portanto, pelo que exatamente os gestores de marcas estão competindo? De que maneira seus esforços contribuem para a gestão da marca? Voltando à preocupação com táticas eficazes (uma forma de comprar menos dispendiosa, a criação e execução de um anúncio "bem bolado", melhor colocação do produto nas prateleiras ou otimização de um dispositivo de busca), vale a pena perguntar: eficiência com que finalidade? Qual é o objetivo? A resposta deste livro a essa pergunta é: a vantagem estratégica é que o mercado procura insistentemente capturar uma parte da mente do consumidor.

Ser dono de parte da mente do consumidor é uma vantagem competitiva *downstream* de inestimável valor. Os estrategistas, bem como os profissionais de marketing, costumam considerar que as marcas estão entre os ativos mais importantes de uma empresa. Como prova disso, encaminham aos céticos colegas da área financeira as classificações globais de marcas da Interbrand que demonstram que, em conjunto, as 20 melhores marcas do mundo estão avaliadas em mais de $800 bilhões e que o paradigma das marcas – a Coca-Cola – por si só está avaliado em mais de $75 bilhões.² Eles fazem isso na esperança de que, ao atribuir um valor tangível auferido às marcas por uma organização independente, talvez fique mais fácil manter ou aumentar as próprias verbas de marketing ou, no mínimo, ajude a convencer o teimoso Chief Financial Officer (CFO) e o comitê executivo de que algumas das despesas de marketing efetuadas pela empresa não são dinheiro jogado fora. Nessa linha de raciocínio, a marca é interpretada como o objetivo final dos esforços de marketing, e atribuir um valor financeiro a esse objetivo torna mais fácil justificar os investimentos financeiros feitos para esse objetivo. Embora seja importante não se esquecer do valor financeiro da marca e dos investimentos e retornos relativos a ela, o foco gerencial no objetivo financeiro final pode obscurecer o processo, a estratégia e as táticas, e pode até mesmo prejudicar a consolidação da marca. A mente do consumidor – local em que a marca reside e o jogo se desenvolve – continua a ser uma espécie de enigma para os gestores.

Em resumo, a mente do consumidor é a soma da atenção que ele recebe, da capacidade de memória que dedica à sua marca e do que a marca significa para ele – os ganchos associativos que ele desenvolveu em sua mente. O tempo e o esforço cognitivo que seus clientes despendem processando informações sobre sua marca merecem uma análise por parte da administração. Aquele é o campo de batalha no qual sua marca compete. Esse campo, como qualquer outro, tem limites e regras. Uma boa compreensão da maneira como o jogo se desenrola permite que você obtenha uma vantagem competitiva no campo de batalha mental.

Os limites do campo de batalha

Vamos começar pela definição dos limites externos do campo de batalha. A mente do consumidor é um recurso finito. Mesmo assim, em tese, ela deveria assimilar um volume de informações de mercado praticamente ilimitado. Nenhum consumidor é dono de uma mente capaz de absorver, interpretar, armazenar, memorizar e utilizar todas as informações existentes no mercado, nem mesmo fragmentos relevantes. Esse desequilíbrio entre as informações disponíveis e a capacidade mental disponível para processamento e armazenamento dessas informações dá origem ao necessário princípio da escassez. Sem ele, as empresas não precisariam competir pela conscientização e por um lugar privilegiado na mente do consumidor.

Uma conclusão direta desse princípio é o princípio da economia cognitiva, segundo a qual, como a capacidade de processamento de informações é finita, muitas vezes o consumidor troca a precisão de resultados ótimos pela eficiência do armazenamento e do processamento de informações.[3] Em outras palavras, talvez o consumidor acabe optando por um produto mais fácil de comprar em vez daquele que atenderia melhor a suas necessidades porque não consegue se lembrar de nada a respeito do produto ou porque não está disposto a pensar muito sobre o assunto (porque prefere pensar em outras coisas). Esse princípio básico tem muitas implicações, incluindo os atalhos mentais e as estruturas de organização mental que o consumidor utiliza para conferir um sentido ao mercado. Nos dois capítulos a seguir, faremos uma análise detalhada dessas implicações. Mas, por enquanto, seria interessante observar que, segundo o princípio da economia cognitiva, a maneira como os consumidores compram e consomem é mais importante que aquilo que compram e consomem. Enfatiza também a importância de atividades *downstream*, bem como a importância de inclinar o foco.

Vamos analisar, por exemplo, a maneira como os consumidores reagem a uma inovação radical. Os produtos Novel têm índices extremamente altos de fracasso. A maioria, seja o produto lançado em uma mercearia, na arena da tecnologia ou no segmento empresa-empresa, após um ano do lançamento, ele acaba na pilha de artigos descartáveis.[4] Contudo, a despeito dos altos índices de fracasso, a empresa insiste em desenvolver inovações radicais, pois os produtos Novel que têm aceitação tendem a ser muito mais lucrativos do que suas insípidas inovações. Acontece que, muitas vezes, um produto Novel fracassa não em virtude de deficiências tecnológicas, mas porque os consumidores não sabem o que fazer com ele – acham muito arriscado adotá-lo ou não conseguem enxergar em que situações o produto poderia ser útil.

Quando o consumidor se depara com um novo produto, sua abordagem econômica cognitiva é tentar encaixá-lo em uma categoria já conhecida, a fim de poder encontrar um sentido para aquele produto de uma forma que já lhe seja familiar. Se conseguir fazer isso, ele poderá aplicar o conhecimento que já tem sobre outras instâncias da mesma coisa. Essa eficiência é valiosa quando o indivíduo está operando em uma economia cognitiva. Por exemplo, topar com uma poltrona inflável pela primeira vez pode deixar o consumidor confuso. Mas classificá-la como uma poltrona esclarece sua finalidade e seu uso. Essa classificação, ou categorização, é um tipo de estrutura de organização mental que o consumidor usa para dar sentido ao mundo que o rodeia, incluindo os mercados nos quais opera, vive e se diverte.

Nos primórdios da fotografia digital, quando a foto baseada em filmes ainda dominava, a Lexar lançou cartões de memória para câmeras digitais de uma forma que encurtava a distância entre os fotógrafos que utilizavam os tradicionais filmes e o produto recém-lançado. Os cartões de memória eram vendidos em embalagens douradas semelhantes às dos filmes da Kodak, tinham uma taxa de velocidade semelhante à dos filmes e eram até mesmo rotulados como "filmes digitais". Nas lojas, eram colocados ao lado dos filmes fotográficos.[5] A forma como a inovação foi apresentada aos consumidores tornou mais fácil compreender e comparar o produto durante a transição do filme tradicional para o digital. Mais à frente neste livro, analisaremos as implicações estratégicas de uma característica que define o campo de batalha dentro da cabeça do consumidor: seus critérios de compra.

A compreensão do layout e das regras do campo de competição é uma etapa essencial da inclinação do centro de gravidade dos negócios ao *downstream*.

Lista de verificação da mente do cliente

- ✓ O que os gestores de marcas de sua empresa gerenciam? Estão mais preocupados com o mercado físico do que com o campo de batalha delimitado na mente dos consumidores? Qual é o objetivo da gestão de marcas em sua organização?
- ✓ Até que ponto você compreende o campo de batalha que está na mente dos consumidores? Quais as metáforas e o vocabulário que sua organização usa para falar sobre o campo de batalha?
- ✓ De que maneira sua empresa compete por uma parte da mente do consumidor?
- ✓ O que você faz para aumentar ou melhorar sua fatia da mente do cliente?

7

Assumindo o controle dos critérios de compra

SE A natureza finita da capacidade cognitiva do cliente define a fronteira externa do campo de batalha no qual as marcas concorrem, então os critérios de compra dos clientes são as linhas internas. Os carros podem ser classificados com base em critérios como desempenho, segurança, esportividade, eficiência com combustível, confiança e respeito pelo meio ambiente; os tênis com base em aparência, capacidade de melhorar o desempenho e apoio ao arco dos pés; os medicamentos com base em eficácia, rapidez, conveniência e ausência de efeitos colaterais; as malas de viagem com base em peso, resistência e durabilidade; e os computadores com base em velocidade, memória, uso amigável e design. A Nike, a Tide e a Pampers são classificadas com base no desempenho, a Volvo com base na segurança, o Toyota Prius com base no respeito pelo ambiente, e as marcas de computadores se estão equipadas com os chips da Intel. Os compradores usam esses critérios não só para decidir se compram uma determinada marca, mas também para organizar e conhecer as marcas e o mercado. Não importa se você sabe disso ou não, se gosta ou não, no campo de batalha, a sua marca é posicionada com base nos critérios que os clientes consideram importantes.

Como formam uma estrutura de organização para os clientes, os critérios também são a base sobre a qual você segmenta os mercados, mira e posiciona suas marcas, e desenvolve as posições estratégicas de mercado como as fontes da vantagem competitiva. O objetivo do gestor de marca é consolidar a posição da marca com base nos critérios principais dos clientes para realizar uma compra. Contudo, o objetivo estratégico dos donos da marca é, ou deveria ser, mais ambicioso: exercer influência sobre os critérios que os clientes usam para conhecer o ambiente do mercado e avaliar e escolher entre as marcas na categoria de produtos. O objetivo da equipe de marketing é alterar a importância relativa que os clientes atribuem a determinados critérios nas suas decisões de compra e apresentar novos critérios. A influência sobre os critérios que os clientes usam é a base para conseguir manter uma vantagem competitiva na mente dos clientes.

Primeiro no mercado ou primeiro na mente do consumidor?

Em um estudo sobre a história da inovação de dezenas de categorias de produtos durante várias décadas, os pesquisadores perguntaram o seguinte: as empresas que são as primeiras a desenvolver e colocar um produto no mercado têm uma vantagem duradoura na categoria do produto que criaram? O estudo mostrou que muitos pioneiros fracassam. As primeiras empresas a comercializar um novo produto ou tecnologia não têm nenhuma vantagem significativa sobre seus seguidores no mercado. Mais ainda, as líderes atuais na maioria dos mercados raramente são as marcas que foram as precursoras da tecnologia.[1] Ao contrário, as empresas que chegaram mais tarde, mas que levaram a inovação ao mercado de massa foram as mais propensas a durar, com uma conscientização em massa e com marcas que se tornaram as eternas líderes do mercado. É bem provável que você não use o navegador Erwise ou os primeiros motores de busca como Excite ou Galaxy, ou a rede social SixDegrees.com. Também é muito provável que nunca tenha ouvido falar do MPMAN, o MP3 player da coreana Saehan Information Systems. Todos esses produtos chegaram ao mercado antes dos atuais líderes, como Google Chrome, Google Search, Facebook e iPod. Da mesma forma, a Pampers não inventou as fraldas descartáveis nem foi a primeira a comercializá-las. A distinção por esse avanço tecnológico cabe à Chux, uma marca da Johnson & Johnson. Mas a Chux, assim como Erwise, Excite, SixDegrees.com e MPMAN, jamais alcançaram o mercado de massa – era um produto voltado para o nicho do mercado de luxo nos anos 1960, quando a P&G desenvolveu e lançou sua marca registrada de fraldas descartáveis. A Pampers criou a conscientização do consumidor em massa para seu produto e marca, fazendo o crescimento da categoria de fraldas passar de $10 milhões em 1966 para $370 milhões sete anos depois. E a marca P&G permanece como o concorrente principal nessa categoria que ajudou a impulsionar um crescimento de $30 bilhões anuais, quase 15 anos depois.

Entre a opção de ser o primeiro a sair do laboratório ou da fábrica ou ser o primeiro a surgir na mente dos clientes, esta última parece ser a estratégia com uma vantagem duradoura. Os seguidores velozes com uma estratégia de marketing bem clara que cria uma marca com fortes associações em relação aos critérios de compra bem definidos dos clientes tendem a ganhar no longo prazo. Os produtos podem ser inventados no laboratório, mas, ao que tudo indica, a vantagem competitiva é definida pelo mercado. E grande parte do mercado está na mente dos clientes.

Definindo o escopo do campo de batalha

Se sua marca em uma determinada categoria de produtos for a primeira a surgir na mente do cliente e se você tiver a opção de um campo intacto de critérios, aonde os concorrentes ainda não conseguiram chegar, quais critérios você deveria escolher para posicionar sua marca? Quais proporcionariam a vantagem competitiva mais duradoura?

Em qualquer mercado, existem critérios primários e secundários. Os critérios primários ocupam o centro do campo de batalha e normalmente estão relacionados com desempenho, poder, eficácia e rapidez – nas categorias funcionais, esses critérios estão relacionados com a capacidade da marca de realizar o trabalho. Os critérios secundários incluem estética (design, estilo), segurança e conveniência. Claro, nas categorias de estética, como joias ou vestuário, nas quais a forma pode suplantar a função, o estilo e o design podem tornar-se os critérios primários, e o desempenho (se é que este pode ser definido independentemente dos critérios primários) torna-se secundário. Contudo, em outras categorias como cadeiras infantis para automóveis, segurança e conveniência são critérios primários.

Em qualquer categoria de produtos, os clientes acham mais fácil associar mentalmente cada critério a uma única marca e associar cada marca, de forma geral, a um único critério. Os clientes não podem permitir-se atravancar o espaço em suas mentes com várias marcas dominantes para cada critério. A segunda e a terceira marcas em qualquer categoria de produtos devem se contentar em ficar em segundo plano ou definir seus próprios critérios. O fenômeno é simples resultado das limitações de memória das pessoas: você se lembra do nome da primeira pessoa a cruzar o Atlântico em um voo solo, mas se lembra de quem foi a segunda? Você lembra o nome do homem mais veloz da Terra (o recordista mundial dos 100 metros rasos), mas lembra do nome do segundo colocado?[2] Da mesma forma, você se lembra de que a Volvo está associada à segurança, mas será que existe outra marca de automóvel que você associe à segurança? Você é capaz de dizer o nome de uma marca concorrente direta da Jell-O? Capacidade cognitiva finita significa que não é tão eficiente ter uma segunda ou terceira marca ocupando o mesmo espaço. Portanto, ser o primeiro a criar a associação da marca aos critérios principais pode ser uma vantagem muito grande e duradoura. A Coca-Cola voltou à China em 1979, justamente quando as reformas econômicas estavam acontecendo. A Pepsi retornou ao mercado em 1981. As duas empresas de refrigerantes expandiram de forma gradual sua área de cobertura no mercado, alcançando novas províncias. A Coca-Cola foi a primeira a entrar em algumas províncias, e a Pepsi em outras. Décadas mais tarde, a marca que havia sido a primeira em uma província era a que tinha mais probabilidade de ser a líder do mercado local.

No longo prazo, no entanto, é necessário muito mais para criar vantagem competitiva do que ser um intruso e querer preencher os critérios preexistentes. Pesquisas sobre a formação da preferência dos consumidores mostram que as primeiras marcas a estabelecer fortes associações na mente dos clientes não estão apenas associadas às dimensões primárias; elas definem de forma ativa as expectativas e as preferências dos consumidores nessas dimensões. Essas marcas influenciam quais critérios os clientes usam, assim como o peso que os clientes atribuem a esses critérios em suas decisões. Antes do surgimento da Wrigley, quem sabia como seria a goma de mascar?

Antes da Heinz, quem sabia como seria o ketchup ideal? Na verdade, alguém achava que o ketchup deveria ser espesso? Antes do Google, quem sabia o quão relevante, significativo e rápido poderiam ser os resultados de busca? Essas marcas dominantes não se posicionam apenas com base nos critérios. Elas definem os critérios a serem usados pelo cliente; definem o que os clientes devem procurar, quais devem ser os padrões e as expectativas das pessoas.

As marcas que surgiram no mercado posteriormente, qualquer que seja seu posicionamento, são comparadas com a pioneira. Gostem ou não, são avaliadas com base nos critérios definidos pela marca dominante. E como as comparações ocorrem junto com os quesitos que a marca dominante ajudou a estabelecer como critérios, considerando sua própria superioridade nessas áreas, as marcas que chegam depois tendem a parecer simples imitações ou cópias. É mais difícil lembrar-se delas e, portanto, têm menos probabilidade de serem levadas em consideração e depois escolhidas.

Em uma série de estudos acadêmicos pioneiros realizados pela Northwestern University's Kellogg School of Management, os participantes foram informados sobre uma nova categoria de software que deveriam avaliar.[3] A Marca A foi apresentada primeiro para metade dos participantes, e a Marca B foi apresentada primeiro para a outra metade. A Marca A era dominante na dimensão X, enquanto a Marca B era dominante na dimensão Y. Os resultados mostraram que os participantes que haviam visto a Marca A primeiro preferiram-na em relação à Marca B, e vice-versa. Em outras palavras, o pioneirismo foi uma vantagem, pois levou a primeira marca a surgir antes das demais na mente do usuário. Mas os resultados realmente interessantes mostraram que os pontos ideais dos consumidores – o que eles consideravam a combinação ideal das dimensões – mudavam em direção à marca que haviam visto primeiro, sem importar se era a Marca A ou a Marca B. A marca dominante tornou-se o padrão em relação a como um produto naquele espaço *deveria ser*. Além disso, os atributos ou características associados à marca que os participantes viram primeiro tornaram-se o critério mais importante ao avaliar as marcas vistas posteriormente. É assim que as marcas dominantes formam um campo gravitacional que atrai as preferências do cliente em direção à marca dominante. As marcas que chegam depois não têm essa força gravitacional. Essa atração mental é a vantagem competitiva das marcas pioneiras na definição dos critérios na mente dos consumidores.

Em um estudo que realizei recentemente com meus alunos de doutorado, analisei o que ocorre quando uma marca dominante em uma categoria de produto lança uma inovação radical. Por exemplo, o que acontece quando a Maytag ou a Whirlpool, consideradas marcas dominantes de lavadoras, lança uma lavadora que não usa água? Quando os anúncios desses produtos foram exibidos, os consumidores passaram a ver as marcas dos outros concorrentes como não tão típicas dentro da categoria de lavadoras. A avaliação dos concorrentes foi mais baixa do que antes de a inovação ser lançada. Nossos resultados sugerem que a marca dominante pode mudar as percepções do consumidor da categoria inteira com o lançamento de uma inovação radical. Quando uma marca menos dominante lança a mesma inovação, não há uma mudança correspondente nas avaliações do consumidor em relação às outras marcas. A marca dominante parece ser a única com o poder de mudar o centro de gravidade da categoria.

O domínio de um critério também tem vantagens importantes que se esgotam ao longo do tempo. Uma marca dominante atrai novos clientes porque está no centro de suas categorias. Diante dos resultados, Gregory Carpenter e Kent Nakamoto, os autores dos primeiros estudos sobre a formação da preferência do consumidor concluem que: "O processo de formação da preferência produz uma estrutura de preferências que torna a fatia de mercado pioneira invulnerável aos concorrentes, mesmo que os custos com a mudança sejam mínimos e as marcas consigam reposicionar-se".[4] Ou seja, as marcas pioneiras na definição dos critérios dos clientes para efetuar uma compra em uma categoria parecem ter uma licença para definir as linhas internas do campo de batalha no qual elas e outras marcas concorrerão. Nossos estudos sobre o lançamento de uma inovação radical sugerem que os concorrentes podem redefinir as linhas mesmo quando o jogo estiver em andamento.

Na categoria de fraldas descartáveis, há um vai e vem muito forte de clientes. A maioria dos novos pais torna-se cliente por dois a cinco anos, dependendo do número de filhos que têm, e então saem do mercado, enquanto um novo grupo de pais "frescos" entra no mercado. Todos os anos, a categoria perde pelo menos 20% de seus clientes. Em um determinado momento, pouquíssimos clientes atuais estão no mercado há mais de cinco anos. Apesar desse vai e vem constante e da concorrência acirrada, a fatia de mercado da marca líder do mercado, a Pampers, é relativamente estável, acima dos 30%.

A Pampers tem níveis altos de conscientização e visibilidade no mercado, por isso tende a ser a primeira na mente dos consumidores. Assim, ajuda a definir os critérios que são importantes para os clientes. A associação da marca ao principal critério funcional na categoria, a absorção, cria uma vantagem competitiva duradoura. Os concorrentes que alegam ter um desempenho semelhante com base no mesmo critério tendem a ser vistos como imitações, com falta de credibilidade ou, no mínimo, capacidade de estabelecer preços diferenciados.

Em resumo, as marcas dominantes são aquelas que estabeleceram uma forte associação a um critério de compra. Por convenção e lógica, as primeiras marcas a entrar no mercado tendem a escolher os critérios que são os mais importantes na sua categoria de produtos. E mesmo que uma marca nova escolha critérios que não sejam os principais no momento, os critérios escolhidos podem tornar-se os principais porque a marca dominante os escolheu. Uma marca dominante exerce influência sobre os critérios que os clientes usam e o peso que atribuem a esses critérios, porque isso dá credibilidade ao ter sido a primeira a criar a associação e também pelos investimentos consideráveis em propaganda. Essas forças sustentam uma duradoura vantagem competitiva *downstream*. Claramente, a lição é criar associações fortes com o principal critério de compra e fazer isso na etapa inicial do ciclo de vida de uma categoria de produtos.

Mas nem todos os concorrentes podem ser os primeiros. Então, o que fazer se você entrar depois em uma categoria no mercado? Se você descobrir que os critérios principais já estão ocupados, qual será a estratégia ideal?

Desafiando a ordem estabelecida

A não ser que a empresa que chegou por último ao mercado ofereça algo a mais, como um novo recurso poderoso ou um preço mais baixo, o cliente quase não tem motivo para abandonar uma marca famosa e experimentar uma nova marca desconhecida. A necessidade de oferecer algo a mais torna a entrada no mercado algo muito caro para aqueles que chegam por último e pode até mesmo tornar-se um impedimento para alguns, consolidando assim a vantagem competitiva da marca dominante. Mas apesar do risco de perder sua distinção e ser ofuscada pela marca dominante, algumas das últimas empresas a entrar no mercado optam por uma estratégia de "cópia", posicionando-se como substitutas similares, com pouquíssima diferenciação.

Há razões compreensíveis, às vezes até ideais, para essa estratégia. Por exemplo, a pesquisa de mercado da última empresa a entrar no mercado sugere que é aí onde está o centro de gravidade das preferências do cliente, então para quem chega por último é muito difícil ou arriscado em termos organizacionais fazer algo diferente. Outra razão é que a diferenciação é tecnologicamente difícil, e a imitação é uma estratégia mais fácil. Ou que a marca que chega por último sempre desempenha um papel secundário, e seus aspectos econômicos foram traçados para gerar uma margem satisfatória ao atuar à sombra do principal concorrente. A marca que imita reconhece que talvez nunca tenha uma grande fatia de mercado: seus preços, seu posicionamento e sua qualidade sempre serão avaliados em comparação à marca dominante. Sempre será superada pela marca dominante – distribuidores, varejistas, clientes e investidores sempre preferirão a marca dominante. Apesar das desvantagens, o mercado normalmente precisa de um segundo concorrente, mesmo que apenas para evitar depender excessivamente de um único fornecedor. Mais ainda, a falta de escala da última empresa a entrar no mercado e seus preços mais baixos significam que suas margens são quase sempre menores do que às do líder. Todas essas consequências são resultado de uma falta de influência sobre os critérios de compra dos clientes – as marcas que imitam pegam carona nos critérios criados e dominados pelo líder de mercado. Apesar disso, algumas marcas atuam felizes no espaço das imitações e demonstram que este é um espaço viável.

No entanto, uma posição de "cópia" não é a única oportunidade disponível para as empresas que chegam ao mercado por último. Os concorrentes secundários dispostos a investir na vantagem *downstream* podem tentar definir seus próprios critérios de compra. Os critérios secundários são uma oportunidade óbvia para diferenciação. Os concorrentes secundários normalmente usam a segurança, a conveniência, o estilo ou o design como critérios de compra quando a marca dominante já ocupou as dimensões relacionadas com o desempenho. Às vezes, ao igualar-se nos critérios primários e enfatizar a importância dos critérios secundários que favorecem os últimos a entrar no mercado, um concorrente secundário ambicioso pode até tentar superar a marca dominante.

Consideremos os três concorrentes no mercado de medicamentos para disfunção erétil avaliado em $5 bilhões. O Viagra da Pfizer, o primeiro medicamento para disfunção erétil, pegou o mercado de surpresa quando foi lançado em abril de 1998, com um recorde de 600 mil receitas prescritas somente naquele mês. Até o mês seguinte, as pesquisas mostravam que 64% dos adultos norte-americanos sabiam para que o Viagra era usado, um nível impressionante de conscientização para um produto farmacêutico que acabava de ser lançado.[5] Depois de dirimir as dúvidas sobre a segurança do produto (dúvidas estas que causaram uma queda acentuada nas vendas logo no início da vida do produto), a marca continuou seu crescimento vertiginoso. A vida limitada da patente de moléculas e a entrada potencial de concorrentes levaram as empresas a maximizar o esforço de vendas e marketing logo no início do ciclo de vida do produto. Ao preço de $10 a dose e com uma margem bruta de 90%, o Viagra podia dar-se ao luxo de esbanjar em marketing e vendas. Os esforços incluíam um orçamento anual com propaganda de $100 milhões, com comerciais na televisão voltados para os pacientes-alvo em países onde os comerciais eram permitidos, e um impulso nas vendas com 700 mil visitas anuais aos médicos realizadas pelos vendedores do Viagra.

Ao estimular os pacientes a discutir os sintomas com seus médicos, a marca basicamente criou o mercado para disfunção erétil, até então praticamente inexistente. O Viagra tornou-se famoso como *a* solução para disfunção erétil. O critério de compra utilizado foi a eficácia: o produto resolvia o problema, cumpria o seu papel. Até 2001, as vendas anuais do Viagra alcançaram $1,5 bilhão, e ainda não havia nenhum concorrente no mercado, embora estivesse claro que outras empresas farmacêuticas tivessem se dado conta do tamanho, crescimento e lucratividade do mercado.[6]

Em setembro de 2003, a Bayer, empresa farmacêutica alemã, lançou o primeiro concorrente do Viagra, com a marca Levitra. O produto da Bayer tinha um perfil muito parecido com o do Viagra e foi lançado como uma forma de "melhorar a experiência sexual". Havia três opções estratégicas abertas ao Levitra. Primeiro, ele poderia ser posicionado como superior ao Viagra nos quesitos eficácia e desempenho. Segundo, poderia ser posicionado como igualmente eficaz, mas com um melhor perfil de segurança (embora, logicamente, precisasse de credibilidade e demonstrações comprovadas nesse aspecto). Ou terceiro, poderia ser posicionado como uma cópia, oferecendo um benefício semelhante ao do Viagra a um preço um pouco mais baixo. Segundo Nancy Bryan, executiva de marketing da Bayer, os pacientes queriam "melhorar a qualidade de suas ereções, ter uma ereção bem rígida e que durasse o suficiente para uma experiência sexual satisfatória".[7] Em outras palavras, o Levitra esperava estabelecer-se na dimensão da eficácia. O gasto com propaganda da marca ficou na faixa dos $50 milhões e $75 milhões, e o impulso das vendas foi até maior do que o do Viagra. O preço do produto foi definido um pouco abaixo do estabelecido pelo líder do segmento.

No final de 2003, Lilly Icos, um empreendimento conjunto entre a gigante farmacêutica Eli Lilly e a ICO, uma empresa de biotecnologia, trouxe a terceira marca, o Cialis, ao mercado. Enquanto a formulação e a eficácia do Cialis eram semelhantes às do Viagra e do Levitra, o produto era diferente em dois aspectos. Primeiro, onde os efeitos do Viagra e do Levitra duravam de 4 a 5 horas, o Cialis oferecia uma janela de até 36 horas aos pacientes, o que o tornou potencialmente muito mais conveniente. Segundo, enquanto alguns pacientes do Viagra haviam se queixado de efeitos colaterais como visão azulada, os ensaios do produto da Lilly Icos apresentaram menos efeitos colaterais relacionados com a visão. A pesquisa de mercado para o Cialis mostrou que os critérios principais de prescrição entre urologistas e clínicos gerais eram a eficácia, seguida pela segurança. Esses dois critérios tinham uma importância relativa de 70%. Em comparação, a duração tinha uma importância relativa de menos de 10%.[8]

As perguntas estratégicas da Lilly Icos eram se essas medidas de importância relativa não podiam ser mudadas ou se os critérios dos médicos eram maleáveis. O marketing dos benefícios da duração aumentaria a importância desse critério na prescrição e no uso? Ou será que em vez disso o Cialis deveria ser diferenciado por não ter efeitos colaterais, uma vez que a segurança já era um dos dois critérios mais importantes?

O posicionamento foi discutido de forma acalorada antes do lançamento. Finalmente, a campanha de marketing que acompanhava o lançamento do Cialis foi planejada para enfatizar os benefícios da duração. O preço de uma dose era maior do que uma dose do Viagra – uma jogada que enfatizou posteriormente a superioridade do Cialis na dimensão da duração, assim como enfatizou a importância do critério da duração. O preço mais alto e o posicionamento significavam que médicos e pacientes queriam saber o que tornava o Cialis "melhor" do que o Viagra. A resposta era que a duração oferecia muitos benefícios, especialmente a capacidade de escolher o momento de intimidade em uma janela de 36 horas. O marketing do Cialis também diferenciou a marca do Viagra com um posicionamento mais suave, enfatizando o romance e a intimidade em vez do sexo. Relatórios da imprensa descreviam um estudo sobre o posicionamento inicial: "Usuários do Viagra que haviam sido informados sobre os atributos de ambos os medicamentos receberam uma série de objetos e deveriam classificá-los em dois grupos, um para o Viagra e outro para o Cialis. Ursinhos de pelúcia com laço vermelho, sapatos de salto alto e taças de champanhe foram atribuídos ao Viagra, enquanto roupões macios e travesseiros baixos pertenciam ao Cialis."[9] O produto foi lançado no final de 2003, com uma verba de propaganda que se igualava ao gasto da Pfizer com o Viagra.

Os novos critérios de compra foram se popularizando aos poucos, por meio de cuidadosa e meticulosa transmissão de conhecimentos entre médico e paciente, e um marketing insistente, mas em 2012, O Cialis ultrapassou as vendas anuais de $1,9 bilhão do Viagra.[10] Com uma campanha de marketing de uma década, o Cialis conseguiu suplantar a eficácia como o único critério de compra no mercado de disfunção erétil, igualando-se ao Viagra nessa dimensão e tornando a duração o critério de escolha para quase metade do mercado.

A marca torna-se o critério

Algumas empresas têm um objeto ainda maior do que associar sua marca com o principal critério de compra ou lançar novos critérios de compra e torná-los dominantes na sua categoria de produtos. Elas buscam tornar sua marca o critério de compra.

Os critérios são uma estrutura organizacional útil. Ao colocar as marcas disponíveis em uma ou duas dimensões importantes para o cliente, os critérios ajudam o consumidor a simplificar a complexidade do mercado e a dificuldade de escolha. Existem centenas de marcas de computadores no mercado, e cada computador pode ser avaliado sob centenas de perspectivas. Poucos compradores compreendem as especificações técnicas que tornam um computador melhor do que outro. Mas os clientes realmente sabem como simplificar a compra de uma máquina complexa. Durante muito tempo, um critério, a velocidade do processador, superou todos os outros na definição do espaço do computador pessoal. Apresentada como um número resumido inicialmente em megahertz, depois em gigahertz, ela mostra até mesmo aos compradores mais inexperientes em termos de tecnologia a qualidade relativa de um computador. É uma medida simples, intuitiva e fácil de usar com base na qual os computadores podem ser comparados e classificados.

Mas há uma razão pela qual as pessoas usam a velocidade do chip do processador, em vez de outras medidas igualmente informativas sobre o desempenho ou a qualidade ao avaliar os computadores. A razão está na história da indústria de chips para processadores e, especialmente, na estratégia de marketing da empresa líder de mercado, a Intel. Graças à Intel, a velocidade do chip tornou-se a medida que determina o progresso da tecnologia dos processadores e é vista como o indicador principal do desempenho de um computador. Você pode sentir a alegria na declaração da Intel quando a empresa se gaba ao dizer: "Hoje, muitos usuários de computadores pessoais são capazes de reconhecer a especificação e a velocidade do processador, assim como os donos de carros podem dizer se estes têm um motor V4, V6 ou V8."[11]

Isso não quer dizer que a velocidade seja uma medida perfeita ou completa do desempenho de um computador; longe disso. Como qualquer medida sumária de um sistema complexo, a velocidade tem suas limitações: dois computadores com chips com a mesma velocidade de processador podem ter um desempenho muito diferente dependendo do software instalado no computador, da velocidade de transferência das informações por meio da memória, da conectividade com a rede e muitas outras variáveis. Mas a maioria dos compradores deixa esses detalhes para os especialistas e confia apenas na simples medida sumária da velocidade.

No *upstream*, a Intel impulsionou o desenvolvimento de chips mais velozes desde sua fundação no final dos anos 1960. A lei de Moore, enunciada em um documento de 1965 por um dos fundadores da Intel, Gordon Moore, mostrava que o número de componentes nos circuitos integrados havia dobrado todos os anos desde sua invenção em 1958 e continuaria dobrando "durante pelo menos outros 10 anos".[12] Como se vê, a cada 12 ou 18 meses continuou dobrando durante mais de meio século, em grande medida, graças aos esforços de P&D da Intel.[13] Apesar dos desafios competitivos, a Intel mantém a liderança em termos de velocidade há décadas.

No *downstream*, os clientes aceitaram a velocidade como a medida que define a qualidade de um computador, e parece que esse desenvolvimento foi muito recompensador para a Intel. É como se o Toyota Prius de repente descobrisse que todos os compradores de carro no mundo inteiro tivessem adotado o respeito ao meio ambiente como o único critério de compra. O domínio da Intel na dimensão de velocidade, associado à preferência dos clientes por chips mais velozes, transformou a velocidade de clock do processador em uma vantagem competitiva *downstream*, e não apenas em uma proeza tecnológica ou conquista funcional que permite executar os programas de computadores com maior rapidez.

Com o domínio sobre a velocidade bem estabelecido, tanto no *upstream* quanto no *downstream*, a Intel tentou algo ainda mais audacioso. Até os anos 1990, os clientes que compravam computadores não prestavam muita atenção aos chips instalados, assim como hoje os clientes não prestam muita atenção à marca dos chips de memória do computador ou aos chips dos processadores de impressoras, telefones, carros, consoles de jogos ou lavadoras. Mas o chip dos processadores dos computadores tornou-se um critério essencial de escolha graças, em grade parte, ao ubíquo programa de marketing "Intel inside", lançado em 1991.

A campanha nasceu depois que Dennis Carter, vice-presidente de marketing da Intel, percebeu que alguns varejistas no Japão colocavam os computadores com um papel escrito à mão "Intel in it" ao lado deles. O chip do processador é o cérebro do computador. Contudo, esse componente essencial geralmente permanecia no anonimato e invisível para as pessoas que compravam computadores. Os esforços de marketing da equipe de Carter tinham como alvo, até então, os compradores técnicos de componentes de fabricantes de computadores já montados como IBM, HP, Dell, e centenas de pequenos fabricantes de PCs, em vez dos usuários finais de computadores. O marketing voltado ao cliente final era visto como um trabalho dessas marcas de computadores. Porém, gradualmente, Carter e sua equipe perceberam que fazia sentido ter como alvo os usuários finais porque se a Intel se tornasse um critério de compra, os fabricantes seriam obrigados a usar os chips Intel e seria menos provável que mudassem para os concorrentes. A ideia de levar a marca de um chip que estava enterrado bem fundo dentro de um computador para a camada externa e torná-la visível ao cliente final na fase de pré-compra foi o primeiro passo para transformar a marca em um critério de compra.

Quanto mais clientes reconhecessem a importância vital do chip para o computador, mais clientes o considerariam um critério de compra. No entanto, nenhum fabricante de componentes de hardware no setor de computadores havia tentado direcionar a marca de seus produtos para o usuário final. Portanto, a Intel olhou para outros setores para buscar exemplos bem-sucedidos. E encontrou vários, incluindo o antiaderente Teflon da DuPont, a Lycra no setor têxtil, GoreTex roupas à prova d'água, câmbio Shimano para bicicletas, Dolby em sistemas de som, e os adoçantes artificiais NutraSweet no setor de alimentos e bebidas. Cada marca mostrava que a consolidação de marca de um componente ou ingrediente poderia transformar a própria marca em um critério de compra. Cada uma dessas marcas desfrutava de uma vantagem competitiva *downstream* que capitalizava sua conscientização exclusiva entre os consumidores.

Carter e sua equipe vislumbraram a campanha "Intel inside" como um programa de marketing cooperativo que proporcionou inicialmente aos fabricantes de computadores melhores acordos em propagandas, contanto que as empresas usassem o logo "Intel inside" em suas propagandas impressas e nos adesivos fixados nas máquinas. Uma campanha de marketing voltada para o usuário final, que em 1997 incluiu um comercial no Super Bowl, foi realizada para associar a Intel a critérios como tecnologia de ponta, confiabilidade e segurança, e para tornar esses critérios aqueles considerados importantes pelos clientes em suas decisões de compra de computadores. Essas garantias adicionais tinham a intenção de transformar a marca Intel, e o logo "Intel inside", em um critério sumário que abrangesse as dimensões principais de qualidade em um chip de processador. Se a marca Intel conseguisse abranger todas essas dimensões, não precisaria ocupar cada uma delas individualmente. Seis meses após o lançamento, 300 fabricantes de PC haviam aderido ao programa "Intel inside", proporcionando um grande ritmo ao esforço de consolidação da marca.

Mas nem todos os fabricantes de computadores estavam contentes com a campanha. Alguns dos maiores clientes da Intel, incluindo a IBM e a Compaq, apresentaram objeções. A campanha da Intel igualava o campo de batalha e diminuía a diferenciação entre as marcas consolidadas e os fabricantes de clones sem marca. De repente, os clientes começaram a sentir-se mais à vontade em comprar uma máquina de um fabricante de computadores desconhecido, contanto que esta tivesse o selo "Intel inside". O lema da Intel "the computer inside the computer" não caía bem na IBM ou na Compaq, cujas marcas enfeitavam a parte externa do computador. Será que os clientes precisavam realmente de duas marcas para oferecer-lhes garantia em relação à qualidade do computador? Alguns dos maiores concorrentes já podiam ver sua fatia de mercado sendo corroída.

Havia também detratores entre os observadores, tanto dentro quanto fora da empresa.[14] "Acho que é dinheiro jogado fora", disse Michael Murphy, editor do California Technology Stock Newsletter.[15] Drew Peck do DLJ, um banco de investimento de Wall Street, chamou isso de "uma jogada desesperada", e disse também que "as empresas de chips deveriam concorrer com base na excelência tecnológica e não em campanhas publicitárias".[16] Apesar das objeções de clientes e de desmancha-prazeres, a Intel seguiu em frente com a campanha.

Com o tempo, até os fabricantes mais reticentes retiraram suas objeções à campanha "Intel inside". Os que reconheceram que a marca precisava agregar valor maior em relação às marcas dos fornecedores de componentes como a Intel e a Microsoft alcançaram melhores resultados do que aqueles que não conseguiram desenvolver suas próprias proposições de valor complementares e distintas.

Dois exemplos muito diferentes, mas bem-sucedidos, de diferenciação ficam evidentes nas estratégias da Apple e da Dell. O foco da Apple no design e na experiência do cliente em relação ao equipamento tornou o chip em um critério de compra menos importante – os clientes da Apple compram os iMacs por causa dos critérios estabelecidos pela Apple, incluindo design e "usabilidade". A empresa nem mesmo usava os chips da Intel em seus computadores até 2006, e apesar de depois disso ter mudado para os chips da Intel, jamais aderiu ao programa "Intel inside". A Dell escolheu um caminho diferente. Abraçou a campanha "Intel inside" e escolheu focar nos critérios *downstream* – em como o computador é comprado e entregue. Na cadeia de valores de computadores, a Dell ocupa a posição de varejista vendendo mercadorias de marca: o processo de venda é planejado para tornar a compra de um computador uma experiência mais fácil e mais personalizada, e a promessa da Intel de um chip veloz e confiável combina muito bem com a promessa da Dell de uma compra fácil.

Os concorrentes diretos da Intel, os outros fabricantes de chips, também tinham de encontrar suas próprias respostas para o sucesso da campanha "Intel inside". A Cyrix, com sede no Texas, oferecia basicamente cópias de chips a preços mais baixos do que a Intel até ser comprada pela National Semiconductor, que então reposicionou os esforços de design dos chips da empresa para além do espaço dos PCs e evitou uma concorrência direta com a Intel. Outra concorrente, a AMD, durante muito tempo foi vista pelos fabricantes de computadores como uma segunda fornecedora de chips de processadores compatíveis com a Intel, pois costumava fabricar chips sob licença da Intel. Durante o final dos anos 1990, como a marca Intel tornou-se um critério de compra para os usuários finais, a AMD foi esmagada. Os volumes caíam à medida que os clientes insistiam que seus computadores tivessem o chip da Intel. Em resposta, a AMD fez uma aposta arriscada e tentou ultrapassar a Intel na dimensão de velocidade, desenvolvendo o K-6, um chip mais veloz do que o Pentium, o chip mais veloz da Intel no mercado naquele momento. Talvez a AMD esperasse tirar o controle do critério de velocidade da Intel, ou talvez sua decisão fosse uma arrogância tecnológica, o que é mais comum do que achamos no setor de tecnologia. Mas sua vitória durou pouco: alguns meses depois do lançamento do K-6 da AMD, a Intel lançou o Pentium II, e rapidamente reassumiu a supremacia em relação à velocidade. Os clientes continuaram preferindo a Intel, e a AMD finalmente posicionou o K-6 como uma oferta semelhante à da Intel, a um preço mais baixo – uma reviravolta na sua posição de cópia.

Quase ao mesmo tempo, surgiu outro desafio para a Intel. IBM, Motorola e Apple uniram forças para desenvolver e lançar o PowerPC chip, que apresentava velocidades maiores do que os chips mais recentes da Intel. No lançamento, o chip foi visto com certo entusiasmo inicial pela comunidade de engenheiros. Parecia um rival forte. Mas os usuários finais não foram receptivos. Insistiam no "Intel inside," e quando não o encontravam no PowerPC, não se interessavam. O PowerPC, incapaz de tirar o controle dos critérios de compra da Intel, acabou tendo uma existência relativamente anônima dentro dos sistemas de jogos como Nintendo, PlayStation e Xbox. Apesar dos melhores esforços tecnológicos, nenhum fabricante de chips conseguiu acabar com o domínio da Intel sobre os critérios de compra dos clientes. Nenhuma dessas empresas mostrou-se disposta a fazer investimentos necessários na consolidação de marca focada no *downstream* para mudar os requisitos de velocidade e alcançar seus próprios critérios de compra. A Intel continuou com seu domínio e uma margem bruta que ainda gira em torno de 50% e 65% (comparada com a margem bruta da Apple de menos de 43% no início de 2012).[17]

Mas o que os concorrentes não conseguiram conquistar, a evolução do mercado talvez consiga. No final dos anos 2000, como o PC abriu caminho para os tablets e celulares como os principais dispositivos de comunicação e navegação, o domínio da marca da Intel começou a ser desafiado. Fabricantes menores e desconhecidos de chips buscavam nichos de mercado onde pudessem concorrer sem ter de enfrentar a Intel de igual para igual. Com a mudança para os dispositivos móveis, os critérios de compra dos usuários finais e dos fabricantes passaram da velocidade e confiabilidade para mobilidade, menor consumo de energia e avançados recursos gráficos – qualidades que permitiam telas menores, mas de alta resolução. As empresas menores foram rápidas em enxergar essas oportunidades. Desenvolveram chips com configurações de processador flexíveis, para que somente as peças do chip que estivessem sendo usadas consumissem energia. Empresas como a ARM no Reino Unido e a NVIDIA nos Estados Unidos impulsionaram o desenvolvimento desses novos critérios e beneficiaram-se com a mudança para os dispositivos móveis. Mas nenhum fabricante de chip havia conseguido ainda o tipo de domínio sobre os critérios de compra no mercado de usuários finais para dispositivos móveis que a Intel controlava há décadas no espaço do PC. E a resposta completa da Intel ao crescimento do segmento de dispositivos móveis ainda estava por vir. O jogo ainda não havia terminado, já que nenhuma marca de chip havia conseguido ainda capturar os critérios de compra dos clientes para os dispositivos móveis.

O ovo ou a galinha?

Analisando as "*brandscapes*" em várias categorias de produtos, é difícil dizer se as marcas dominantes alcançaram esse status porque se posicionaram de forma estratégica ou por sorte como critério principal, ou se os critérios principais tornaram-se as marcas dominantes porque as marcas dominantes os transformaram assim. A pergunta na mente de muitos estrategistas está mal resolvida, assim como a questão: "o ovo ou a galinha". A observação apenas nos diz que o detergente Tide "is clean you can trust" (é a limpeza em que você pode confiar); que Intel, Google, e FedEx são dominantes na velocidade de processamento em setores onde a velocidade é importante; e que a Samsonite é resistente, leve e durável no mercado de malas de viagem, onde resistência, peso e durabilidade são essenciais. Isso não responde à pergunta: "quem nasceu primeiro, o ovo ou a galinha?".

Podemos vislumbrar um mundo onde o critério principal de compra de um detergente não é o poder ou desempenho, mas a conveniência e o respeito pelo meio ambiente? Ou onde os chips para computadores, motores de busca e serviços de entrega expressa não são avaliados com base na velocidade e sim na conveniência ou no baixo consumo de energia, ou onde malas de viagem são avaliadas com base em sua facilidade de manobras e variedade de cores? E se pudéssemos, será que o mundo estaria cheio de marcas diferentes ou só com a mesma marca? Em outras palavras, as marcas tornam os critérios salientes para os consumidores, ou as marcas apenas se posicionam com base nos critérios salientes? Essa não é uma pergunta apenas acadêmica; é estrategicamente importante. Os gestores querem saber se é a *seleção* do critério (escolher o critério certo) que lhes dará vantagem competitiva ou se são os *investimentos* nos critérios, onde qualquer que seja a escolha dos critérios, a habilidade em marketing pode tornar qualquer critério importante. A pergunta também é interessante além da estratégia. Acerta em cheio uma pergunta de marketing muito antiga: o marketing atende as necessidades preexistentes dos clientes ou ajuda a criá-las?

Uma dica vem da capacidade das empresas de criar critérios considerados triviais, irrelevantes e sem sentido e transformá-los em critérios decisivos para os clientes, assim como das pesquisas que mostram que esses critérios podem ser importantes na diferenciação, nas avaliações dos consumidores e na escolha. Vejamos, por exemplo, o xampu que contém vitaminas ou até "seda", ou o anúncio da cerveja que é "fermentada em madeira de faia", ou o café que é diferenciado por seus "flocos de cristais".[18] Em cada situação, um critério que é objetivamente irrelevante ou sem sentido para a qualidade do produto é promovido pelo vendedor, e adotado pelo comprador, como importante para diferenciar sua marca dentre a concorrência. O critério irrelevante torna a marca exclusiva e lhe dá vantagem. Na medida em que os clientes usam os critérios em suas decisões, a prática demonstra que o pessoal de marketing tem a capacidade de criar critérios como tirar leite de pedra – criar necessidades ou, pelo menos, preferências.

Em algumas categorias, todas as marcas compartilham o critério irrelevante, que os consumidores usam para determinar o valor relativo das ofertas dentro da categoria. Por exemplo, os consumidores avaliam as câmeras digitais usando apenas a medida sumária de megapixels, quando na verdade a medida do megapixel tem pouco a ver com a qualidade das fotos tiradas pela câmera. É o tamanho do sensor de luz e não o megapixel que determina a qualidade da foto.[19] Da mesma forma, as pessoas que compram carros normalmente confiam no cavalo-vapor como medida da potência de um carro, quando na verdade é o torque que elas estão buscando, pois é ele que determina a aceleração, que é a sensação almejada pelos motoristas. Os clientes confiam no número de fios ao comprar lençóis sintéticos, mas o número de fios é irrelevante nos tecidos sintéticos – apenas oferece uma medida da qualidade para fibras naturais como o algodão. Esses critérios irrelevantes tornam-se importantes em parte por causa do esforço publicitário para promovê-los. "Não haveria tanta propaganda sobre os critérios se eles não fossem um ponto de venda", considera o consumidor. Deve haver uma razão pela qual a propaganda de iogurte diz que ele contém 10 bilhões de bactérias: 10 bilhões devem ser melhor do que 5 bilhões; caso contrário, não estariam fazendo propaganda na televisão. Os atributos irrelevantes podem até se tornarem critérios de definição para todo o setor. Definem o campo de batalha no qual ocorre uma luta com armas fúteis e sem sentido. Exceto que já não é mais fútil e sem sentido se o comportamento do cliente depende disso e se os clientes estão dispostos a pagar mais por um produto com algo mais do atributo irrelevante.

O uso disseminado de critérios irrelevantes ou triviais pode tornar-se frustrante para algumas marcas. Por exemplo, como você cria e vende uma câmera com mais qualidade, com um sensor de luz maior, ou quaisquer outros recursos atraentes quando todos os consumidores se importam só com os megapixels? Como os outros critérios têm menos importância, os consumidores não estão dispostos a pagar por eles. Uma vez que um critério como os megapixels torna-se enraizado, as marcas quase não têm outra opção a não ser igualar os concorrentes no número de pixels enquanto tentam apelar aos clientes mais experientes (por exemplo, fotógrafos profissionais) ou nicho de clientes (por exemplo, fotógrafos esportivos) com critérios mais relevantes e uma mensagem com mais nuance sobre a qualidade das fotos.

No entanto, a pergunta estratégica definitiva se resume ao seguinte: você é um criador ou tomador de critérios? Você consegue aumentar a importância que os clientes dão aos critérios que favorecem sua marca em relação à de seus concorrentes? Você é capaz de lançar um novo critério no dicionário e rotinas de compra dos clientes? Ou você se posiciona junto com os critérios que os concorrentes e clientes já usam? Claramente, há benefícios estratégicos ao criar seus próprios critérios e aumentar a importância dos quesitos que lhe favorecem naturalmente. Você é considerado único, tem menos concorrentes, e tem uma associação de longo prazo com esses critérios. Mas mantenha um olho aberto para um tipo de critério muito diferente que pode acabar com o jogo na sua categoria de produto. De vez em quando, os critérios espalhados em toda a sociedade emergem e destroem várias categorias de produtos. Essas podem ser oportunidades para impulsionar o crescimento dos negócios e criar novas marcas. Chamaremos isso de *metacritérios*.

Metacritérios

Vimos que alguns critérios estão associados às marcas e que outros critérios definem as categorias de produtos. Alguns critérios de compra são até maiores do que as categorias de produtos. Formam parte do *Zeitgeist* (espírito da época). Afetam o comportamento do consumidor em várias categorias de produtos. Os exemplos incluem o respeito pelo meio ambiente, comércio justo, saúde e bem-estar, e produção local. Enquanto o lançamento e a importância desses critérios não podem ser controlados por nenhuma marca exclusiva, todas as marcas estão sujeitas à sua influência. Quer queira quer não queira, sua marca será avaliada com base nesses critérios por determinados segmentos do mercado. E dependendo da importância dada aos critérios e do tamanho do segmento, esses metacritérios influenciarão seu posicionamento e sua fatia de mercado.

O lançamento (japonês) do Prius da Toyota, em 1997, um veículo elétrico híbrido que está classificado como um dos carros menos poluentes em termos de emissões, tinha o objetivo de aproveitar o novo critério do consumidor de respeito pelo meio ambiente. O carro foi lançado nos mercados globais em 2000 e desde então já foram vendidos três milhões de veículos. Mesmo com outras montadoras tendo lançado carros híbridos, impulsionando as vendas do segmento de veículos não poluentes para cerca de meio milhão de veículos por ano nos Estados Unidos em 2012, o Prius continua como o concorrente principal. Na verdade, quanto mais consumidores aderem ao critério verde, a primeira marca de carro que levam em consideração é o Prius. Isso não quer dizer que a Toyota tenha abandonado a produção ou a venda de seus beberrões de gasolina, os Land Cruisers. No entanto, a marca Prius criou uma vantagem competitiva formidável em um novo critério de compra. A marca aproveita o aumento da maré de conscientização ambiental do consumidor, o que significa que associar a marca Prius com os veículos não poluentes torna seus esforços de marketing mais eficientes. O mercado ecológico ainda representa uma pequena fatia do mercado total de carros. Mas, à medida que cresce, o Prius está bem posicionado para ser nesse mercado o mesmo que a Heinz e a Coca-Cola representam na categoria de ketchup e refrigerantes respectivamente.

Por razões semelhantes, os vendedores em várias outras categorias de produtos mantêm um olho aberto nos critérios e nichos emergentes, e adaptam suas ofertas para capturar oportunidades junto com esses critérios ou para evitar que os concorrentes possam usar os novos critérios como pontos de entrada. Várias redes varejistas de café, incluindo a Starbucks e a Costa Coffee, têm uma opção de comércio justo para atrair os clientes que preferem tomar um cappuccino sem culpa. No setor de alimentos, os metacritérios de compra mudaram visivelmente passando do sabor essencial para o que é "melhor para você" e agora está caminhando em direção às reivindicações terapêuticas funcionais. Em resposta, várias redes varejistas de supermercados e empresas do setor de alimentos desenvolveram primeiro as opções orgânicas, com baixo teor de açúcar, gordura e sal para atender os clientes usando o critério "melhor para você" e agora estão destacando as vitaminas, cálcio, ácidos graxos ômega-3 antioxidantes adicionais como dimensões principais de seus produtos.

Vale a pena monitorar as macrotendências, pois um novo metacritério pode ser uma oportunidade para posicionar sua marca e capitalizá-la, como a Toyota fez com o Prius, mas também pode ser uma ameaça potencial, dependendo da atual posição da marca. Um assunto que se torna viral na internet pode rapidamente tornar-se um critério de compra. No final de 2003, a Kraft Foods foi pega de surpresa quando o conteúdo de gordura trans dos produtos alimentícios surgiu de repente como um critério negativo de compra (os consumidores estavam se afastando dos alimentos que continham gordura trans) e quando sua marca de biscoito Oreo tornou-se, por consequência, o para-raios dos consumidores descontentes. Um grupo de consumidores da Califórnia entrou com uma ação tentando obrigar a Kraft a parar de vender os biscoitos Oreo para crianças até que esse fabricante pudesse garantir que o produto não continha gordura trans. Atendendo ao novo critério de compra, no início de 2005, a empresa reformulou 650 produtos alimentícios de sua linha para eliminar ou reduzir a gordura trans.[20]

Uma vantagem com um critério é sustentável?

Uma vez que sua marca estabelece uma associação com um critério de compra, será que essa vantagem é duradoura? A Kodak criou uma conscientização em massa da fotografia e do filme para máquinas, e dominou o mercado durante grande parte do século XX. Sua vantagem competitiva *downstream* estava no fato de ser quase um sinônimo de fotografia, em sua presença de distribuição ubíqua, e no seu relacionamento com o varejo. As memórias tornaram-se os momentos Kodak.

Como consequência, a empresa estava bem posicionada para realizar a transição para a fotografia digital, já que os clientes iriam atrás da Kodak. E como pudemos ver, os laboratórios de P&D das empresas eram o celeiro dos avanços tecnológicos de referência na fotografia digital, incluindo o primeiro dispositivo com bateria em 1975 e o primeiro sensor de megapixel do tamanho de uma câmera em 1986.[21] Porém, a empresa não inclinou seu centro de gravidade.

A fotografia digital era vista como uma ameaça à empresa. Uma transição rápida demais para essa nova tecnologia colocaria em risco investimentos, receita, margens, relacionamento com o varejo e o modelo de negócios que a empresa havia construído de forma muito bem-sucedida na área da fotografia. A aversão ao risco e a falta de vontade de matar seu antigo negócio contribuíram para que a empresa protegesse seu negócio de filmes enquanto o mundo tornava-se digital sem a Kodak. Finalmente, a Kodak perdeu sua vantagem *downstream*, tentando agarrar-se à sua vantagem *upstream* que diminuía cada vez mais. A marca permaneceu indelevelmente associada ao filme enquanto outras marcas como Lexar, Sony, Canon, Nikon, e SanDisk chegaram para reivindicar associações com a fotografia digital e rapidamente desenvolveram seus próprios critérios de compra no espaço digital.

Uma consequência da forte associação de uma marca a um critério de compra é que mesmo quando a marca fica para trás em termos de tecnologia ou não é capaz de oferecer o produto, ela continua aproveitando as premissas-padrão dos clientes durante muito tempo. Sua vantagem *downstream* a carrega até mesmo quando o *upstream* fica para trás. As associações dos clientes dão uma bofetada na marca que a protegem das crises e das questões relacionadas com a qualidade. Os clientes demoram a mudar, demoram tanto que mesmo que o declínio apareça, este é gradual, permitindo que a empresa tenha tempo para resolver o problema e enfrentar os desafios.

As marcas são duras de matar. A Microsoft conseguiu reter a maioria de seus clientes mesmo durante a vida do mal concebido sistema operacional Windows Vista, um produto desastroso que teria sido a sentença de morte de uma marca nova no mercado. A reputação da Apple quase não foi afetada apesar dos problemas de sinal do iPhone 4, a cobertura ruim da AT&T, e o constrangimento com o lançamento precoce do Siri, um sistema de inteligência artificial que ainda não estava pronto no momento e os erros nos Apple Maps. A marca resistiu sem problemas a esses deslizes. Às vezes, a vantagem *downstream* funciona tão bem como um amortecedor diante dos concorrentes que pode levar a empresa à complacência: dá aos gestores o espaço que precisam para permanecer imunes aos desafios e aos desafiantes. Quando as vendas do BlackBerry continuaram aumentando, mesmo em 2012 em alguns lugares do mundo, o recém-nomeado CEO sentiu-se livre para declarar o seguinte naquele ano: "Temos dispositivos fantásticos em um ecossistema fantástico. Não acho que seja necessária alguma mudança drástica".[22]

Um meio através do qual as empresas dominantes mantêm sua vantagem *downstream* é enxergar seus esforços de inovação pelas lentes dos critérios de compra. Em vez de desenvolver produtos e incorporar novos recursos aos seus produtos porque detêm a tecnologia, as empresas desenvolvem produtos e recursos que fortalecem a associação com os critérios de escolha. Novos produtos e recursos ajudam a aprimorar o significado dos critérios na mente dos clientes. Vejamos a associação de longa data da Volvo com a segurança. Não é por acaso que a Volvo foi a primeira marca a lançar os para-brisas com vidro laminado (1944), o cinto de segurança de três pontos (1959), freios antitravamento (1984), os sistemas de proteção contra impactos laterais (1995), e a detecção de pedestre com autofreio (2010) como equipamentos-padrão de seus carros, junto com várias outras inovações em segurança. Cada lançamento é acompanhado de uma campanha de marketing que lembra aos clientes as credenciais de segurança da Volvo. As inovações e as campanhas reforçam a associação da marca com a segurança na mente dos clientes e reforçam a importância da segurança em suas decisões de compra. Após anos, as inovações da Volvo normalmente se tornam um equipamento-padrão determinado por lei. Sim, isso iguala o campo de batalha do produto, mas até lá, a Volvo já fortaleceu suas credenciais de segurança na mente dos clientes e está ocupada redefinindo as expectativas dos clientes em relação à segurança com algum novo recurso que os outros carros demorarão a oferecer. A Kodak poderia ter aprendido com a tática da Volvo.

Uma segunda maneira por meio da qual as empresas dominantes mantêm sua vantagem competitiva no mercado é fragmentando o mercado de acordo com os critérios de compra que elas ajudaram a definir. Vejamos o domínio da Nike no mercado de calçados esportivos. Se o critério é a diferença entre tênis para quadras e tênis para fora das quadras, a diferença entre tênis para fazer trilhas e tênis para caminhar, tênis para esportes específicos como caiaque, ou tênis para corredores que preferem correr descalços, a marca sempre esteve à frente na definição das razões que levam os consumidores a comprar tênis esportivos. O desempenho continua o tema abrangente e unificador para a marca, mas em cada um desses esportes a Nike define os critérios de compra por meio de características específicas de design dos calçados. Ela fragmenta o mercado porque clientes diferentes compram por razões diferentes. E ao fragmentar o mercado, a Nike restringe os concorrentes a pequenos nichos, evitando que as empresas ameacem a marca inteira. Seria difícil para um iniciante oferecer toda a gama de tênis que a Nike vende. A fragmentação também cria barreiras para outros grandes concorrentes como a Adidas: varejistas e consumidores exigem uma variedade de produtos semelhantes aos da Nike. A definição constante da Nike dos novos critérios obriga os concorrentes a brincar de alcançá-la, transformando-os em produtos do tipo cópia. Isso reduz a probabilidade de que um concorrente surja para desafiar a Nike da maneira como o Cialis desafiou o Viagra. E se alguém fizer isso, a Nike será rápida em impedi-lo, seja oferecendo um produto concorrente direto ou adquirindo a rival, como fez com a Umbro, marca específica de chuteiras.

Lista de verificação dos critérios de compra

✓ Quais critérios sua marca ocupa na mente dos clientes?

✓ Qual é a força de sua marca na associação com os critérios de compra?

✓ Qual é a importância desses critérios no mercado? Uma grande parcela dos clientes usa esses critérios?

✓ Qual é o peso dos seus critérios nas decisões de compra dos clientes?

✓ Você é um pioneiro em relação aos critérios que ocupa, um seguidor ou empresa que copia os produtos?

✓ Existem critérios que permanecem abertos na sua categoria de produtos? Há critérios que os clientes ainda não usam, mas que seriam importantes na tomada de decisões?

✓ Você está antecipando de forma defensiva a cobertura de critérios ampliando sua linha de produtos?

✓ Se a sua empresa entrou posteriormente no mercado, você escolhe conscientemente uma estratégia de diferenciação ou de cópia?

✓ Ao buscar uma estratégia diferenciada, você se iguala à marca dominante em relação ao critério que antes a diferenciava?

✓ Sua marca é um critério de compra na categoria? Poderia ser?

✓ O que você está fazendo para manter a vantagem competitiva *downstream* das associações da marca com os critérios de compra?

✓ Quais são os novos critérios de compra na sua categoria? Você tem uma estratégia para cobrir esses critérios por meio de uma ampliação da marca ou da linha de produtos, ou de novas marcas?

✓ Quais metacritérios poderiam afetar sua categoria? Eles são ameaças ou oportunidades?

✓ Como suas atividades *upstream* contribuem para fortalecer sua vantagem *downstream* em relação aos critérios de compra?

✓ Como você usa a inovação ou a característica do produto para fortalecer e sustentar sua posição em relação aos principais critérios de compra?

8

Conhecendo quem são seus concorrentes

O MERGULHO PROFUNDO na mente do cliente, apresentado no Capítulo 6, estabeleceu o limite externo (economia cognitiva), e o Capítulo 7 analisou as linhas internas (critérios de compra) na mente dos clientes. Com base na metáfora, agora vamos estudar as regras do jogo.

Sem concorrentes, não haveria jogo. Você e seus concorrentes estão disputando posições ideais na mente, na atenção e, em última análise, na apreciação e na escolha dos clientes. A competição por recursos do mundo real (seja presença na mídia, espaço nas prateleiras, matérias-primas ou talento) é um mero substituto para a verdadeira batalha por recursos cognitivos dos clientes. Para vencer a batalha por um lugar na mente do cliente, você deve entender as regras pelas quais o cérebro armazena e processa as informações sobre sua empresa e seus concorrentes.

Vamos começar com uma pergunta: quem são os seus concorrentes? Pare um minuto e faça uma lista de seus adversários. Depois de citar dois, três ou quatro concorrentes que considera seus rivais mais próximos, pergunte-se como você sabe disso. Como sabe que estes são seus concorrentes? Eles são as empresas que mais frequentemente disputam o fechamento de negócios com a sua? São as marcas que dividem as prateleiras com os seus produtos? São as ofertas que aparecem perto de sua marca nos resultados de pesquisas em um site de busca na internet? São as empresas que competem com a sua por recursos, funcionários e pela participação na carteira do consumidor? Se a empresa ou marca é seu concorrente, então a resposta será "sim" a pelo menos algumas dessas questões. Mas, em última análise, apenas uma condição determina se o seu concorrente pertence à lista: se os seus clientes-alvo incluem o concorrente entre as marcas que escolhem ou pelo menos levam em conta. A análise e a escolha ocorrem na mente do cliente.

Então, vamos fazer esta pergunta com uma visão inclinada ao *downstream*. Em vez de perguntar quais marcas você considera seus concorrentes, pergunte quais as marcas o cliente avalia antes de fazer uma escolha. Agora, em vez de quebrar a cabeça para chegar a uma lista, procure encontrar uma maneira de entrar na mente dos clientes. Isso não é fácil, mas vale a pena tentar, pois a sua relação pode ser diferente da lista dos clientes. Invariavelmente, a lista que o cliente tem em mente é mais relevante e indicativa de sua verdadeira concorrência do que a que você elaborar no conforto do seu escritório. As listas dos clientes podem conter surpresas. É possível, por exemplo, que um importante concorrente para um relógio suíço Omega, na casa de $3.000, seja uma câmera Nikon? Será que os gestores da Omega ou da Nikon considerariam a outra marca como um rival de peso? Suas estratégias competitivas foram explicitamente projetadas para levar em conta os concorrentes de outra categoria de produtos? Devem ser, pois parece que essas marcas realmente competem na mesma quadra. Muitos varejistas online passaram a oferecer ao consumidor uma lista de produtos que outros clientes adquiriram ou viram depois de observar o item original. De acordo com a Amazon.com, é provável que os clientes que compraram um relógio Omega Seamaster também deem uma olhada numa câmera Nikon D800 Reflex de lente única (que também custa cerca de $3.000).

Atuando no conjunto de opções

Os produtos e as marcas que os clientes consideram antes de comprar os de sua empresa são seus concorrentes. Os produtos e as marcas que os clientes compram após analisar o seu também são seus concorrentes. Ambos os conjuntos de produtos e marcas são extremamente importantes. De todos os produtos e marcas disponíveis para atender a uma determinada necessidade, o cliente geralmente considera poucas opções antes de escolher uma para comprar, mesmo no mais elaborado dos cenários de compra. Esse punhado de marcas é o conjunto de opções – seus concorrentes mais próximos. O consumidor avalia as marcas incluídas nesse conjunto com base em um número reduzido de critérios antes de finalmente efetuar a compra. Antes de entrarmos em uma compreensão mais detalhada do processo de compra, vejamos três questões críticas sobre a estratégia competitiva do ponto de vista do profissional de marketing:

1. Como é possível ter certeza de que sua marca está entre o conjunto de marcas consideradas para compra por parte do cliente?

2. Como garantir a existência do mínimo de marcas no conjunto de opções para o máximo de pessoas possíveis? Como ter certeza de que sua marca faz parte desse seleto grupo?

3. Por fim, o que as outras marcas são no conjunto de opções e como você pode ter certeza de que a marca de sua empresa será a escolhida na hora da compra?

Agora vamos nos aprofundar um pouco mais no processo mental dos consumidores para entender como você pode aumentar sistematicamente suas chances em cada uma das três perguntas estratégicas.

Entrando no conjunto de opções

Para abordar as questões, vamos voltar para a ideia central dos critérios de compra. Associar sua marca aos critérios de compra é apenas o primeiro passo para influenciar o comportamento do cliente. Uma próxima etapa importante é entender e influenciar o modo como os clientes usam esses critérios de compra. De acordo com pesquisadores de marketing que estudaram o comportamento do consumidor, os clientes simplificam o grande conjunto de alternativas disponíveis em um número muito menor de opções, estabelecido por regras práticas que usam determinados critérios, por exemplo, características dispensáveis ou indispensáveis.[1] Qualquer uma das características a seguir poderia ser indispensável para consumidores que estão criando um conjunto de opções para escolher um automóvel: deve ter seis lugares e espaço para o cão, deve ser híbrido, deve ter o preço fixado abaixo de $25.000, deve ser fabricado no país, deve ser de empresa alemã, deve rodar pelo menos 16 quilômetros por litro de combustível na estrada e deve ser fácil de estacionar. Os critérios dos clientes são tão difundidos, que as montadoras costumam definir os segmentos-alvo – por exemplo, carros grandes, ecologicamente corretos, econômicos, de fabricação nacional, de design e tecnologia alemã, com melhor desempenho de combustível e o de veículos urbanos – com base neles. De acordo com esta definição, um segmento é um conjunto de consumidores que fazem tanta questão de uma determinada característica, que resolveram usá-la como critério de corte ao formar seu conjunto de opções.

Desse modo, seu primeiro objetivo estratégico é convencer o maior número de clientes possível a usar os critérios de exclusão em favor de sua marca. Naturalmente, as marcas de automóveis alemães competem entre si, mas também têm um interesse coletivo em garantir que um segmento significativamente grande de consumidores fascinados o suficiente pela mitologia da engenharia alemã para usar essa predileção como um critério de exclusão na elaboração de seu conjunto de opções. Se você pesquisar nos fóruns de discussão online de fãs de carros alemães, verá que para este segmento de clientes, um Lexus, um Infiniti, um Acura e todas as marcas de automóveis japoneses de luxo não se comparam com a solidez e a dirigibilidade de um alemão fabricado pela Mercedes, BMW, Porsche ou Audi. O "selo alemão", como heurística de simplificação, torna a decisão do consumidor muito mais fácil, pois elimina uma grande faixa de marcas disponíveis que são irrelevantes para a escolha neste segmento. Este grupo está tão convencido da superioridade da engenharia alemã que, ano após ano, voluntariamente ignora os resultados dos testes da *Consumer Reports*, que colocam as marcas japonesas, como Honda, Infiniti e Subaru, em posição superior em termos de dirigibilidade e confiabilidade. Os consumidores deste segmento também ignoram as avaliações anuais de confiabilidade e satisfação do cliente publicadas pela J.D. Power & Associates, que mostram como as marcas alemãs estão ficando para trás, e aceitam o custo anual maior de possuir um veículo alemão. O profissional de marketing das marcas alemãs não poderia esperar por um melhor critério de exclusão ou um conjunto de clientes mais convictos. Afinal, para os gerentes de marketing da BMW, seria muito melhor limitar seu conjunto de concorrentes a Mercedes, Audi, Porsche do que ter de competir com um número muito maior de marcas. Um dos benefícios das comparações com essas marcas é que elas melhoram o valor relativo da BMW por dólar em relação ao cotejo com um conjunto mais amplo de marcas menos caras.

A marca Volkswagen, há muito posicionada pelos profissionais de marketing e vista pelos clientes como uma marca econômica nos Estados Unidos, às vezes tem tentado beneficiar-se da admiração dos fãs da engenharia alemã, enfatizando suas raízes germânicas. A associação com a nacionalidade "alemã" é o bilhete de entrada da Volkswagen no conjunto de opções – afinal, ela é a maior fabricante de automóveis da Alemanha, superando a produção de todas as outras marcas juntas. Mas a inclusão no conjunto de opções não é o mesmo que os números de produção. A marca se beneficiaria se os consumidores incluíssem a Volkswagen em sua lista de carros alemães, se várias das associações de solidez e dirigibilidade dessa categoria também atingissem a marca, superando as associações anteriores mais inclinadas à economia.

Feche a porta atrás de você

Como integrante de um conjunto de opções, sua empresa tem um segundo imperativo estratégico: assegurar que a inclusão no conjunto continue acontecendo da maneira mais exclusiva possível. Um conjunto menor significa menos concorrentes e, na melhor das hipóteses, uma competição menos intensa. Em um estudo com consumidores à procura de computadores, descobri que os que adquiriram um iMac, avaliaram 2,11 marcas, enquanto os que compraram um PC baseado no Windows analisaram 3,35 marcas antes de decidir qual produto levar para casa. Os critérios de exclusão que levaram os consumidores a considerar um iMac foram baseados no diferenciado posicionamento do equipamento (o uso de um sistema operacional diferente, a ênfase no design e na usabilidade e o preço mais elevado). Quando esses aspectos são usados como critério de exclusão, inúmeros concorrentes são eliminados automaticamente e o iMac acaba incluído em um conjunto de opções muito menor do que os PCs baseados em Windows.

Da mesma forma, os compradores do Mini analisam um conjunto de opções muito menor do que os consumidores de um Honda Civic, por exemplo, que também consideraram modelos como o Toyota Corolla, o Ford Focus, o Chevrolet Cruze, o Hyundai Elantra, o Mazda 3, o Nissan Sentra, o Volkswagen Golf, entre outros. Os compradores do Mini, por outro lado, muitas vezes já se convenceram de que este é o carro desejado antes de começar a pesquisa de compra.

Uma maneira de tornar o conjunto mais exclusivo é convencer os consumidores a elevar o nível de exigência ao definir os critérios de exclusão, deixando de fora os concorrentes que não se encaixem no novo padrão mais rigoroso. Pense na acirrada disputa que acontece na hora de se definir a qual geração um determinado modelo smartphone pertence. Os consumidores estão cientes de que existe uma correlação entre a geração da rede (o G) e as velocidades de transferência de dados da rede, mas o significado real dos Gs se encerra no campo de batalha da concorrência. Os fabricantes de smartphones devem atender aos mais recentes requisitos dos clientes ou estarão fora do jogo. Hoje, poucos consumidores pensariam em comprar um 2G ou mesmo um 3G, que era o padrão há cerca de dois anos. E dado o ritmo do desenvolvimento da tecnologia de rede, a "nota de corte" continua a aumentar, com critérios como LTE (evolução de longo prazo, uma tecnologia de rede que acelera a transferência de dados) estabelecendo os novos padrões. A acirrada disputa que segue esses critérios do cliente explica por que as empresas investem pesado em P&D e encontram-se em uma verdadeira roda-viva de desenvolvimento de produtos.

Mas o avanço tecnológico se transformará em uma vantagem competitiva *downstream* apenas se os clientes o utilizarem como um critério de compra. Do contrário, será apenas um capricho tecnológico interessante e, como tal, os investimentos feitos em seu desenvolvimento serão apenas um meio de seu produto permanecer no jogo, com pouca chance de proporcionar os retornos esperados. Para as empresas que inclinam seu centro de gravidade, o objetivo é desenvolver recursos tecnológicos que os concorrentes não possam copiar facilmente e que os clientes usem como critérios para eliminar inúmeras alternativas de seu conjunto de opções.

Agora, se você chegou até aqui, deve estar prestando atenção e já deve ter notado que os dois imperativos estratégicos discutidos até agora podem estar em desacordo um com o outro. Por um lado, você quer convencer o maior segmento possível de consumidores a usar seus critérios de exclusão. Por outro lado, você quer limitar o número de marcas que entram no conjunto de opções. Quanto mais "exclusivo" o conjunto, menor o número de pessoas que poderão usá-lo. Graças a esse trade-off, as opções estratégicas do profissional de marketing muitas vezes se afunilam na escolha entre uma abordagem de nicho de mercado (por exemplo, um iMac e um Mini), em que a concorrência ocorre entre um número menor de adversários no conjunto de opções, e uma abordagem de mercado mais amplo (por exemplo, um computador Dell e um Honda Civic), com a dificuldade adicional de um número maior de concorrentes. Vale a pena dar atenção à escolha da abordagem, pois a maioria das marcas acerta ao escolher uma delas.

Mas muitos produtos e marcas inovadoras compartilham uma característica comum: eles eliminam o dilema, pois conseguem convencer um grande número de clientes de que são tão diferenciados que não existem outras marcas que possam ser incluídas no mesmo conjunto. Marcas como Walkman, iPod, iPhone, Red Bull, Swatch, Beanie Babies, Häagen Dazs, Wii, lâminas Gillette e Walmart desfrutam de um grande número de admiradores, pois são atraentes para um grande mercado ao mesmo tempo em que conseguem se manter em um seleto conjunto de opções do consumidor exigente. Como vimos no capítulo anterior, a Intel garantiu a transformação da própria marca em um critério de exclusão no segmento de chips para PCs, graças à sua campanha "Intel inside" que lhe rendeu a primazia de, muitas vezes, ser a única opção considerada na pesquisa de compra, ao mesmo tempo em que tem apelo junto ao grande público.

Quem mais está no conjunto de opções?

O terceiro passo estratégico para os profissionais de marketing é influenciar não só o tamanho do conjunto de opções, mas também a composição deste. Em outras palavras, você começa a influenciar quem mais entra no conjunto de opções com sua empresa. Sim, você pode ter algum peso na hora em que o consumidor decide quais marcas serão incluídas no grupo de opções. O site de automóveis Honda, como o de muitos fabricantes, felizmente oferece aos seus visitantes uma ferramenta que lhes permite comparar o Civic com marcas concorrentes, como Toyota Corolla, Chevrolet Cruze e Ford Focus, mas que não inclui modelos como Hyundai Elantra, Nissan Sentra, Versa ou Mazda 3. A ausência das marcas Nissan e Mazda pode ser atribuída às pequenas fatias que elas detêm do mercado, mas a exclusão do Elantra chama a atenção porque este é o mais sério adversário para a posição de líder de mercado do Civic. Tudo leva a crer que a Honda não incluiu o Elantra em seu conjunto de comparação sugerida para reduzir a probabilidade de inclusão do carro concorrente nos conjuntos de opções dos consumidores. Naturalmente, os consumidores de hoje podem encontrar comparações de qualquer combinação de produtos nos sites da web se assim o quiserem. Mas ao apresentar seu produto de modo criterioso, os vendedores podem influenciar quais marcas realmente entrarão no confronto, ou seja, quais produtos os consumidores terão interesse em comparar.

O segundo, o terceiro ou o quarto colocado em um mercado, às vezes usam a publicidade comparativa que os coloca em uma competição contra a marca líder – disputa da qual surgem como o vencedor. Este tipo de publicidade comparativa serve a três propósitos. Primeiro, tenta limitar o conjunto de opções para as duas marcas comparadas. Em segundo lugar, aumenta a conscientização (e uso) do consumidor do critério com base no qual a comparação é feita (o que, presumivelmente, favorece o desafiante). Por fim, permite que o desafiante pegue carona no conhecimento da marca líder para introduzir uma marca menos conhecida no conjunto de opções dos consumidores que talvez não a conhecessem ou não a considerassem na avaliação de compra. O líder de mercado raramente se envolve em publicidade comparativa. Como sua marca já é bem conhecida e pertence ao conjunto de opções, seu foco é mantido no reforço dos critérios que os clientes já estão usando. A publicidade comparativa é uma ferramenta favorecida por marcas desafiantes que o utilizam para entrar no conjunto de opções e fechar a porta atrás de si, de modo que as outras marcas não entrem.

Os esforços para influenciar a composição do conjunto de opções não estão limitados a ferramentas de comunicação. Os fabricantes e os revendedores de automóveis têm feito esforços significativos para a manutenção de uma estrutura de revenda baseada nas marcas, na qual as concessionárias vendem apenas marcas não concorrentes, e têm resistido a mudar para um modelo de superlojas independentes que comercializam várias marcas concorrentes. Como resultado, o comprador raramente chega a fazer uma comparação lado a lado dos carros, e pode ser impedido de comparar um grande número de veículos por causa do tempo e dos custos envolvidos em visitar várias concessionárias. A mesma lógica pode ser vista em muitos outros setores. Vejamos a Häagen Dazs, marca de sorvetes superdiferenciados, que oferece aos varejistas freezers expositores dedicados que, por contrato, podem conter apenas os sorvetes Häagen Dazs. Esses freezers limitam a comparação com outras marcas, pois quando o consumidor abrir a porta do freezer, já terá decidido entre os sabores banana split, baunilha e doce de leite da marca Häagen Dazs e estará muito menos propenso a considerar outras marcas.

Trade-offs e moedas de troca

Quando sua marca já faz parte do conjunto de opções, o jogo competitivo muda. Os clientes usam critérios não tão rígidos quanto os de exclusão, mas para fazer trade-offs (concessões). Agora, seu objetivo não é mais eliminar marcas que não se encaixam em suas necessidades, mas escolher a que melhor se encaixa. Dentro do conjunto de opções, com apenas algumas marcas a considerar, os clientes se envolvem na tarefa mais complexa de avaliar vários critérios ao mesmo tempo, trocando economia por confiabilidade, espaço por estilo, esportividade por conforto, e assim por diante. Quando trade-offs são usados, a marca que o cliente acaba escolhendo não é necessariamente a líder em todos os critérios (há muito poucas marcas ou produtos capazes disso), mas sim a que oferece o melhor denominador comum em todos os critérios utilizados no conjunto de opções definido.

Seu primeiro objetivo como profissional de marketing é assegurar que, uma vez inserido nesse conjunto, sua empresa *entenda* quais critérios são importantes para os clientes e a moeda de troca que eles usam em seus trade-offs. De quanta economia de combustível seus clientes podem abrir mão por um maior espaço interno no veículo? Compreender as concessões dos clientes permite adequar seus produtos e suas mensagens a tais moedas de troca. Saber que o espaço interno é mais importante do que a economia de combustível para o segmento familiar permite destacar esse quesito no design do produto, nos folhetos e nos argumentos de vendas. Mas, como vimos no capítulo anterior, compreender e reagir aos trade-offs do consumidor é útil, porém é preciso mais do que esta abordagem passiva.

Assim, a segunda meta do marketing da empresa que é incluída no conjunto de opções é influenciar as concessões que os consumidores estão dispostos a fazer. A tarefa competitiva aqui é, basicamente, aumentar a importância *relativa* dos atributos associados à sua marca, bem como a percepção do valor de sua marca em função desses atributos. Como vimos, os gestores de marca Cialis desafiaram o Viagra pela liderança do mercado, primeiro alterando a importância relativa da duração como um critério de compra para pacientes e médicos, depois demonstrando a inequívoca superioridade da sua marca nesta dimensão.

Vejamos um exemplo. Se você fosse a Volvo, poderia convencer um segmento de consumidores a usar um elevadíssimo padrão de segurança como critério de exclusão – um padrão que deixaria apenas Volvo no conjunto de opções. Este é o principal segmento de consumidores da Volvo. Mas para muitos outros consumidores, o critério de exclusão de segurança é menor e, portanto, é atendido por diversas marcas que também entram no conjunto de opções, no qual outros critérios entram em jogo. Os gestores da marca Volvo gostariam de assegurar-se de que esses consumidores utilizem uma moeda de troca muito alta para o quesito segurança quando se considerarem os demais critérios. Os gestores querem que os consumidores relutem em abrir mão da segurança por quaisquer outros critérios, de modo que os compradores disponham-se até mesmo a aceitar um estilo ou eficiência de combustível abaixo do ideal em troca de uma sensação maior de segurança.

Por outro lado, se você fosse a BMW, gostaria de transformar a segurança em um critério de exclusão básico no conjunto de opções. Seus gerentes de marca teriam como objetivo fazer a segurança deixar de ser tão relevante no conjunto de opções, pois todos os carros desse conjunto já atenderiam aos requisitos de segurança. A BMW preferiria que dentro do conjunto de opções, os consumidores avaliassem os carros com base em critérios como dinâmica de condução, estilo e prazer. Por exemplo, os bem-sucedidos treinamentos de um dia inteiro para motoristas, promovidos pela BMW e ministrados por pilotos profissionais de carros de corrida e rali, começam com os instrutores ressaltando aos clientes (e futuros compradores) os princípios de segurança e a segurança dos veículos BMW. Depois dessa etapa inicial, os alunos passam o resto do dia em demonstrações práticas de destreza e da dinâmica de condução ao volante de veículos BMW. Quanto maior o valor que os consumidores atribuem a estes últimos critérios, menos dispostos estarão a abrir mão deles em troca de outros critérios e mais propensos estarão a escolher a marca BMW entre as demais opções do conjunto.

Envolvimento do cliente

Por enquanto, esta etapa do processo de compra descreve como o cliente limita as marcas disponíveis usando determinados critérios para chegar a um conjunto de opções e, a partir de então, faz trade-offs (trocas) entre outros requisitos para fazer uma escolha. Enfatizei a importância estratégica de associar sua marca a um critério de compra e aumentar a importância desse critério na tomada de decisão dos clientes. Este raciocínio funciona bem para as categorias de produtos de alta implicação, cuja aquisição exige que o cliente se empenhe em processar as informações de mercado sobre marcas e critérios com maior cuidado. Mas para os bilhões de decisões de compra de baixa implicação que os consumidores tomam todos os dias, os processos mais básicos, como a capacidade do cliente de lembrar-se de informações relacionadas com a marca, podem ser importantes na hora de determinar se uma marca será considerada e escolhida. Nessas categorias de produtos, nem todas as marcas disponíveis no mercado entram na disputa por um lugar no conjunto de opções – algumas delas nem sequer será lembrada. Quando uma marca nunca é lembrada, nenhuma das associações meticulosamente elaboradas aos critérios de compra vem à tona, pois tal opção não importa. Os processos de memória são importantes porque muitas decisões de compra são tomadas na ausência de uma lista completa de marcas disponíveis. Quase sempre, a memória tem a ver com o contexto, assim como é o caso de muitas atividades *downstream*.

Como para considerar uma determinada marca o cliente precisa lembrar-se dela, o conjunto de opções também é algo fluido. O conjunto de opções não é estável – ele pode incluir marcas diferentes em ocasiões diferentes – porque as marcas que os clientes se lembrarão na hora da escolha dependem da situação (você pode se lembrar de algumas coisas dentro de um contexto, mas não fora dele). As marcas de sorvetes que o consumidor considera ao fazer sua lista de compras podem ser diferentes daquelas que ele levará em conta quando estiver em frente do freezer expositor no mercado. Para essas compras de baixa implicação, pistas contextuais, como a publicidade veiculada em aplicativos móveis com base na localização, promoções nos pontos de venda e embalagens diferenciadas podem alterar drasticamente a probabilidade de sua marca entrar no conjunto de opções no momento certo.

As pistas contextuais podem inserir uma marca que não seria incluída em um conjunto de opções de outra forma. Do mesmo modo, elas podem excluir concorrentes que normalmente seriam incluídos. A pesquisa mostra, por exemplo, que a recordação de algumas marcas pode ser inibida quando outras marcas são apresentadas como sugestões. Em estudos psicológicos realizados nos Estados Unidos, os participantes que receberam um subconjunto com seis ou oito dicas dos 50 estados dessa nação recordaram-se de apenas 42 ou 44 deles, ao passo que aqueles que não receberam pistas lembraram-se de um número maior de estados. Um efeito semelhante ocorreu quando um subconjunto de marcas em uma categoria foi apresentado e os participantes foram convidados a listar as marcas restantes na categoria.[2]

Os efeitos do bombardeio publicitário nos pontos de venda é uma estratégia de marketing adotada por muitas marcas de baixa implicação. A Procter&Gamble, por exemplo, gasta cerca de metade dos $10 bilhões de sua verba de publicidade nas lojas e não na mídia. Como seria de se esperar, seus produtos de baixa implicação são os mais fortemente anunciados. O mesmo acontece com empresas que vendem produtos como sabão, bebidas, xampu, alimentos consumidos regularmente e serviços de telecomunicações. Como os produtos dos concorrentes desses setores geralmente são indistinguíveis entre si, a competição gira em torno de saturação e publicidade repetitiva. Aparentemente, esse bombardeio publicitário dá à marca uma mera vantagem tática, podendo, por exemplo, oscilar a porcentagem das vendas em favor da Coca-Cola na hora em que o cliente está tomando uma decisão de compra. Talvez a vantagem até desapareceria se a publicidade no ponto de venda fosse removida, não oferecendo nenhuma vantagem duradoura. Mas a meta-análise da pesquisa sobre a simples exposição mostra que, mesmo quando não têm consciência de ter visto anúncios de um produto, os consumidores gostam das marcas às quais foram expostos.[3] Quando agregado em milhões de pontos de venda, o bombardeio publicitário também atua como uma barreira significativa à entrada de concorrentes. E quando se fixa nos espaços estratégicos de publicidade (físicos ou virtuais) onde as escolhas ou conjuntos de opções são formados, uma determinada marca acaba impedindo os concorrentes de ocupar tais espaços.

A necessidade de fornecer pistas contextuais não só influencia as decisões do profissional de marketing sobre onde anunciar, mas também deve influenciar a mensagem transmitida nas propagandas. Seja associando praias, biquínis e festas animadas a uma marca de cerveja, ou uma celebridade a um novo creme dental, quando os profissionais de marketing pensam nas associações a serem feitas no processo de consolidação de marca, a ideia central é levar os consumidores a pensar nos benefícios que obterão com o produto ou criar uma sensação positiva neles. O objetivo é que, quando o consumidor pensar na marca, tais benefícios ou associações positivas lhe venham automaticamente à mente, aumentando a probabilidade da marca ser escolhida. Em outras palavras, um profissional de marketing dedica uma quantidade considerável de tempo à criação de associações que venham à mente dos consumidores quando estes pensarem na marca. Mas a pesquisa sugere que uma meta igualmente importante deve ser inverter a questão e perguntar: "quais associações evocam a marca?". Esse exercício pode aumentar a probabilidade de que cada vez que o consumidor pensar em dieta, compras de supermercado ou em matar a sede em uma tarde quente, o refrigerante Pepsi Diet lhe venha à mente, ou seja, estas pistas contextuais podem servir como "ativadores" de memória para a marca. O desenvolvimento dessas associações com a Pepsi Diet requer prática e ativação repetida. Repetição e publicidade do tipo lembrete são comuns em categorias de produtos de baixa implicação, mas, tradicionalmente, têm sido usadas com a intenção de criar associações evocadas pela marca ao invés de associações que evoquem a marca. Uma exceção interessante é uma campanha publicitária da Wrigley, veiculada recentemente nos Estados Unidos, perguntando: "O que você vai mascar quando eles vierem *te* buscar?"

As regras do campo da concorrência ditam como as marcas competem por consideração, escolha e fidelidade dos consumidores. Para entrar no conjunto de opções, sua marca deve atender aos critérios fundamentais dos clientes. Se você fizer com que os critérios sejam exclusivos de sua marca ou tornar a "nota de corte" tão alta que só a sua marca esteja à altura de fazer parte desse conjunto, conseguirá limitar a concorrência. Se puder convencer um grande número de clientes a usar critérios únicos ou elevados demais, terá uma combinação ideal: um grande segmento com poucos concorrentes. Se o seu produto entrar no conjunto de opções com outras marcas, seu objetivo deverá ser maximizar as chances de que ele seja selecionado para a compra em detrimento dos concorrentes. Para tanto, maximize a moeda de troca relativa entre os principais critérios de posicionamento de sua marca e os de seus concorrentes, aumentando a importância de seus critérios em relação aos dos concorrentes para o maior número de clientes possível.

Quando sua marca for escolhida, o foco mudará para a fidelização do cliente. As fórmulas tradicionais de marketing para fidelização incluem investimentos em satisfação do cliente e os mais elevados níveis de atendimento. As receitas apresentadas aqui são diferentes. As recomendações incluem a construção de um negócio sustentável por meio da compreensão dos processos cognitivos que levam à fidelidade: força da marca, tendência dos clientes em buscar informações que confirmem suas convicções e seus comportamentos, inclinação ao *status quo* enraizado na aversão à perda e no hábito. Cada um desses processos tem uma poderosa influência no comportamento de novas compras, o que explica por que, uma vez estabelecida, a vantagem competitiva *downstream* tende a ser duradoura. No Capítulo 10, mostrarei em detalhes por que a vantagem competitiva *downstream* é sustentável para as empresas que inclinam seu centro de gravidade.

Lista de verificação do processo mental do cliente

✓ Quais critérios de exclusão os clientes usam ao fazer considerações de compra na sua categoria de produto?

✓ Quais são os critérios de exclusão que você gostaria que seus clientes usassem?

✓ Quais empresas ou marcas são seus principais concorrentes no conjunto de opções dos seus consumidores-alvo? Quais seriam elas se os clientes utilizassem os critérios de corte da preferência de sua empresa?

✓ Qual o tamanho da fatia de mercado que você conseguiria convencer a usar os seus critérios de exclusão?

✓ Você pode elevar o nível de exigência dos critérios de exclusão? Isso eliminaria alguns concorrentes do conjunto de opções ou você acabaria perdendo alguns clientes? Essa seria uma troca favorável?

✓ Quando seu produto fizer parte do conjunto de opções, que empresas ou marcas serão seus principais concorrentes? Quais critérios serão os seus pontos fortes?

✓ Qual é a importância dos seus critérios na mente do cliente? O que você pode fazer para aumentar a moeda de troca dos seus critérios em relação aos de seus concorrentes?

Parte IV
Moral da história

9

Derrubando mitos nas guerras do mercado

À LUZ DE nossa compreensão do campo de batalha competitivo abordado nos capítulos anteriores, podemos agora explorar mais detalhadamente seis pressupostos *upstream* convencionais e desenvolver novas estratégias competitivas.

- Para derrotar os concorrentes você precisa ter o melhor produto.
- Para obter uma vantagem competitiva, procure saber o que seus clientes desejam e satisfazer esses desejos.
- Você não pode escolher seus concorrentes.
- Inovação significa produtos e tecnologias melhores.
- Os aperfeiçoamentos tecnológicos aceleram o ritmo e a evolução dos mercados.
- A vantagem competitiva obtida no mercado não passa de "conversa de marketing".

Os melhores produtos vencem a batalha?

O primeiro mito diz que para derrotar os concorrentes, seu produto precisa ser o melhor. O pressuposto por trás desse mito parece indicar que os consumidores, imediatamente e sem nenhum esforço, passam a comprar produtos melhores assim que estes são lançados no mercado. Mas analise esse pressuposto com maior profundidade e encontrará outras perguntas além de respostas sobre como vencer. O que significa um produto melhor? Melhor em quais aspectos? Com base em quais critérios? Melhor para quem? O que os consumidores sabem ou descobrem sobre os melhores produtos?

Para vencer a disputa pela preferência do consumidor, não basta apenas demonstrar que sua empresa tem o melhor produto. Você poderá vencer essa disputa se aumentar a importância do diferencial do seu produto ao avaliar e comparar as escolhas feitas pelos consumidores e se conseguir estabelecer uma forte associação entre sua marca e aquele diferencial – tão forte que a marca passa a ser um sinônimo desse diferencial.

Consideremos as seguintes observações: a BMW proporciona quase tanta segurança quanto a Volvo, e a dinâmica de condução dos veículos Volvo não é tão diferente daquela dos veículos BMW. Nenhuma das marcas afirma que seus produtos são melhores. Mas na mente dos consumidores, as duas marcas estão associadas a características bastante diferentes. E os critérios de compra também são diferentes. A Volvo é sempre associada à segurança, enquanto a BMW sempre enfatizou a satisfação de dirigir, e tem um posicionamento mais "empolgante". E em virtude da ênfase dada a critérios de compra diferentes, as duas montadoras atraem clientes muito diferentes. Um estudo mundial conduzido por uma dessas montadoras tinha como objetivo descobrir o que a palavra "empolgação" significava para os consumidores. O enunciado de uma das perguntas era: "descreva o dia mais empolgante de sua vida". Quando os resultados foram tabulados, constatou-se que os proprietários de veículos BMW descreveram coisas empolgantes que tinham feito – praticar rafting nos rios do Colorado cheios de cachoeiras ou bungee jumping na Nova Zelândia, assistir a um show dos Rolling Stones ou um torneio de tênis em Wimbledon. Por outro lado, o dia mais empolgante da vida dos proprietários de veículos Volvo era, para a grande maioria, o dia do nascimento do primeiro filho.

Posicionar sua marca com base em critérios de compra diferentes significa que dificilmente as duas marcas mencionadas competem; e também não demonstrou que um produto é superior ao outro, pois na verdade eles não estão competindo pelos mesmos clientes ou prometendo os mesmos benefícios. Em virtude dos critérios com base nos quais as marcas se posicionam e aos quais estão fortemente associadas, as duas marcas atraem tipos muito diferentes de consumidores, que esperam coisas muito diferentes de seus veículos.

Ao fazer considerações sobre a compra, o consumidor constata que as duas marcas competem realçando a importância de seus respectivos diferenciais, ou seja, segurança e prazer em dirigir. Quanto mais os consumidores usam a segurança como principal critério na hora de comprar um carro, maior a preferência pela marca Volvo; quanto mais valorizam a experiência de dirigir, maior a preferência pela BMW. Portanto, a competição diz respeito a influenciar os critérios de compra dos consumidores, tornar os critérios mais relevantes e importantes para o consumidor e associar estreitamente sua marca a esses critérios. Não tem nada a ver com demonstrar a superioridade do produto em relação a cada aspecto.

Isso não significa que as atividades *upstream* (das etapas iniciais) de produção de carros mais seguros ou que tornam o ato de dirigir prazeroso não sejam importantes. O produto continua a ser um ingrediente essencial para demonstrar o posicionamento da marca de acordo com o critério escolhido. O produto e suas características transformam as promessas abstratas e intangíveis feitas pela marca em benefícios reais para o consumidor. As inovações dos produtos da Volvo contribuem para que a marca mantenha sua credibilidade no que diz respeito à segurança. As capacidades tecnológicas que permitem o desenvolvimento de carros mais seguros corroboram o imperativo estratégico de criar uma associação duradoura da marca com a segurança. Mas o produto não ocupa uma posição privilegiada no mix do marketing: não é mais essencial do que, digamos, a comunicação ou a distribuição correta. Em uma organização que inclinou seu centro de gravidade ao *downstream*, os produtos, tanto quanto suas outras atividades *upstream* e *downstream*, existem para cumprir as promessas que sua marca faz. Os chips da Intel realmente são bastante rápidos, os veículos da Volvo são projetados tendo em mente a segurança. E em virtude de minhas interações com os executivos e engenheiros da BMW, posso afirmar que eles são obcecados pela experiência prazerosa de dirigir proporcionada pelos veículos dessa marca. Mas os produtos não precisam atender a todos os critérios de excelência. O Prius da Toyota não precisa ser magnífico, apenas ecologicamente correto.

Ouvir os clientes?

O segundo mito é que ser orientado para o mercado é uma vantagem competitiva. De acordo com a definição técnica, uma empresa é orientada para o mercado quando domina uma sequência de atividades cujo primeiro item é ouvir o que os clientes dizem, compreender suas necessidades e desenvolver produtos e serviços que satisfaçam a essas necessidades. Fascinadas por esse mito, as empresas despendem bilhões de dólares e incontáveis horas realizando pesquisas e grupos de foco cuja finalidade é compreender o que os consumidores querem e avaliar suas reações ao produto e às características dos protótipos. Os produtos, preços, embalagens, colocação na loja, promoções e posicionamento são pré-avaliados e ajustados à "voz do consumidor".

O mito, porém, perde força quando observamos as empresas que venceram no mercado não por serem capazes de corresponder às preferências do consumidor, mas sim por guiarem os desejos deste. A história a respeito de Steve Jobs sobre o iPad já virou lenda. Dizem que quando lhe perguntaram quantas pesquisas de mercado estavam sendo desenvolvidas sobre o produto, ele respondeu: "Nenhuma. Não cabe ao consumidor saber o que ele quer". E mesmo quando o consumidor sabe o que quer, perguntar a ele talvez não seja a melhor forma de descobrir. A Zara, varejista de moda rápida, não conduz pesquisas para saber o que os consumidores querem – coloca um número reduzido de peças nas prateleiras das lojas e, se são logo vendidas, a empresa rapidamente fabrica outras peças do mesmo artigo. Caso contrário, rapidamente ela começa a fabricar o novo produto programado. A vantagem competitiva *downstream* das empresas bem-sucedidas que mudam o foco é construída visando influenciar os critérios de compra dos consumidores e, em muitos casos, criando esses critérios.

Todos sabem que no lançamento do primeiro iPhone da Apple Jobs exibiu uma foto dos quatro smartphones que na época dominavam o mercado: o Moto Q, o BlackBerry, o Palm Treo e o Nokia E 62. Fazendo uma retrospectiva, essa foto era semelhante a uma lista de metas de um plano para derrubar a concorrência – nenhum desses telefones sobreviveu por muito tempo ao lançamento do iPhone, e o mesmo fim tiveram algumas das empresas que os fabricavam. Em um pronunciamento ao público, Jobs explicou o que aqueles telefones tinham em comum: um teclado que ocupava metade do espaço útil da parte frontal do telefone. Ele criticou o projeto, afirmando que era uma interface extremamente pobre para um telefone supostamente "inteligente". Com astúcia, Jobs estava introduzindo um critério de compra inteiramente novo que viria a se tornar o aspecto dominante para compradores de smartphones nos cinco anos que se seguiriam: touchscreen (tela sensível ao toque), que proporciona uma interface extremamente flexível e compreende gestos humanos naturais. Por ocasião do lançamento, Jobs vaticinou que o iPhone estava cinco anos à frente de seu tempo. Na época, nenhum dos fabricantes cujos telefones tinham sido mencionados percebeu que seria preciso no mínimo esse espaço de tempo para que um concorrente tivesse condições de desafiar o iPhone, e quando um finalmente conseguiu, não era um dos fabricantes que haviam sido citados no discurso de Jobs. A reação do concorrente que dominava o mercado de smartphones foi característica: "É mais um participante que entra em um espaço já bastante congestionado no qual as escolhas são as mais diversas... Mas dizer que é uma revolução completa comparado ao BlackBerry acho que já é um exagero", disse Jim Balsillie, então CEO da empresa fabricante do BlackBerry. Mais tarde ele complementou: "O que fazemos envolve um grande volume de pesquisas de mercado; fizemos inúmeras pesquisas entre nossos clientes para sabermos o que o mercado espera de uma solução... Não sou muito dado a firulas, minha interface é mais pé no chão que a sua".[1] Sem dúvida!

A Apple não perguntara aos consumidores se eles queriam ou preferiam um dispositivo equipado com touchscreen. O ponto de entrada da Apple na congestionada arena de smartphones seria estabelecer a preferência dos consumidores pela touchscreen, transformar a interface da tela em um importante critério de compra e, desse modo, obrigar os concorrentes a adotar dispositivos com esse recurso ou ficar para trás. Mas havia um pequeno senão: aqueles que aderiram foram, inevitavelmente, considerados seguidores. Não compete aos consumidores decidirem quais os critérios que eles gostariam que você definisse – compete a você.

A importância de definir os critérios a serem utilizados pelos consumidores e de deter a posse destes é salientada por outra lição que muitas vezes foi negligenciada na história do iPhone. A despeito do enorme sucesso da Apple na América do Norte, a história é diferente no mercado mundial de smartphones. Na China, o dispositivo da Samsung suplantou o iPhone no que diz respeito a todos os novos critérios de compra (a touchscreen, o controle por gestos) por mais de um ano. O iPhone é um desafiante, não um pioneiro no setor. Demorou a ser lançado, chegando ao mercado somente em outubro de 2009, e até o início de 2013 oficialmente continuava indisponível na China Mobile, a maior operadora de telefones do país (embora até o presente momento tudo indique que seu lançamento na China esteja iminente).[2] Na China, foi a Samsung quem definiu os critérios do consumidor para a categoria de smartphones. Por essa razão, o iPhone da Apple continua a ocupar um distante sexto lugar no mercado, com uma fatia inferior a 7% comparada aos 24,5% do dispositivo da Samsung. Além disso, até o momento em que escrevo estas linhas, a diferença continua aumentando.[3]

Grande parte dessa diferença é devida à exortação feita aos gestores para que "mudem as regras do jogo". Mas pergunte a alguns deles o que essa frase significa, e obterá as mais variadas respostas. Significa que você deveria tentar suplantar seus principais concorrentes no que diz respeito aos critérios por eles estabelecidos (como as marcas de chips K-6 e PowerPC tentaram fazer superando a velocidade do chip da Intel). Ou a frase seria um lembrete de que você tem o poder de mudar os critérios vigentes no campo de batalha? É surpreendente como muitas empresas têm dificuldade em enxergar além da sugestão anterior.

Uma razão pela qual uma empresa cai na armadilha de tentar suplantar seus concorrentes no que diz respeito a seus critérios já estabelecidos em vez de tentar mudá-los ocorre quando suas pesquisas de mercado dizem que os consumidores valorizam os critérios A e B, e a empresa supõe que esses critérios sejam imutáveis. De acordo com esse pressuposto, os consumidores são elementos racionais, que usam todas as informações disponíveis para encontrar os melhores produtos com base em critérios imutáveis predeterminados. Portanto, sob esse ponto de vista faz sentido perguntar aos consumidores o que eles desejam e se é o caso, portanto, de lhes oferecer algo que satisfaça seus desejos. Essa é outra forma de dizer que se você acenar com uma ratoeira melhor, os consumidores cairão direitinho. Mas o que os consumidores consideram um produto melhor depende de inúmeros fatores psicológicos, muitos dos quais influenciados pelo vendedor. As preferências do consumidor não são imutáveis, tampouco predeterminadas.

É claro que saber qual produto é "melhor" depende dos critérios de avaliação do consumidor. E você representa um papel significativo na definição dos critérios que o consumidor usa para avaliar um produto. Se existe uma lição estratégica tirada das batalhas competitivas que são travadas há séculos é que os critérios dos consumidores são maleáveis. Com o passar do tempo, você pode não só mudar sua posição no que diz respeito a critérios como também redesenhar e redefinir os limites internos do campo de batalha no qual você compete. Essa lição se aplica tanto a empresas que estão desenvolvendo novos mercados (conforme vimos no caso do Viagra) como àquelas que estão desafiando concorrentes já bem posicionados (conforme demonstrado pelo Cialis e pelo iPhone).

Segundo a sabedoria convencional, as empresas orientadas ao mercado tendem a apresentar um desempenho superior ao das "nem tanto", pois as primeiras descobrem o que os consumidores precisam e querem, e alinham seus recursos para fornecer exatamente isso. Por outro lado, vimos que os critérios dos consumidores não são inertes, ou seja, verdades preexistentes esperando para serem descobertas por empresas orientadas ao mercado, mas sim que essas moldam as preferências dos consumidores. As empresas bem-sucedidas não fornecem – elas determinam o que os consumidores querem. No clássico debate que discute se o marketing atende aos desejos dos consumidores ou se cria esses desejos, entendo que as empresas voltadas para a criação desses desejos é que conseguem obter uma vantagem competitiva duradoura. Como um corolário direto, a sabedoria convencional afirma que estar na dianteira significa ser o primeiro a reconhecer e a atender as necessidades dos consumidores. As observações deste livro sugerem que estar na dianteira significa ser o primeiro a definir, de modo produtivo, as necessidades dos clientes e seus critérios de compra, e atualizá-los constantemente.

Você não pode escolher seus concorrentes?

Um pressuposto comum entre os gestores é que assim como você não pode escolher seus familiares, não pode escolher seus concorrentes. Mas em minha opinião, você pode tomar no mínimo três decisões importantes que irão determinar, ou pelo menos influenciar, a seleção de seus concorrentes. Primeiro, sua escolha dos critérios irá determinar o conjunto de seus concorrentes. Segundo, sua ênfase na comparação em contraposição a um posicionamento independente influencia a determinação de seus concorrentes. E finalmente, sua determinação de preços automaticamente o coloca em um determinado conjunto de concorrentes.

Consideremos a Quidel, empresa sediada em San Diego que detinha cerca de 80% da fatia do mercado de produtos médicos, porém apenas 18% do mercado de consumidores de kits para testes de gravidez. A concorrência tornava-se cada vez mais acirrada enquanto o mercado amadurecia, a curva tecnológica se nivelava na horizontal e os concorrentes ofereciam kits de testes com a mesma precisão. A Quidel decidiu que queria abocanhar uma fatia maior do mercado consumidor. Para conquistar o mercado de usuários finais, a empresa poderia ter lançado mão de seu histórico médico de eficácia, precisão e velocidade. Podemos imaginar o comercial da televisão: (uma voz grave ao fundo) "Oitenta por cento dos médicos preferem os resultados definitivos dos kits de teste da Quidel". Mas a empresa optou por um rumo diferente (fazer a pergunta aparentemente óbvia): "Por que os consumidores compram kits de teste de gravidez?".

No fim, a resposta acabou não sendo tão óbvia. Há dois tipos muito diferentes de pessoas que compram kits para teste de gravidez: aquelas que torcem muito por um resultado positivo e aquelas que esperam ansiosamente um resultado negativo. A Quidel argumentou que os dois segmentos devem ser atendidos de forma diferente. Portanto, desenvolveu duas ofertas: uma para "os esperançosos" e outra para "os temerosos". Os produtos eram diferenciados pelo nome, embalagem, preço e localização na loja. Para o segmento dos temerosos, o produto era denominado RapidVue. Era fornecido em uma embalagem estéril toda branca, custava $6,99, e ficava exposto perto das "camisinhas" na gôndola de contraceptivos. Por outro lado, para o segmento dos esperançosos, a empresa projetou uma bela caixa cor-de-rosa com a etiqueta "Babystart" e uma foto de um sorridente bebê de bochechas rosadas. A caixa custava quase 43% a mais, ou seja, $9,99, e ficava exposta perto dos kits de previsão da ovulação. A estratégia segmentada significava que os kits de teste da empresa competiam com base em conjuntos de considerações muito diferentes, dependendo dos critérios de compra que estavam sendo empregados. A Quidel mudara o quesito "quem competia com quem" por meio da abordagem à pergunta básica: "por que seus consumidores compravam seus produtos?".[4]

De modo semelhante, se você atua no segmento de refrigerantes e desenvolveu uma bebida isotônica, tem várias opções para posicioná-la no mercado: como uma bebida para tratar pequenas indisposições digestivas, como um produto para reidratação de atletas ou para aliviar os sintomas da ressaca. Em todos os casos, o produto permanece o mesmo, mas os critérios adotados pelos consumidores são diferentes, assim como os concorrentes com os quais competirá. Ao escolherem uma forma de posicionar o produto, os gestores tendem a dar importância ao tamanho e ao ritmo de crescimento do mercado, mas negligenciam a intensidade e a identidade dos concorrentes. Se você não quiser concorrer com gigantes como a Coca-Cola e a Pepsi, pode escolher um mercado no qual os concorrentes sejam menos poderosos.

A maneira como você transmite seu posicionamento em relação aos critérios que escolheu influenciará também a determinação das empresas que virão a ser suas rivais. Se existirem concorrentes com os quais você gostaria de ser comparado, então não deixe de comparar sua marca às deles, de colocar seu produto perto dos deles nas prateleiras, de comprar espaço de distribuição que enfatize a comparação e de desenvolver tamanhos e formatos que possam ser comparados. Em um supermercado, a Brita, marca de filtros de água, assegura seu posicionamento nas prateleiras perto das águas minerais engarrafadas e também no corredor de utensílios domésticos. O objetivo é fazer parte do conjunto de águas minerais e estimular os consumidores a compararem a Brita às marcas de água mineral Evian e Dasani. No corredor das águas minerais, a colocação da Brita apresenta aos consumidores critérios como preço por litro de água cristalina e a opção ecologicamente correta de não precisar descartar os garrafões de plástico. A empresa leva vantagem em ambos os critérios.

Por outro lado, caso você prefira que sua marca não seja comparada a outras, seria mais interessante divulgar, distribuir e embalar seus produtos de forma a tornar as comparações mais difíceis. Contudo, uma ida ao supermercado ou uma olhada nos catálogos online mostram como as embalagens dos produtos são semelhantes.

(Por que todos os iogurtes são vendidos em embalagens de igual tamanho e formato, e por que a divulgação das marcas é tão semelhante que os consumidores não conseguem se lembrar da marca após terem visto a propaganda?). A falta de diferenciação estimula a concorrência, quando para muitas marcas seria muito mais interessante fazer uma diferenciação.

Por fim, o estabelecimento de preços coloca seu produto dentro ou fora de um determinado conjunto de opções e tem grande influência na determinação de seus concorrentes. Quando a Infiniti relançou o G35, no início deste século, o carro foi aclamado como um forte concorrente do BMW. Vagamente baseado no lendário Nissan Skyline (e vendido no Japão sob a marca Skyline), o carro tinha espaço interior e potência do motor comparáveis às do BMW Série 5. Mas o veículo não teria lutado para competir com o BMW Série 5 por várias razões. Primeira, o BMW Série 5 não é um novo produto da montadora, portanto é destinado a compradores de BMWs experientes ou, no mínimo, a compradores que já tiveram um automóvel de luxo. Além disso, o BMW Série 5 é um automóvel caro, e quando o consumidor desembolsa uma grande quantia não está à procura de valor, mas de uma marca consagrada e de uma proposição de valor já estabelecida. Portanto, fazia sentido para a Infiniti comparar o G35 ao BMW Série 3. A determinação do preço cumpriu esse objetivo. Acontece que as pessoas que compram carros usam o preço como critério de eliminação ao estabelecerem seu conjunto de opções. E o mesmo fazem os jornalistas que cobrem o mercado de automóveis. Como o preço do G35 chegava perto do preço do BMW Série 3, a cobertura de seu lançamento comparou-o ao BMW Série 3 e não ao BMW Série 5.

Conseguir evitar os concorrentes pode minimizar a competição direta, mas não há nenhuma garantia de que os concorrentes atuais não continuarão na disputa. Talvez você ainda tenha de lutar com concorrentes indesejáveis. Mas é provável que eles sejam dissuadidos da luta em virtude da baixa recompensa proporcionada por uma estratégia de cópia. E se você tiver feito seu dever de casa e conseguido fazer com que seus critérios de compra prevaleçam, os concorrentes se verão em uma posição competitiva desfavorável, a menos que arquem com o custo de estabelecer seus próprios critérios.

Contrariamente ao que seria de se esperar, você estará mais capacitado a determinar quem serão seus concorrentes se tiver entrado tardiamente no mercado do que se tiver sido o pioneiro. Um participante tardio pode optar por competir diretamente com um rival ou por se diferenciar. Um concorrente que já esteja no mercado há mais tempo estará sujeito às decisões dos concorrentes que entraram recentemente. Mas o primeiro não ficará impotente: estará à frente dos concorrentes tardios se conseguir redefinir continuamente o mercado, introduzir novos critérios de compra e detalhar os critérios existentes com mais precisão.

A inovação se resume a produtos e tecnologias melhores?

O mito existente de que a inovação envolve melhores produtos e tecnologias leva os gestores a uma dependência excessiva do sucesso de seus produtos nas batalhas competitivas. Dois aspectos do raciocínio focado no *downstream* subvertem esse mito. O primeiro, conforme já constatamos nos diversos *cases* estudados, é a influência exercida pelo profissional de marketing sobre os critérios de compra dos consumidores – e não produtos melhores – que proporcionam uma vantagem sobre a concorrência. Cada vez mais, o valor é resultante da redução de custos para o consumidor e dos riscos envolvidos no ciclo de compra, consumo e descarte encarado como um todo. Para as empresas que mudam o foco, a inovação reside em criar novas formas de valor para os clientes e em identificar novas maneiras de reduzir custos e riscos.

Em uma batalha acirrada, quando um dos participantes passa a adotar essa definição mais ampla de inovação, os concorrentes são pegos de surpresa. Nos capítulos anteriores, vimos como o fato de a ICI mudar da venda de explosivos para a venda de contratos de dinamitação mudou a proposição de valor para os clientes e alterou o jogo para os concorrentes. Vimos também como por meio da oferta de um estoque gerenciado pelo fornecedor a MasterBuilders reduziu o risco que os clientes corriam de zerar o estoque e deixou os concorrentes em dificuldades. Vários outros exemplos neste livro também mostraram como inclinar a inovação para o *downstream* proporcionou mais valor para os clientes sem a necessidade de desenvolver produtos melhores.

A tecnologia como propulsor da inovação?

Às vezes as mudanças de tecnologia representam a maior ameaça à vantagem competitiva. Mas essas mudanças só serão relevantes se afetarem a vantagem competitiva *downstream*. Você não precisa tremer a cada lançamento de produto, a cada novo recurso introduzido por um concorrente – apenas preste atenção àqueles que tentam se apoderar do controle dos critérios de compra dos consumidores. Não foi o advento da fotografia digital, ou as deficiências da Kodak ao tentar aplicar essa tecnologia que, em última análise, colocaram a empresa à beira da falência – foi a incapacidade da Kodak de atualizar as associações feitas entre sua marca e os critérios de compra em constante mutação.

Após mais de um século de experiência com tecnologia de lâminas de barbear, a Gillette ainda controla a ocasião em que o mercado deve se mover em direção à próxima geração de navalhas e lâminas. E embora nas três últimas décadas os concorrentes estejam cientes de que a próxima geração de aparelhos da Gillette incluirá uma lâmina adicional e algum dispositivo de rotação e vibração, eles nunca anteciparam uma terceira, quarta ou quinta lâminas. Por quê? Porque há pouco a ganhar com essa antecipação. A Gillette é dona do critério dos consumidores, e a lâmina adicional será viável e se tornará digna de crédito somente quando a Gillette decidir introduzi-la, apoiada por uma campanha de lançamento de bilhões de dólares. Em outras palavras, a Gillette é dona da dimensão com base na qual a inovação do barbear estiver definida na mente dos consumidores: quatro lâminas são mais produtivas que três, mas somente se a Gillette confirmar isso. Sua vantagem reside no *downstream*. Ela estabelece o ritmo da mudança no setor em virtude de sua influência na determinação da ocasião em que os consumidores devem mudar. Nesse mercado, não são os aperfeiçoamentos tecnológicos que comandam o ritmo e a evolução, mas sim o próprio mercado. A tecnologia é um capacitador.

Os mercados são caracterizados por mudanças evolucionárias, geracionais e revolucionárias, e todas podem ser entendidas como mecanismos da psicologia do consumidor. As *mudanças evolucionárias* ampliam os limites dos critérios de compra existentes: maior potência ou eficiência do combustível quando se trata de carros, maior velocidade de processamento no caso de chips semicondutores, novas lâminas para os produtos da Gillette, comprimidos com maior potência. As *mudanças geracionais* introduzem novos critérios que complementam os velhos e abrem novos segmentos do mercado: gomas de mascar e refrigerantes dietéticos, veículos híbridos, fraldas do tipo "abre e fecha", pílulas tomadas apenas uma vez por dia quando antes era preciso tomar diversas. As *mudanças revolucionárias* não só introduzem novos critérios, como também tornam os antigos obsoletos: os novos controladores dos videogames da Nintendo Wii mudaram a maneira como os jogadores interagem com seus jogos, tornando obsoletas as interfaces mais antigas. As touchscreens e interfaces multitoque nos smartphones mudaram o que os consumidores esperam desse tipo de dispositivo e tornaram obsoletos os aparelhos da geração anterior. Em poucas décadas, uma vacina contra a tuberculose, contra a aids ou a malária tornaria os tratamentos atuais para essas doenças praticamente redundantes.

O poder de transformação do mercado aumenta à medida que você passa de uma mudança evolucionária para uma mudança revolucionária. Em cada caso, a qualidade da inovação dos produtos e o aumento dos benefícios relativos aos produtos atuais contribuem para mover o mercado, porém não garante que ele se transformará. Tanto o chip K-6 da AMD como o chip da PowerPC eram mais rápidos que o chip mais rápido da Intel existente no mercado à época do lançamento de ambos. Mas nenhum dos dois desafiantes conseguiu causar o impacto desejado no mercado.

A tecnologia é uma condição necessária – porém insuficiente – para a evolução dos mercados. Os produtos novos não oferecem nenhuma garantia de sucesso. O marketing oferece o mecanismo para mover os consumidores em direção a mudanças evolucionárias, geracionais e revolucionárias. Consegue isso por meio da redução dos riscos relativos à introdução de novos produtos e da perpetuação de um produto bem-sucedido. O êxito no mercado é fundamentado na introdução de novos critérios no vocabulário de compra dos consumidores e nos scripts de consumo.

Não passa de "conversa de marketing"?

A sabedoria convencional não considera a vantagem competitiva obtida no mercado apenas como "conversa de marketing". Os analistas das vantagens do marketing argumentam que, de certa forma, essa vantagem não é real ou duradoura, pois se baseia nas impressões do consumidor, ou que não é sustentável porque os concorrentes podem alegar que oferecem os mesmos benefícios. Comparadas às vantagens advindas de outras fontes, como inovação (laboratórios de P&D) e produtos melhores (fabricação superior), a vantagem competitiva obtida por meio do marketing é considerada fraca. Parte de tal desdém por essa vantagem *downstream* é corretamente atribuída a práticas de mercado que pouco valor acrescentam, tentativas dos profissionais de marketing de vender gato por lebre, e um histórico de vender produtos ultrapassados. Mas os exemplos fornecidos nos capítulos anteriores ajudam a derrubar esse mito demonstrando a duradoura vantagem que as organizações capazes de inclinar o foco podem criar no mercado abordando sistematicamente os custos e os riscos. No próximo capítulo, analisaremos o que torna a vantagem *downstream* duradoura e sustentável.

Lista de verificação dos mitos

- ✓ Você compete tentando mostrar aos clientes que tem o melhor produto? Na cabeça dos clientes, os aspectos que você cita são mais legitimamente seus ou de seus concorrentes?

- ✓ Uma parte de seu orçamento de marketing é despendida na tentativa de verificar se os consumidores gostam de seus produtos? Você investe tempo e dinheiro tentando verificar como os consumidores reagirão a pequenas mudanças no produto, na distribuição, no preço e na comunicação? Você consegue redirecionar esses recursos no sentido de determinar os critérios que são importantes para o consumidor, compreender porque eles compram de você e entender porque outros consumidores não compram de você?

- ✓ Como você seleciona seus concorrentes? Como determina quem serão seus rivais e o que pode fazer para evitá-los?

- ✓ Em sua empresa, as reuniões de planejamento e as conversas informais giram em torno de novos produtos? De que maneira você poderia redirecionar essas conversas e recursos para que girassem em torno de critérios de compra?

- ✓ O departamento de marketing e a força de vendas contam com novos produtos para aliviar as pressões exercidas pela concorrência? Que iniciativas inovadoras desses departamentos contribuíram para aumentar o valor para o cliente e para deter o controle dos critérios de compra dos consumidores?

- ✓ O departamento de marketing de sua empresa é respeitado ou é visto como um centro de custos? Os outros departamentos "quebram a cabeça" imaginando como o departamento de marketing poderia acrescentar valor? As contribuições do marketing são banais? São consideradas carentes de estratégia?

10

Entendendo por que a vantagem competitiva *downstream* é sustentável

ANTES DE inclinar o centro de gravidade de sua empresa e investir nas atividades *downstream* e em inovação, é importante saber se qualquer vantagem que você conseguir com isso será sustentável. Neste capítulo, tentarei abordar essa e outra questão: o que torna a vantagem competitiva *downstream* mais sustentável do que sua clássica vantagem *upstream*? Até aqui, tivemos uma breve ideia da sustentabilidade das estratégias *downstream* que as empresas adotam. Vimos como os concorrentes não conseguem reagir porque não criaram uma visão abrangente e como é difícil proteger os dados para criar essa se você for um dos últimos a chegar ao mercado. Vimos como as marcas criam associações duradouras com os principais critérios de compra e como a Intel transformou a própria marca em um critério de compra, alcançando uma vantagem *downstream* que os concorrentes com chips mais velozes não conseguiram superar. O foco deste capítulo está nas razões fundamentais pelas quais essas estratégias proporcionam uma vantagem duradoura. Adoto duas abordagens para responder a essa pergunta. Primeiro, examino o que as estratégias de sucesso têm em comum, depois analiso pesquisas sobre economia e psicologia do consumidor.

Em resumo, a vantagem competitiva *downstream* é mais sustentável pelas seguintes razões:

- Existem os efeitos da rede, cuja localização está distribuída no mercado, proporcionando insights únicos.
- A inércia cognitiva significa que os clientes favorecem as marcas famosas, dando a vantagem a essas marcas. A inércia, a tendência dos consumidores de aterem-se àquilo que já conhecem, ocorre devido a vários fatores, incluindo a força das marcas dominantes, as tendências confirmatórias dos clientes, a preponderância de convicções anteriores, aversão à perda (uma preferência do consumidor por aquilo que a pessoa já tem), e o hábito.

Vamos esmiuçar cada um desses itens.

Efeitos da rede

Você não encontrará a vantagem competitiva do Facebook trancada em algum lugar de seus maravilhosos escritórios em Menlo Park, tampouco andando livremente pelas instalações. A empresa que nasceu em um dormitório da universidade e alcançou $6 bilhões em receita em menos de uma década, não conta com mais de 5 mil funcionários que, embora inteligentes e muito produtivos, não consistem em seu ativo mais insubstituível. Se você acha que é o um bilhão de usuários que têm contas no site, está quase lá. Mas o que têm esses usuários que lhes proporcionam tamanha vantagem? Parece que o segredo do Facebook está em algo chamado *efeitos da rede*. Para aqueles que querem formar parte de uma rede social, faz sentido congregar-se onde todo mundo está se reunindo. Existe um único lugar nesse mundo chamado internet, e este é controlado pelo Facebook. Se você estiver em um lugar diferente de todo mundo, não irá a lugar nenhum – e perderá a festa. Em outras palavras, os usuários do Facebook sentem necessidade de estar onde todo mundo está e é essa a vantagem principal da rede social. O Facebook faz todo o possível para manter esse *status quo* e evitar os erros das redes sociais anteriores como o MySpace, que quase conseguiu criar os efeitos da rede e depois os perdeu quando a festa foi para outro local. Os dados que os usuários colocam no Facebook não são repassados para nenhum outro site; as linhas do tempo (*time lines*), as conexões, os eventos, os parceiros de jogos, e os apps criam uma "aderência", assim os usuários não se vão. E quanto mais os usuários permanecem, maior a probabilidade de seus amigos também permanecerem.

Os efeitos da rede são uma típica vantagem competitiva *downstream*. Eles estão no mercado de forma distribuída (é impossível apontar para um efeito da rede – permanecem na razão lógica das conexões entre os consumidores), e é difícil reproduzi-los. Dessa vantagem surge outra vantagem *downstream* essencial para o Facebook: ele detém o maior e mais detalhado banco de dados sobre preferências, hábitos e comportamento de consumo e navegação do maior número de clientes jamais reunidos antes. A empresa monetariza esses dados vendendo aos anunciantes acesso a seus usuários. E os dados também estão sujeitos a um loop de feedback positivo que o Facebook gerou: quanto mais informações os usuários compartilham, mais seus amigos compartilham informações. Concorrentes surgidos do nada, como Pip.io, Altly.com, The Fridge, e Collegiate Nation, e os novatos no mercado, respaldados pelo incrível poder da internet, como Google+, podem oferecer recursos como mais privacidade ou conversas em grupo por vídeo. Entretanto, não conseguiram criar o loop de feedback positivo, porque o que faz sentido para todo mundo é estar onde todos os outros já estão; estar no Facebook reduz os custos e os riscos de interação. Quem deseja arcar com custos de abertura e manutenção de uma conta de rede social em um lugar onde seus amigos não estão? As vantagens competitivas dos efeitos da rede e dos dados não são apenas sustentáveis; são cumulativas: quanto melhor a empresa aproveita a vantagem competitiva, mais motivos tem o mercado para continuar concedendo mais dessa prerrogativa.

Curiosamente, as marcas também se beneficiam com dois tipos de efeitos da rede. O primeiro é óbvio: "eu quero o que os outros querem". Veja como os adolescentes do ensino médio compram produtos por que os outros colegas já têm – as botas Ugg, por exemplo. Ou pense no "efeito de rebanho" que torna um filme um sucesso ou fracasso. Com a rápida disseminação das informações nas redes sociais, esses tipos de efeitos na marca foram turbinados – ocorrem de forma mais rápida e forte do que antes. Hoje, um filme é um sucesso ou fracasso como resultado das primeiras 48 horas da bilheteria e comentários no Twitter.

O segundo tipo de efeito da rede nas marcas não é tão óbvio. Pensemos da seguinte forma: a razão pela qual as pessoas compram e dirigem uma Mercedes não é que o carro seja mais confiável, melhor ou mais econômico (pode ou não ser nenhuma dessas opções). A razão pela qual alguns clientes escolhem uma Mercedes é por que os outros sabem o que é uma Mercedes – um bem que se exibe para uma plateia, um público que sabe o que a marca significa. Os que fazem parte desse público sabem que devem ficar admirados com uma Mercedes, mesmo que nunca comprem um. Por causa de seu valor de sinalização, a estrela de três pontas da marca confere status, prestígio e todas as outras formas de benefício social. E quanto mais as pessoas querem saber o que é uma Mercedes, mais valioso torna-se esse símbolo para aqueles que o compram e dirigem.

Se poucas pessoas fora do mercado-alvo da Mercedes soubessem o que um automóvel dessa marca significa ou reconhecessem o status e o prestígio que ela deve oferecer, será que o símbolo ainda imporia um valor diferenciado? Será que muitas pessoas o comprariam? A fidelidade e o valor diferenciado são resultados do efeito da rede da marca Mercedes. É uma formidável vantagem competitiva *downstream*.

Há duas implicações de marketing dos efeitos da rede sobre a marca, uma óbvia, a outra nem tanto. Primeiro, seu investimento em marketing trará um melhor custo-benefício se você conseguir convencer os formadores de opinião. O fato de usarem seu produto fará com que este seja vendido para os outros como resultado do efeito da rede "eu quero o que eles têm". A vitória do Facebook sobre o MySpace pode, em parte, ser atribuída a esse efeito. Essa receita é amplamente aceita e usada pelo pessoal de marketing – nada de muito novo até aqui. A segunda implicação vem do segundo tipo de efeito da rede e apresenta a receita contrária: não implore apenas para os convertidos. Para que sua marca tenha valor para seus consumidores, aqueles que não estão no seu mercado-alvo precisam saber que ela é muito boa. Então, como conciliar essas duas receitas opostas?

A resposta é que você precisa das duas. Concentre seus esforços tanto o público no mercado-alvo direto (consumidores com maior probabilidade de comprar sua marca) quanto nos espectadores. Tenha os dois grupos como alvo, mas com mensagens muito diferentes. Os integrantes de seu mercado-alvo direto precisam passar por toda a hierarquia de efeitos – conscientização, conhecimento, gosto, preferência, convicção, compra e pós-compra – portanto, necessitam de uma comunicação bem afinada em todas as etapas. No entanto, os espectadores necessitam apenas das duas primeiras etapas (conscientização e conhecimento) para que os efeitos de rede da marca façam sua mágica.

Lembre-se, claro, de que é difícil para os concorrentes reproduzir esse tipo de vantagem competitiva, que reside no mercado de forma distribuída. Não há um único local para essa vantagem competitiva – ela está nos loops de feedback positivo entre os consumidores, nos relacionamentos invisíveis de influência entre as pessoas, nas convicções e no comportamento dos consumidores. Para as marcas, a vantagem competitiva está na mente de milhões de consumidores e nos relacionamentos entre eles; para o Facebook, a vantagem competitiva está no comportamento de bilhões de usuários e suas conexões.

Inércia cognitiva

A inércia cognitiva evita ficar mudando facilmente de marca, dando a vantagem à líder de mercado. Em qualquer compra, os clientes buscam um resultado razoável e satisfatório, para não dizer ideal. Eles querem que seus produtos funcionem, que o seguro pague a cobertura quando necessário, que o banco mantenha seu dinheiro protegido e que sua operadora não derrube as ligações. As pessoas querem que roupas, celular e carro transmitam seus conceitos em termos de moda, e que a alimentação seja gostosa, segura – às vezes, até nutritiva e saudável. Para minimizar as chances de uma escolha ruim, ou para fazer a melhor escolha possível, o cliente normalmente está disposto a fazer algum esforço. Ele pode ir atrás de informações, aprender sobre os produtos e serviços e como usá-los, e então armazenar mentalmente as informações. Mais tarde, o cliente poderá recuperar as informações quando for necessário para fazer uma escolha, compará-las e avaliá-las em relação às alternativas que estão sendo consideradas. Em outras palavras, o cliente está disposto a arcar com os custos para reduzir o risco.

Muitos dos custos arcados pelo cliente são cognitivos: os custos com o pensamento. Até agora, a tese da inclinação é conhecida: empresas e marcas que conseguem ajudar seus clientes a reduzir esses custos, os riscos subjacentes, ou as duas coisas, são valorizadas pelos clientes, que normalmente pagam um valor diferenciado por elas, tornam-se mais fiéis a elas e podem até comprar mais delas. Mas o quão sustentável é essa vantagem competitiva *downstream*? Os concorrentes conseguem copiá-la facilmente? Será que os clientes mudarão de imediato para os concorrentes que conseguirem fazer isso?

A sustentabilidade é o resultado da inércia ou aderência dos clientes – ou seja, a falta de vontade ou incapacidade dos consumidores de passar para um concorrente que ofereça um valor equivalente, ou melhor. Milhões ou bilhões de escolhas individuais para não mudar levam a uma vantagem competitiva sustentável, favorecendo o líder. Isso não quer dizer que os desafiantes talvez nunca expulsem o líder de mercado ou que o cliente jamais mudará para um fornecedor que ofereça um valor melhor. Mas aquele que conta com a vantagem competitiva aproveita o amortecedor da concorrência – um anteparo que diminui o choque competitivo. É preciso muito tempo e muitos erros para que uma Kodak, BlackBerry, ou Nokia perca seus clientes ou até mesmo seu ritmo de crescimento, e as marcas famosas possam aguentar as tempestades de produtos com defeito, atrasos nos lançamentos dos produtos e recalls (convocação às oficinas autorizadas para reparo de defeito de fabricação) e ainda manter a fatia de mercado.

Os processos cognitivos que os clientes usam para minimizar seus custos com a coleta de informações, aprendizado, armazenamento, recuperação, comparação, avaliação e escolha também estão sujeitos à aderência. Vamos descobrir esses processos para ver como eles favorecem o líder.

A força das marcas dominantes

As marcas que alcançaram o domínio no centro de uma categoria (Nike com calçados esportivos, Coca-Cola com refrigerantes, Pampers com fraldas descartáveis, Tide com sabão em pó, iPhone da Apple com smartphones e Gatorade com isotônicos) atraem os consumidores apenas sendo o que são por causa do domínio alcançado na categoria. Tendem a ocupar os critérios de compra mais importantes e usados com mais frequência em seu nicho e a ter a fatia de mercado dominante no segmento em que atuam. Varejistas e distribuidores oferecem a elas muito espaço nas prateleiras com mais contato visual. Essas marcas normalmente são as primeiras que os consumidores conhecem na categoria. Por exemplo, se um consumidor não conhecer outras marcas de refrigerantes, ao menos já terá ouvido falar da Coca-Cola. Então, como já conhece a marca líder, esta inevitavelmente entrará em seu conjunto de opções. Isso não é por acaso, já que essas marcas não só tendem a ter grandes verbas para propaganda, como também são aquelas com o maior volume de informações secundárias no mercado – as pessoas falam e escrevem sobre elas. Efeitos semelhantes dessa força estão evidentes na alocação das promoções do varejo, cobertura da mídia e avaliação da importância dos sites na web (PageRank). A marca dominante tem maior probabilidade de obter recursos mais valorizados, mesmo sem pedir ou pagar por eles e, quando o faz, os consumidores a observam mais, prestando mais atenção ao que ela diz em detrimento do que dizem seus concorrentes menores.[1]

Ao longo do tempo, as marcas dominantes consolidam essa vantagem tornando-se o padrão na categoria. Quando os consumidores se lembram das marcas em uma categoria, por exemplo, ao formar um conjunto de opções, a forte associação da marca dominante com a categoria praticamente garante essa inclusão. Quando você pensa em chamadas de vídeo online, o Skype imediatamente lhe vem à cabeça. Seus vários concorrentes precisam trabalhar com muito afinco para entrar no conjunto de opções e podem até ser esquecidos quando a marca dominante é lembrada. A lembrança de uma marca está relacionada com a fatia de mercado, que por sua vez alimenta o domínio na mente dos consumidores, aumentando a probabilidade da lembrança. Sim, é outro exemplo de um clássico loop de feedback positivo que leva a uma vantagem cumulativa. Quanto mais vantagem competitiva você tem, maior a probabilidade de ter ainda mais.

Quando estão em dúvida sobre a marca que viram na propaganda ou em uma loja, os consumidores normalmente se enganam e atribuem a propaganda e a presença na loja do concorrente à marca dominante. Quando um concorrente lança um novo recurso que considera uma vantagem, muitos consumidores anulam essa vantagem supondo que a marca dominante também tem esse recurso. A premissa-padrão dos consumidores é que Kleenex é a marca que eles usam, mesmo quando assoam o nariz com outro lenço de papel. As marcas dominantes são capazes de lançar com eficiência novos produtos como extensões da marca. Esses lançamentos aproveitam a conscientização da marca já existente, reduzindo os custos e riscos que os clientes têm ao experimentar um novo produto e reduzindo de forma significativa o custo do lançamento para o vendedor em relação aos produtos dos concorrentes.

Em geral, as marcas dominantes têm uma força que lhes dá um vento de popa: elas trabalham menos para alcançar o mesmo resultado que seus concorrentes (ou trabalham igual para ter um melhor resultado do que seus concorrentes). Essa vantagem é visível nos custos com propaganda das marcas dominantes. Elas tendem a gastar mais do que seus concorrentes com propaganda em termos absolutos, porém menos do que eles por dólar de venda. Por quê? Os líderes aproveitam as conversas dos clientes no mercado, as premissas-padrão dos clientes sobre a categoria, as decisões-padrão dos varejistas e complementadores, e até mesmo o investimento dos concorrentes em propaganda.

Convicções anteriores e viés de confirmação

Pergunte a qualquer cliente se ele se sente persuadido ou mesmo um pouco influenciado pela propaganda e obterá a resposta: "não, eu não", às vezes é seguida de um: "mas eu sei que outros são". Em outras palavras, propaganda, segundo o que dizem os consumidores, é uma ferramenta de marketing extremamente ineficaz. Mesmo que prestem atenção aos anúncios, os clientes não acreditam nas afirmações, desconfiando delas como sendo fontes de informações altamente tendenciosas, divulgadas pelo pessoal de marketing com motivos ocultos. Ainda assim, o pessoal de marketing continua gastando bilhões de dólares todos os anos tentando persuadir os clientes com suas propagandas. Ou o pessoal de marketing está desperdiçando dinheiro, ou sabe algo que os clientes não sabem. Aqui está o que eles realmente sabem: os gastos com marketing têm uma correlação com as vendas. Se você aumentar a propaganda em relação a seus concorrentes, venderá mais, e se cortar a propaganda em relação a seus concorrentes, o volume de vendas cairá. Portanto, as empresas continuam gastando com propaganda, sabendo que no nível macro, se não no microuniverso do cliente individual, a propaganda realmente parece impulsionar as vendas.

Ao longo dos anos, pesquisas sobre os consumidores revelaram que não importa se a propaganda persuade ou incita, diretamente ou não, os clientes a comprar, e se os clientes realmente acreditam ou não no que ela diz – a propaganda tem um efeito mais sutil e duradouro que acaba levando os clientes a persuadirem a si mesmos. É assim que funciona. A exposição à afirmação de uma propaganda, como "o Lexus proporciona o passeio mais tranquilo" talvez não convença os consumidores especificamente disso, mas a afirmação realmente fica registrada em sua mente. Tal proposição leva os clientes potenciais a testar a hipótese de que o Lexus pode realmente oferecer um passeio mais tranquilo. Quando tem a oportunidade de testar essa hipótese, dirigindo o Lexus de um amigo ou em um test-drive na concessionária, o motorista busca provas para confirmar que o passeio em um Lexus é realmente mais tranquilo. E se encontra provas coerentes com a hipótese de "tranquilo", fica muito mais propenso a se convencer da superioridade do Lexus.[2]

Mas a desconstrução dessa formação da hipótese e do processo de teste mostra as imperfeições das conclusões dos clientes. Mostra as oportunidades para que o pessoal de marketing influencie as deliberações deles, e destaca a origem da vantagem competitiva *downstream* sustentável, enraizada nas crenças dos clientes. Primeiro, as hipóteses dos clientes são feitas com base nos critérios que o pessoal de marketing quer que o consumidor use para avaliar e comparar seu produto nas fases de exclusão e de concessões inerentes à tomada de decisões. Se os clientes usam o critério de um passeio tranquilo para avaliar carros e, como consequência, dão menos importância a outros critérios como eficiência de combustível ou preço, a marca Lexus já conta com uma grande vitória. Se o uso desse critério bloqueia ou reduz a importância de outros critérios como economia ou fabricante alemã, o Lexus tem uma vantagem ainda maior.

Segundo, para testar a hipótese do passeio tranquilo, o cliente busca provas disso e a verdadeira experiência do passeio em um Lexus confirmará a hipótese. Caso encerrado. Mais importante, a hipótese incita o cliente a buscar informações relacionadas com o teste da hipótese. A maioria dos clientes não quer uma prova contraditória: será que uma BMW ou uma Mercedes também oferece um passeio tranquilo? O Lexus apresenta ou não um desempenho superior em outros critérios além do passeio tranquilo? Como não foi levado a buscar um passeio tranquilo nos carros dos concorrentes, o cliente talvez nem preste atenção ao quão tranquilo um passeio pode ser com essas outras marcas. Em outras palavras, o cliente busca testes de suficiência (o Lexus oferece um passeio tranquilo?), e não testes de necessidade (é preciso ser um Lexus para oferecer um passeio tranquilo?).

Os testes de confirmação são extremamente persuasivos e penetrantes. Até mesmo em ambientes de produtos ambíguos, onde é difícil distinguir a qualidade de um produto em relação ao outro, os consumidores sentem-se confiantes de que podem escolher o melhor produto (a melhor cerveja, o melhor vinho, o melhor papel toalha, o melhor ketchup, o melhor refrigerante etc.) por meio da experiência com o produto. E as pesquisas indicam que suas escolhas e suas avaliações depois de uma experiência com o produto ocorrem em função de se os consumidores foram expostos à propaganda antes do tempo. É interessante observar que quando mensuradas imediatamente depois da exposição à propaganda, as avaliações não mostram nenhuma diferença – as marcas cujas propagandas foram vistas pelos consumidores não têm uma avaliação melhor do que aquelas cujas propagandas não foram vistas. Mas, quando os consumidores têm a chance de testar sua hipótese por meio de um teste com o produto, a hipótese plantada em sua mente pela propaganda evidentemente molda sua experiência com o produto, e eles favorecem o produto cuja propaganda eles viram. Uma razão pela qual a exposição à propaganda repentina e o teste com o produto podem ser tão persuasivos é que o cliente sabe (ou acredita) que detém o controle do ambiente de teste. O controle sobre o que é testado, como é testado, como as evidências são interpretadas e as conclusões dos próprios consumidores se juntam para proporcionar à pessoa uma confiança tremenda em seus julgamentos. Os consumidores persuadem a si mesmos.

O viés de confirmação não está limitado à interpretação das informações da propaganda. As marcas preferidas também aproveitam uma recepção favorável de suas extensões e recebem o benefício da dúvida quando o produto fracassa ou tem de ser recolhido porque está com defeito ou é perigoso. A busca pela evidência de confirmação também implica que os clientes ignorem a evidência que rejeita a confirmação. Por exemplo, como já vimos antes, os clientes que estão convencidos da superioridade dos carros de fabricação alemã ignoram as informações de testes de outros fabricantes sobre a inferioridade relativa desses carros em dimensões como dinâmica de direção e confiabilidade.[3]

O viés de confirmação aumenta as vantagens da liderança porque as crenças anteriores dos clientes são mais fortes com relação às marcas que eles possuem ou compram com frequência. Sua interpretação das informações do mercado acontece dentro do contexto dessas crenças anteriores, que são extremamente difíceis de mudar. O viés de confirmação talvez fique mais forte após a compra. Os clientes que se comprometeram com uma marca ao comprá-la buscam provas de que tomaram a decisão correta. As informações no ambiente relacionadas com isso lhes saltam aos olhos. O comprador de um carro novo fica surpreso com quantas outras pessoas fizeram a mesma escolha – ele percebe muito mais a marca escolhida do que se não tivesse comprado o carro. Esse é um sinal de que o comprador está buscando evidências de confirmação para justificar a escolha. Buscam-se mais informações positivas do que negativas. Quanto mais uma pessoa faz isso, mais satisfeita fica com a escolha, e menos informações favoráveis reunirá sobre outras marcas, consolidando a vantagem do líder.

Pesquisas recentes em psicologia sugerem que o viés de confirmação é tão penetrante porque está ligado ao pensamento humano. Essa explicação sugere que o *pensamento* é, na verdade, a persuasão e ele próprio é inerente ao ato social: o pensamento é a antecipação sobre "como consigo persuadir os outros?". Assim, se estamos pensando em persuadir, na verdade, estamos combinando evidências que sustentem nossos argumentos e negligenciando os que não os sustentem. Em outras palavras, quando avaliamos a hipótese selecionada em uma propaganda, o hábito de realizar testes de suficiência em vez de testes de necessidade é tão fundamental que, apesar de suas falhas, teríamos dificuldade em pensar de outra forma.[4]

A aversão à perda e o efeito da doação

Os clientes gostam das coisas que têm e são avessos a perdê-las. Estudos em economia comportamental já mostraram inúmeras vezes que, em média, as pessoas devem receber o dobro para abrir mão de algo que possuem do que elas pagariam para adquirir a mesma coisa. Em um experimento, por exemplo, pessoas selecionadas aleatoriamente para receber uma caneca estabeleceram um preço médio de $7,12 para o objeto quando lhes perguntaram se venderiam a caneca. As pessoas aleatoriamente selecionadas como compradoras no mesmo experimento disseram que pagariam, em média, não mais do que $2,87 para adquirir a mesma caneca. Parece que a utilidade econômica está sujeita às mudanças na condição (a perda percebida de passar do fato de ter para não ter), não só da condição de possuir um objeto. Os clientes tendem a ser influenciados em direção ao *status quo* e preferem não trocá-lo por algo novo ou diferente. Quanto mais esses clientes têm um objeto, mais aversão têm a perdê-lo: dão mais valor a ele e o acham mais atraente. Esse *efeito da doação*, como é conhecido, não se aplica só aos objetos, mas também já foi sugerido como uma explicação para a fidelidade a uma marca. Em outras palavras, as marcas que não têm nenhuma outra vantagem a não ser o fato de que, como já estão nas mãos do cliente, podem contar com alguma medida de inércia decorrente da aversão dos clientes a mudanças.[5] Essa aversão à perda sustenta a inércia, para a vantagem do líder.

Hábito

Um cliente compra com frequência uma garrafa de água Evian de uma máquina automática na academia depois de malhar. Para muitos produtos extremamente conhecidos, de baixo custo, poucas implicações e comprados com frequência, os clientes desenvolvem rotinas que lhes permitem minimizar o esforço cognitivo (custo de pensar) necessário para decidir qual marca comprar, como comprá-la, como usá-la e como descartá-la. A rotina determina a ocasião, o local e a marca e garante que o comportamento de compra possa acontecer sem pensar – sem as etapas intermediárias de consideração, formação e seleção do conjunto. Os roteiros habituais se desenrolam em vez de acontecerem. A rotina do cliente a uma vantagem significativa para a marca Evian em relação aos concorrentes: a marca já não precisa mais gastar tempo, esforço e dinheiro persuadindo o cliente a comprar. Precisa apenas fazer todo o possível para manter baixo o custo de tomada de decisão do cliente comprando algo exclusivo no local da máquina de venda, garantindo que o produto esteja sempre em estoque para que o cliente não seja obrigado a fugir de seu comportamento habitual, e embalar o produto em suas garrafas plásticas com cores conhecidas para que esta seja facilmente reconhecida sem nenhum esforço cognitivo. E depois precisa sair do caminho, já que o hábito entra em cena. Uma vez que isso ocorra, os concorrentes não só estarão competindo contra o poder da marca Evian e a preferência do consumidor por ela; estarão competindo contra a força do hábito de consumo, o qual é difícil de ser quebrado.

Em resumo, as empresas ganham vantagem competitiva inclinando seu centro de gravidade para o *downstream*. A vantagem competitiva está no mercado. Está nas redes do mercado, nos relacionamentos entre vendedores e compradores, nas conexões entre clientes, e nas redes formadas na mente dos clientes. Seus efeitos são evidentes na natureza da concorrência, comportamento dos clientes, fatias de mercado e lucros.

Lista de verificação da sustentabilidade

- ✓ Seu produto ou marca aproveita os efeitos da rede? Como você pode alimentar os efeitos da rede?
- ✓ Quais hipóteses sobre sua marca ou produto você cria para serem testadas pelos consumidores?
- ✓ Quais informações confirmatórias você oferece aos consumidores antes e durante o teste da hipótese?
- ✓ Como você satura o ambiente de consumo e de compra com evidências de confirmação?
- ✓ Qual tipo de informação pós-compra você fornece para confirmar a escolha do cliente?
- ✓ Como você confirma e valida o valor que os clientes dão ao seu produto ou marca uma vez que o adquirem?
- ✓ Como você cria seu produto ou marca em uma rotina de consumo? O que você faz para facilitar a rotina dos clientes?

11

Inclinando a estratégia e a organização de sua empresa

A INCLINAÇÃO *DOWNSTREAM* altera para sempre os setores e as empresas que a adotam. À medida que inclinam os custos, a criação de valor e as fontes de vantagem competitiva ao *downstream*, as empresas repensam o cenário do ramo em que atuam: novas formas de valor são criadas, as empresas que os aproveitam prosperam, já as que não conseguem correm na tentativa de garantir a sobrevivência ou ficam para trás. Para os negócios, tal inclinação implica mudar em várias frentes, que incluem, a formulação da estratégia, a forma como as empresas se organizam, as funções *downstream* (como marketing e vendas) e a concorrência em mercados globais. As mudanças são profundas, generalizadas e, para as empresas com grandes investimentos no *upstream*, embutem o quase sempre difícil compromisso de administrar as etapas iniciais do fluxo dos negócios.

Por mais de 250 anos, sourcing, fabricação, logística e progresso tecnológico têm ocupado o centro da atividade empresarial. Todas as outras atividades de negócios cresceram em torno deste núcleo. Estrategicamente, a empresa aperfeiçoou as habilidades de identificar e capturar fontes *upstream* da vantagem competitiva, como escala e inovação de produtos. Do ponto de vista organizacional, o foco mantém-se nos sistemas que mantêm a máquina *upstream* rodando, nos processos que maximizem a produtividade e nos gestores altamente capacitados que veneram os deuses da eficiência. Até agora, sua empresa sabe o que é preciso para produzir e mover os negócios. O problema é que os outros também sabem disso.

Ainda assim, muitas empresas são geridas como se os principais custos fixos, o valor-chave para o cliente e as mais importantes vantagens competitivas residissem no *upstream*. Essas organizações continuam enfatizando a produtividade e a eficiência dessas etapas do fluxo de negócios. Elas pensam em inovação de produtos como o segredo para um futuro mais brilhante, muitas vezes em detrimento do foco no cliente, de uma compreensão ampliada das necessidades destes, de economias no escopo, da inovação *downstream*, da redução de custos e riscos, e da capacidade de definir os critérios de compra que os consumidores usam. Seja em resposta às mudanças nas pressões competitivas no setor, seja para alcançar antecipadamente uma vantagem inédita no seu segmento, se você está pensando em inclinar o centro de gravidade de sua organização, este capítulo descreve o que será necessário.

Implicações para a estratégia

A inclinação para a vantagem competitiva *downstream* tem três implicações que levam à essência da estratégia. Em primeiro lugar, sua localização não mais está dentro da empresa, mas cada vez mais *downstream*, no mercado, nas interações com os clientes. Em segundo lugar, as empresas têm a oportunidade de almejar mais do que uma simples vantagem competitiva *sustentável*; elas podem construir uma vantagem competitiva *acumulativa*. E em terceiro lugar, as habilidades e os recursos necessários para empreender essa mudança podem ser comprados ou absorvidos, enquanto que aqueles necessários para conectar e interagir com os clientes precisam ser criados e aprimorados.

A CEO enfrenta a tarefa de orientar sua empresa para gerar retornos acima dos alcançados pelos rivais. Seja uma startup em busca de crescimento ou uma grande corporação em um setor maduro tentando livrar-se da acirrada competição, tradicionalmente, toda organização procura vantagens oferecendo melhores produtos ou criando maneiras mais eficazes de fabricá-los e comercializá-los. Em alguns setores, as empresas mais voltadas ao futuro têm contado com formas mais amplas de vantagem competitiva – como pessoas, criação de processos (por exemplo, a racionalização do desenvolvimento de novos produtos ou a criação de processos patenteados para desenvolver pastilhas de silício ultrafinas para indústrias de semicondutores ou painéis solares) – ou conhecimento único (por exemplo, uma empresa de petróleo que desenvolve a capacidade de encontrar e desenvolver campos de petróleo). Cada uma dessas fontes de vantagem competitiva traz a sedutora possibilidade de proteger a empresa contra a concorrência, desde que, é claro, tal vantagem seja mantida longe dos rivais. Mas há um problema: muitas dessas vantagens, ou seus produtos finais, já estão disponíveis para compra no mercado aberto. Melhores produtos podem ser projetados e fabricados para sua empresa por especialistas terceirizados – os mesmos que fazem as coisas para seus concorrentes. Além do mais, a eficiência e os benefícios de qualidade do conhecimento e dos processos patenteados se traduzem em baixos custos da terceirização de produtores especializados – tanto para você quanto para seus concorrentes.

A estratégia de inclinação incentiva o CEO a buscar vantagem competitiva nas interações da empresa com o mercado, nas redes com e entre os clientes e no campo de batalha dentro da mente dos clientes. Ao fazer perguntas fundamentais, como "por que nossos clientes compram de nós?", a empresa traz a voz do cliente para a formulação da estratégia. Descobrir as motivações do consumidor mostra que os clientes compram de sua empresa (e não de seus concorrentes) porque isso os ajuda a reduzir os custos e os riscos. O CEO deve ocupar-se em (1) buscar mais clientes que valorizam uma redução semelhante nos custos e nos riscos e (2) descobrir outros custos e os riscos que a empresa possa reduzir para seus atuais clientes.

A segunda implicação para a estratégia é que você deve esperar mais de sua vantagem competitiva do que está acostumado. O melhor que os estrategistas esperam de uma vantagem competitiva é a sustentabilidade – ou seja, esperam mantê-la por um período razoável, durante o qual os concorrentes não conseguirão copiá-la. O período razoável pode ser um ou dois anos em um setor em rápido movimento, ou entre uma e duas décadas em um ramo que siga um ritmo mais lento. Mas a expectativa é que a lacuna se feche com o passar do tempo. Os concorrentes alcançam sua empresa, as mudanças tecnológicas neutralizam sua vantagem, a regulamentação ou desregulamentação dificulta o fluxo dos negócios ou startups audaciosas encontram novas formas de fazer a mesma coisa com menor custo. No entanto, mesmo o estrategista mais otimista ainda espera que até a vantagem competitiva mais sustentável acabe se deteriorando – ele a entende como um bem deteriorável.

Naturalmente, você pode ressaltar que a vantagem competitiva sempre traz prerrogativas que vão além da sustentabilidade – ela sempre traz um *impulso*. O próprio fato de ter uma vantagem competitiva, especialmente se ela for bastante conhecida pela marca, atrai benefícios adicionais. O Google tem mais facilidade para recrutar profissionais mais qualificados do que, digamos, o Yahoo!, pois tem a reputação de ser o líder em seu campo de atuação. Os fornecedores cotam preços mais baixos para a BMW do que o fariam para os concorrentes desta fabricante, apenas para ter o privilégio de fazer negócios com ela (e, presumivelmente, o direito de se gabar por isso). O impulso significa que a vantagem competitiva solidifica-se ao longo do tempo e diminui mais lentamente diante da concorrência ou dos próprios erros da empresa e da má administração. O impulso significa que é a empresa que perde a vantagem.

No entanto, vários dos exemplos de casos que examinamos nos capítulos anteriores sugerem um tipo de vantagem competitiva que vai ainda mais longe, muito além do impulso: o benefício *acumulativo*, que se acelera com o tempo e a experiência. A capacidade da ICI em acumular informações sobre explosões de pedreiras e usá-los para aumentar a eficiência de seu trabalho, também lhe rendeu a vantagem de reunir um volume ainda maior de dados de explosões dos clientes. Quanto maior a capacidade da ICI em persuadir os clientes a compartilhar os dados de suas explosões, menor o acesso de seus concorrentes a esse tipo de informação. A distância entre a sustentação desse tipo de vantagem competitiva e os seus concorrentes cresce mais do que diminui ao longo do tempo. Da mesma forma, como vimos no Capítulo 10, os usuários do Facebook compartilham seus dados com a empresa porque os demais também o fazem. Os efeitos de rede no compartilhamento de dados significa que o Facebook aproveita os loops de feedback positivo que ocorre quando os usuários divulgam informações nessa rede social, e não nas concorrentes. Prova disso é a dificuldade que o Google+, concorrente do Facebook, teve em decolar. Apesar de uma elevada taxa inicial de inscrições e do importante apoio do Google, os usuários não publicam tantas informações no Google+ quanto divulgam no Facebook. A tarefa do desafiante torna-se ainda mais difícil perante as vantagens acumuladas, pois ele não só precisa fechar a lacuna que o afasta da liderança hoje, como também diminuir a distância adicional que o líder terá avançado quando ele conseguir fechar a lacuna de hoje.

Organizando para agregar valor *downstream*

A inclinação *downstream* também implica várias mudanças na forma como as empresas se organizam para agregar valor. O primeiro, e mais revelador, aspecto de uma organização inclinada ao *downstream* é o foco de atenção da administração. Voltemos à pergunta que abriu este livro: quando você pergunta aos gestores em que tipo de negócio eles trabalham, a resposta costuma vir na forma de uma descrição do produto ou do meio de produção, ou eles falam sobre os clientes, os benefícios que agregam a eles etc., mas o que dizem sobre as vantagens *downstream*? Nas organizações focadas no *upstream*, as conversas e reuniões giram em torno dos produtos e dos aspectos de produção que os gestores acreditam que distinguirão sua organização da concorrência.

Nas organizações focadas no *downstream*, os gestores preocupam-se com problemas como qual a melhor forma de conquistar, satisfazer e reter clientes; com o modo como podem reduzir os custos e os riscos aos consumidores; com a melhor maneira de administrar as informações que fluem pelas redes que ligam a organização aos seus clientes e os conectam uns aos outros; e com questões que envolvem os critérios de compra. É importante ressaltar que essas atividades não são relegadas exclusivamente aos departamentos de marketing ou vendas, mas que permeiam toda a organização. O *downstream* é importante demais para ser deixado apenas para as equipes de marketing e vendas.

Equipes multifuncionais empenham-se em inovar as atividades *downstream* da empresa — procuram desenvolver sistemas para reduzir os custos e os riscos dos clientes em cada fase das interações.

A empresa atribui os orçamentos para conquistar, reter e satisfazer os clientes, mas também investe na criação de plataformas capazes de tornar essas atividades mais eficientes tanto para a empresa quanto para o cliente. Como os gestores administram o que é medido, a empresa que inclina seu centro de gravidade usa parâmetros que se concentram no mercado. O afunilamento de clientes, os gastos com atendimento e retenção, os custos e os riscos que os clientes arcam ao fazer negócios com sua empresa, o valor do ciclo de vida e da rentabilidade de cada cliente, a rotatividade dos clientes, a receita por usuário e a fatia no orçamento dos clientes formam a base para as discussões da administração sobre estratégia, táticas e métricas de sucesso.

Os horizontes de planejamento nas empresas *upstream* são limitados. Como vimos no Capítulo 1, a questão estratégica que conduz as empresas focadas no *upstream* é "quanto mais destes produtos podemos fazer e vender?". Do ponto de vista organizacional, isso muitas vezes se traduz em um horizonte de planejamento vinculado aos ciclos de vida dos produtos. Os recursos são alocados aos produtos de acordo com o estágio atual de seu ciclo de vida, com o objetivo estratégico de maximizar a rentabilidade durante esse finito período. Uma carteira de produtos ajuda a equilibrar o desempenho empresarial global, misturando altos e baixos dos vários ciclos de vida. As equipes de produtos podem tentar prolongar os ciclos de vida de seu portfólio por meio da determinação de preços e da inovação de produtos, mas, apesar de seus melhores esforços, o horizonte permanecerá finito: todo mundo sabe que a vida do produto um dia chegará ao fim – ou porque ele será substituído por outros itens da mesma categoria ou porque toda a categoria ficará obsoleta e será trocada por outra.

Ao contrário disso, as empresas *downstream* são movidas por uma questão estratégica diferente: "O que mais meus clientes querem?". Inerente a esta pergunta é a implicação de que a competência principal da empresa reside em sua capacidade de entender as necessidades dos clientes e fazer o que for preciso para supri-las, mesmo que tais necessidades desviem-se dos produtos que a empresa fabrica e vende atualmente. Em outras palavras, a estratégia está ancorada nas necessidades dos clientes, e não nos produtos ou instalações de produção da empresa. Tal estratégia é estruturalmente mais flexível: ela segue a evolução das necessidades dos clientes. Se os anseios dos clientes se desviarem de seu atual portfólio de produtos, ela encontrará os recursos para acompanhar as mudanças e atender às novas necessidades. Do ponto de vista organizacional, isso significa reconhecer que uma empresa não pode fazer tudo: a contratação de fornecedores externos é comum e a formação de alianças é fundamental. A empresa *downstream* encontra-se no ponto de conexão entre vários fornecedores possíveis de um lado e os segmentos de clientes que ela conhece intimamente e que confiam nela para atendê-los do outro lado.

Como os horizontes de planejamento dessas organizações estão ligados aos segmentos de mercado (um grupo de clientes que têm a mesma necessidade e compram usando critérios de compra semelhantes), e não nos produtos, elas se preocupam com o infinito. À medida que os segmentos se modificam ou que as necessidades evoluem ou são atendidas de forma diferente, a empresa se adapta. Observe a semelhança deste ideal com o que Ted Levitt imaginou 50 anos atrás: as empresas ferroviárias que se viam como as instituições que satisfazem as necessidades de transporte, e não apenas como concorrentes do setor ferroviário, estavam mais propensas a ser flexíveis e menos dogmáticas com relação ao modo como essas necessidades de transporte seriam atendidas. Elas não estavam vinculadas à sua trajetória física e à sua infraestrutura ferroviária, tampouco viam os trilhos como o único meio de satisfazer as necessidades dos clientes. Se o foco nas necessidades dos clientes, por vezes, significa descontinuar antigos produtos, terceirizar a produção, entrar em novos mercados, realizar fusões e aquisições conforme necessário e atender os clientes, então as empresas devem estar preparadas para tudo isso. Vale lembrar que a Apple era forasteira tanto na indústria da música quanto no setor de aparelhos celulares, mas conseguiu estabelecer uma posição em ambos os setores, pois viu que poderia atender melhor os clientes do que os concorrentes já existentes nesses ramos de atividade.

A inovação dos produtos, um dos pilares da vantagem competitiva da empresa focada no *upstream*, não está imune à inclinação ao *downstream*, no qual, assim como acontece com a produção, ela é subserviente à principal fonte de vantagem competitiva – as necessidades dos clientes – e, consequentemente, deve responder a critérios muito rigorosos de flexibilidade e facilidade de uso. Esses critérios podem ser atendidos de forma mais satisfatória quando a inovação for terceirizada em vez de produzida internamente.

O Vale do Silício é um modelo de terceirização da inovação de produtos que, surpreendentemente, exemplifica a importância do foco no *downstream*. As grandes e bem estabelecidas corporações do Vale do Silício concentram-se na criação de mercados e conexões para os clientes, enquanto terceirizam as atividades de P&D e o desenvolvimento de produtos para empresas menores e mais ágeis. Às vezes, as divisões de capital de risco das empresas de maior dimensão adquirem uma participação nessas organizações menores. No entanto, muitas vezes, essas divisões deixam este risco para investidores terceirizados. Elas só entram em ação quando a startup consegue comprovar o seu conceito ou, melhor ainda, provar que é capaz de gerar receita. As corporações podem adquirir uma participação na startup como um meio de bloquear a tecnologia ou adquiri-la na totalidade para depois ajustar sua escala ao mercado. Uma alternativa para as grandes empresas pode ser apenas licenciar a tecnologia da startup, sabendo que independentemente da parte que detenha tal tecnologia, terá influência sobre o acesso ao mercado. Este modelo de inovação terceirizada está ganhando terreno também em outros setores e geralmente acontece após o processo de inclinação ao *downstream*. Os exemplos incluem produtos farmacêuticos e até mesmo bens de consumo e automóveis.[1]

Como é de se esperar, as empresas com foco no *downstream* não são apegadas à própria tecnologia. À medida que os ciclos tecnológicos vêm e vão, as necessidades dos clientes permanecem como o eixo de definição dessas empresas, que conseguem sobreviver às mudanças tecnológicas melhor do que aquelas focadas no *upstream*. Se tivesse seguido uma inclinação ao *downstream* e aproveitado a força de sua marca para levar os consumidores para a tecnologia digital, em vez de tentar usar sua marca para retardar a mudança, talvez a Kodak ainda estivesse na liderança. Da mesma forma, a Sony estaria proporcionando entretenimento ao consumidor na nuvem há uma década e a BlackBerry teria liderado a revolução das touchscreens nos smartphones. Para os concorrentes focados no *downstream*, as mudanças tecnológicas oferecem uma oportunidade para levar os clientes a novos critérios de compra e estabelecer a *pole position* nesses critérios. Como resultado do foco nas necessidades dos clientes, os horizontes de planejamento das empresas com foco no *downstream* são praticamente infinitos: enquanto existir o segmento de clientes, a empresa irá atendê-lo.

A gama de produtos de uma empresa com foco no *downstream* é mais amplo por duas razões. Primeiro, esse tipo de organização tenta oferecer soluções completas em vez de produtos independentes para reduzir os custos e os riscos de compra, consumo, descarte e substituição para os clientes. Muitas vezes, isso significa oferecer pelo menos a opção de adquirir produtos complementares e disponibilizar serviços (por exemplo, pesquisa e análise, compra e instalação, entrega, aprendizado e treinamento, atendimento, manutenção e descarte) que ajudarão a reduzir os custos e os riscos de compra e uso. A segunda razão pela qual as ofertas focadas no *downstream* têm uma variedade mais ampla é que as empresas perguntam o que mais o cliente precisa. Elas tentam amortizar os custos fixos de conquistar a confiança e construir um relacionamento privilegiado com o cliente: buscam economias de escopo na mesma medida em que os concorrentes *upstream* são obcecados pelas economias de escala.

As empresas focadas no *downstream* tendem a ser multifacetadas. Elas têm mais pontos de contato com o cliente em toda a organização, e não mais apenas nos departamentos de marketing e vendas. Em um cenário de B2B (empresa-empresa), o departamento de contabilidade pode tomar conhecimento da necessidade de um cliente internacional de receber faturas em um formato compatível com algumas necessidades específicas da contabilidade de custos. Uma pequena alteração na forma como as faturas são apresentadas pode poupar horas que os clientes perderiam reinserindo dados no sistema. O departamento de logística e expedição interage com o que recebe as mercadorias no cliente para integrar o fluxo de produtos. O departamento de compras encontra a embalagem que atende aos requisitos de empilhamento no depósito do cliente, reduzindo os custos de quebra e de manutenção em estoque. Os custos e os riscos dos clientes são reduzidos por meio de cada um desses diferentes pontos de contato.

No entanto, as empresas tradicionais, particularmente seus departamentos de marketing e vendas, muitas vezes mostram-se relutantes em permitir a existência de muitos pontos de contato. As razões são óbvias: elas tentam evitar o caos de contradizer as promessas feitas ao consumidor e querem ter certeza de que o cliente receba uma mensagem consistente e coerente. Esse é um motivo admirável para canalizar as comunicações em um único ponto de contato, desde que ele realmente dê conta de coordenar toda a relação. Em outras palavras, será que este único ponto de contato consegue identificar oportunidades de redução de custos e riscos em todo o espectro de atividades e conduzir os vários departamentos dentro da organização fornecedora para oferecer soluções que atendam às necessidades dos clientes? Se assumirem esta responsabilidade, os departamentos de marketing e vendas terão de fazer muito mais do que cumprir as cotas de vendas, consolidar e acompanhar o desempenho da marca. Eles deverão encarregar-se de todo o relacionamento com o cliente, o que inclui o desenvolvimento de soluções duradouras que reduzam os custos e os riscos dos clientes ao interagir com o fornecedor.

Inclinação e as funções de marketing e vendas

Você pode achar que as funções de marketing e vendas seriam os principais beneficiários de uma inclinação *downstream*. Como o centro de gravidade aproxima-se mais do mercado e do cliente, as atividades que acontecem nesses pontos do fluxo de negócios tornam-se fundamentais para a construção de uma vantagem competitiva duradoura. No entanto, o marketing, como disciplina, entrou em alerta desde que o fim do marketing de massa mutilou sua capacidade de convencer um grande número de clientes a comprar. Hoje, essa é uma função cada vez mais tática, avaliada por pontos percentuais de participação no mercado que quase sempre acabam perdendo ao longo do trimestre. Em algumas empresas, o marketing ficou relegado à emissão de comunicados de imprensa e ao registro de cópias para comunicações externas. Não é de se admirar que os profissionais de marketing não estejam mais atingindo o topo das organizações como antes – afinal, hoje em dia, o que eles agregam aos negócios deixou de ser estratégico. A revolução dos dados deveria dar um sentido de propósito renovado à função de marketing. Em vez disso, está transformando os profissionais de marketing em técnicos treinados na próxima transação ou delegando a gestão dos clientes a técnicos que podem até entender de dados, mas não de estratégia.

Este livro oferece aos profissionais de marketing um meio de voltar a contribuir para a construção de vantagem competitiva duradoura na empresa. A eterna questão que esses profissionais devem fazer para iniciar a conversa estratégica é: "por que os nossos clientes compram de nós e não de nossos concorrentes?".

Esta questão cumpre três objetivos. Primeiro, ajuda a descobrir as vantagens de uma empresa em relação aos concorrentes do ponto de vista do cliente: quais custos e riscos a empresa reduz melhor do que os clientes fariam e quais custos e riscos são importantes para os clientes. Em segundo lugar, a questão identifica segmentos de clientes que têm uma resposta semelhante à pergunta. Ao agrupar clientes com respostas semelhantes, a empresa pode direcionar melhor suas ofertas para diferentes segmentos de valor. Finalmente, a questão ajuda a identificar os critérios de compra que a empresa usa para posicionar-se, diferenciar-se dos concorrentes e ocupar um espaço precioso na mente do consumidor.

Em uma organização focada no *downstream*, a função de marketing assume a tarefa de identificar oportunidades de inovação nessas etapas do fluxo de negócios. Os exemplos apresentados neste livro foram tirados de uma ampla variedade de setores e mostram que as inovações *downstream* sempre desenvolveram sistemas que reduzem os custos e os riscos dos clientes. Não importa se a inovação é baseada na visão macro do mercado ou na visão micro da mente do cliente, o sistema será desenvolvido de modo centralizado, e não na linha de frente ou em campo. A área de marketing deve se encarregar da inovação e da criação de uma solução sistemática (e não *ad hoc*) para problemas persistentes que afetam um grande número de clientes (e não um único indivíduo). O departamento de marketing de uma empresa não pode ter a expectativa de resolver problemas de custos e riscos dos clientes apenas adicionando funcionários à força de vendas, capacitando essa equipe ou aumentando os níveis de serviço. No entanto, a satisfação do cliente com a força de vendas aumentará com a implantação de soluções sistemáticas, como a estratégia de manutenção de estoque utilizada pela MasterBuilders, a consultoria baseada em conhecimento prestada pelos vendedores de insumos agrícolas, as garantias de explosão oferecidas pela ICI ou a redução do obstáculo do conhecimento na compra de computadores oferecida pela Intel. Seja como for, a força de vendas também fica mais satisfeita, pois passa a contar com uma oferta diferenciada que repercute nas necessidades reais dos clientes.

A contribuição estratégica de marketing continua resultando da gestão de marca. Mas a estratégia de inclinação sugere que a marca concorre principalmente na mente dos clientes. Os mundos físico e digital são apenas os meios para chegar lá. Por dentro, o layout do campo de batalha (os limites externos definidos pela economia cognitiva, as linhas internas traçadas pelos critérios de compra) e as regras do jogo (formação do conjunto de opções, critérios de exclusão *versus* concessões, moedas de troca) são cruciais para o desenvolvimento de uma vantagem competitiva. Esta vantagem é sustentada por meio de processos cognitivos, por exemplo, vieses de confirmação quando o cliente é exposto a informações de marketing ou experiências com o produto, e outros mecanismos, como efeito de doação, aversão dos clientes a perdas e seus hábitos de compra e consumo. A equipe de marketing que entende o valor destes mecanismos torna sua empresa um concorrente mais eficaz.

Afastar-se da compreensão de como o marketing funciona nas organizações e tentar entender como ele atua no cenário mais amplo também é um exercício revelador. As corporações de grande porte que se multiplicaram ao longo da última década têm o marketing em sua essência: Google, Amazon.com. Apple e Facebook – todos são gigantes movidos pelas funções de marketing. Google e Facebook são empresas de mídia, cuja receita principal vem da montagem e da venda de acesso publicitário aos clientes. A Apple incrementa o faturamento com atividades de consolidação de marca e desenvolvimento de plataformas, enquanto a Amazon.com opera no varejo. O valor que essas empresas criam e capturam, assim como suas principais vantagens competitivas, reside firmemente *downstream*. A função de marketing nunca foi tão saudável.

O cenário competitivo global

Nas últimas três décadas, a globalização da produção e dos mercados, e o consequente crescimento do comércio global mudaram a natureza dos mercados e levou a uma especialização geográfica que se assemelha à dicotomia entre *upstream* e *downstream*. Os concorrentes nos mercados desenvolvidos se beneficiaram com a terceirização da produção, contratando fabricantes na China e em outros centros de produção de baixo custo. As empresas dos mercados desenvolvidos baixaram os custos adquirindo produtos acabados e transformaram custos que antes eram fixos em variáveis – estratégias que liberam tempo e recursos para que possam se concentrar em atividades de maior margem na conquista, satisfação e retenção de clientes. Ao mesmo tempo, os centros de produção foram beneficiados por meio de acesso aos clientes dos mercados desenvolvidos, dispostos a pagar por produtos saídos em grandes volumes das fábricas cada vez maiores, mas com margens cada vez menores dessas regiões.[2]

Apesar das sinergias de especialização, os modelos de negócios dos dois tipos de organizações não poderiam ser mais díspares. Nos mercados da América do Norte, da Europa e do Japão, um par de tênis de marca fabricado na China é vendido por 10 a 20 vezes o seu custo de fabricação. Da mesma forma, apesar de todas as críticas que a Apple recebe de muitos analistas americanos por não produzir o iPhone nos Estados Unidos, menos de 10% do preço de varejo do iPhone correspondem às atividades de produção e terceirização na China, e menos de 1% representa os custos trabalhistas na China. O restante do custo corresponde, em grande parte, às atividades de P&D, design, gestão, branding (consolidação de marca) e vendas no varejo – todas elas desempenhadas nos Estados Unidos ou em outros mercados desenvolvidos, em estreita proximidade com os clientes. Em contrapartida, o modelo de negócios dos fabricantes na Ásia se concentra na eficiência de produção e nas exíguas margens sobre grandes volumes.

Mas a nítida separação geográfica das atividades *upstream* e *downstream* está prestes a ser desafiada por duas razões. Primeiro, se há uma coisa que os fabricantes na Ásia anseiam é aumentar a eficiência no cumprimento de seus contratos de fabricação – este é o objetivo de longo prazo na elevação da curva de valor. Atraídos pelas margens pesadas que os fabricantes na Ásia veem seus clientes obtendo sobre as mercadorias por eles produzidas, os asiáticos estão dispostos a aprender novas habilidades e a assumir mais das atividades de negócios que lhes proporcionem esses elevados retornos. Muitas vezes, a frase *elevar a curva de valor* é interpretada como assumir funções como design, desenvolvimento de novos produtos e até mesmo P&D básico para agregar valor e diferenciar os produtos que estão sendo fabricados. Mas a ambição de muitos fabricantes vai além disso. Eles interpretam essa ideia como consolidar uma marca e criar uma infraestrutura *downstream* para atender os clientes finais. Até agora, apesar das significativas vantagens de custo na fabricação, alguns concorrentes de mercados emergentes têm consolidado, com sucesso, marcas globais que lhes dão acesso a clientes de mercados desenvolvidos.[3] A Lenovo, fabricante chinesa de computadores que comprou a divisão de PCs da IBM; a Haier, fabricante de eletrodomésticos; e a Huawei, gigante do seguimento de equipamentos de telecomunicações continuam a ser exceções. A raridade de marcas globais originadas nos mercados emergentes está relacionada com a dificuldade de criar uma vantagem competitiva *downstream* que têm as empresas não acostumadas a manter o foco nessas etapas do fluxo de negócios, bem como com a sustentabilidade das vantagens *downstream* dos jogadores estabelecidos nos mercados desenvolvidos. Contudo, conforme mais empresas desses mercados alimentarem ambições de inclinar seu centro de gravidade como nunca vimos antes, elas tentarão quebrar as barreiras no *downstream* e este se transformará no campo de batalha central da concorrência mundial.[4]

A segunda razão pela qual a especialização geográfica de *upstream* e *downstream* está prestes a ser contestada é o rápido crescimento do consumo interno nos mercados emergentes. Os consumidores na China ainda consomem menos de um décimo do que os americanos, enquanto na Índia o consumo *per capita* é inferior a um vigésimo quinto do calculado nos Estados Unidos. Mas em ambos os países, a classe média, assim como em muitos outros mercados emergentes de grande população como Brasil, México, Indonésia, Vietnã, Turquia e África do Sul, está se juntando rapidamente às fileiras de consumidores globais. Muitas multinacionais esperam que mais da metade do seu crescimento de receita venha desses mercados nos próximos 10 anos. As empresas estão investindo em uma infraestrutura *downstream*, que inclui marcas e dados, para atender esses novos clientes. Enquanto isso, as empresas locais das nações emergentes também estão desenvolvendo rapidamente uma conscientização quanto à importância das atividades *downstream* – tanto como uma ferramenta competitiva quanto como uma fonte de vantagem competitiva de longo prazo. Essa valorização e o crescimento das atividades *downstream* por parte das empresas dos mercados emergentes enfraquecerá um pouco mais a especialização geográfica das atividades *upstream* e *downstream* – uma separação que tem caracterizado o cenário competitivo global nos últimos 30 anos. Com esta mudança, o *downstream* será o principal campo de batalha competitivo nos mercados emergentes.

Para todas as empresas ao redor do mundo, as implicações são claras. O *downstream* é o campo da batalha competitivo que devemos observar. Sua vantagem competitiva precisa ser construída e sustentada no mercado e nas suas interações com os clientes. O ponto de partida para vencer neste novo campo de jogo é perguntar "por que seus clientes compram de você?".

Notas

Capítulo 1

1. Niraj Dawar and Jordan Mitchell, "Nestlé's Nescafé Partner's Blend: The Fairtrade Decision," Case 9B06A020 (Boston: Harvard Business School, 2006).

2. Morgen Witzel, *Fifty Key Figures in Management* (Londres: Routledge, 2003), 9–16.

3. Eric Bond et al., "Innovations of the Industrial Revolution: Agricultural Revolution," o site *The Industrial Revolution*, atualizado em 17 de fevereiro de 2003, http://industrialrevolution.sea.ca/innovations.html.

4. A seção sobre Arkwright foi baseada nas conversas com John Bradley e em uma seção semelhante que escrevi em coautoria com ele em *A Future History of Marketing*, manuscrito não publicado.

5. Kamran Kashani, "Innovation and Renovation: The Nespresso Story," Case IMD046 (Boston: Harvard Business School, 2000).

6. Liz Alderman, "Nespresso and Rivals View for Dominance in Coffee War," *New York Times*, 20 de agosto de 2010, www.nytimes.com/2010/08/21/business/global/21coffee.html?ref=coffee.

7. Philippe Silberzahn e Walter Van Dyck, *The Balancing Act of Innovation* (Leuven, Bélgica: Lannoo, 2010).

8. Bryan Gruley e Cliff Edwards, "What Is Sony Now?" *Bloomberg BusinessWeek*, 17 de novembro de 2011, www.businessweek.com/printer/magazine/ what-is-sony-now-11172011.html.

9. David Kravets, "RIIA Jury Finds Minnesota Woman Liable for Piracy, Awards $222,000," *Wired*, 3 de outubro de 2007, www.wired.com/threatlevel/2007/10/ riaa-jury-finds/.

Capítulo 2

1. Nick Bukley, "Hyundai's Guarantee Proves Attractive," *New York Times*, 5 de fevereiro de 2009, www.nytimes.com/2009/02/05/business/worldbusiness/05iht- auto.1.19948557.html.

2. Uso o termo *produto* para designar uma oferta de modo geral, que pode ser uma mercadoria, serviço ou combinação de ambos.

3. Relatório *IRI New Product Pacesetters*, abril de 2013, www.iriworldwide.com.

Capítulo 3

1. Matt Lynley, "20 Reasons You Wish You Worked at a Tech Company: Free Laundry and Dry Cleaning!" *Business Insider*, 30 de julho de 2012, www.businessinsider.com/the-best- perks-in-tech-2012-7#free-laundry-and-dry-cleaning-5.

2. Thomas N. Robinson, Dina L. G. Borzekowski, Donna M. Matheson, e Helena C. Kraemer, "Effects of Fast Food Branding on Young Children's Taste Preferences," *Archives of Pediatric and Adolescent Medicine* 161, n. 8 (2007): 792–797.

Capítulo 4

1. R. Collins e M. Gibbs, "ICI: Nobel's Explosives Company," Case IMD-6-0170 (Boston: Harvard Business School, 1995); R. Schmenner, "ICI: Nobel's explosives company, Abridged" Case IMD-6-0241 (2002), IMD Lausanne, Suíça; Mark Vandenbosch e Niraj Dawar, "Beyond Better Products: Capturing Value in Customer Interactions," *MIT Sloan Management Review* 43, n. 4 (2002): 35–42.

2. Vandenbosch e Dawar, "Beyond Better Products."

3. Michael Korda, *Making the List: A Cultural History of the American Bestseller, 1900–1999* (Nova York: Barnes and Noble Books–Imports, 2001).

4. Sabine Begall et al., "Magnetic Alignment in Grazing and Resting Cattle and Deer," *Proceedings of the National Academy of Sciences* 105, n. 36 (9 de setembro de 2008): 13,451–13,455.

5. Hyneck Burda et al., "Extremely Low-Frequency Electromagnetic Fields Disrupt Magnetic Alignment of Ruminants," *Proceedings of the National Academy of Sciences* 106, n. 14 (7 de abril de 2009): 5,708–5,713.

6. Mark Twain, *Tom Sawyer and Huckleberry Finn*, 2nd ed. (Hertfordshire, UK: Wordsworth Editions, 1992), 214.

7. Johan Bolen, Huina Mao e Xiaojun Zeng, "Twitter Mood Predicts the Stock Market," *Journal of Computational Science* 2, n. 1 (2011): 1–8.

8. Scott A. Golder e Michael W. Macy, "Diurnal and Seasonal Mood Vary with Work, Sleep, and Daylength Across Diverse Cultures," *Science* 333 (2011): 1,878–1,881.

9. Acesse www.businessinsider.com/twitter-bluefin-labs-2013-2.

Capítulo 5

1. "Nina™ Is the First Virtual Assistant to Understand What Is Said—And Who Is Saying It; First to Provide an Open SDK for Mobile App Developers," site da Nuance, 6 de agosto de 2012, www.nuance.com/company/news-room/press-releases/Nuance-Introduces-Nina.docx.

2. Thomas D. Jensen, "Comparison Processes in Energy Conservation Feedback Effects," *Advances in Consumer Research* 13 (1986): 486–491. Veja também John E. Petersen et al., "Dormitory Residents Reduce Electricity Consumption When Exposed to Real-Time Visual Feedback and Incentives," *International Journal of Sustainability in Higher Education* 8, n. 1 (2007): 16–33; L. J. Becker, "Joint Effect of Feedback and Goal Setting on Performance: A Field Study of Residential Energy Conservation," *Journal of Applied Psychology* 63 (1978): 428–433; e L. J. Becker, C. Seligman e J. Darley, "Psychological Strategies to Reduce Energy Consumption: Project Summary Report," Report PU/CEES 90 (Princeton, NJ: Center for Energy and Environmental Studies, Princeton University, 1979).

3. Don Peppers, "Social Media's Envy Effect," *Fast Company*, 21 de dezembro de 2011, www.fastcompany.com/1803069/social-medias-envy-effect. Veja também Michael J. Coren, "Plugging Your Utility Bill into Facebook to Compete with Friends," acessado em 18 de abril de 2013, www.fastcoexist.com/1678956/plugging-your-utility-bill-into-facebook-to-compete-with-friends.

4. Anthony G. Hopwood, "The Rankings Game: Reflections on Devinney, Dowling and Perm-Ajchariyawong," *European Management Review* 5 (2008): 209–214.

5. Ian Gordon, "Measuring Customer Relationships: What Gets Measured Really Does Get Managed," Reprint 9B03TD02, *Ivey Business Journal Online*, julho-agosto de 2003.

Capítulo 6

1. Mark Pendergrast, For God, Country, and Coca-Cola: The Definitive History of the Great American Soft Drink and the Company That Makes It, 3rd ed. (Nova York: Basic Books, 2013).

2. Para saber mais sobre as classificações da Interbrand, consulte "Best Global Brands 2012", no site da Interbrand, acessado em 18 de maio de

2013, http://www.interbrand.com/en/best-global-brands/2012/Best-Global-Brands-2012-Brand-View.aspx.

3. Eleanor Rosch, "Principles of Categorization," in *Cognition and Categorization*, ed. Eleanor Rosch e Barbara B. Lloyd (Hillsdale, NJ: Lawrence Erlbaum, 1978), 27–48.

4. Jacob Goldenberg, Donald R. Lehmann e David Mazursky, "The Idea Itself and the Circumstances of Its Emergence as Predictors of New Product Success," *Management Science* 47, n. 1 (2001): 69–84, e o relatório IRI New Product Pacesetters, abril de 2013 em www.iriworldwide.com.

5. Mary Tripsas, "It's Brand New, but Make It Sound Familiar," *New York Times*, 4 de outubro de 2009, seção *Business*.

Capítulo 7

1. Gerard J. Tellis e Peter N. Golder, "First to Market, First to Fail? Real Causes of Enduring Market Leadership," *MIT Sloan Management Review*, último trimestre de 1996, 65–75. Veja também Gerard J. Tellis e Peter N. Golder, "Pioneer Advantage: Market Logic or Market Legend?" *Journal of Marketing Research* 30 (maio de 1993): 158–170.

2. Naturalmente, você pode pesquisar no Google. A web se "lembrará" de sua pesquisa para que você não tenha de se preocupar com isso. Mas imagine que a segunda pessoa que cruzou o Atlântico sozinha também tenha sido a primeira em outra categoria: foi a primeira mulher a cruzar o Atlântico sozinha. Então, pelo pioneirismo da aviadora, você se lembrará do nome dela: Amelia Earhart.

3. Gregory S. Carpenter e Kent Nakamoto, "Consumer Preference Formation and Pioneering Advantage," *Journal of Marketing Research* 28, n. 3 (1989): 285–298.

4. Ibid., 286.

5. Mark Parry, "Cialis," Case UV2938 (Charlottesville: University of Virginia Darden Graduate School of Business Administration, 2003).

6. Elie Ofek, "Product Team Cialis: Getting Ready to Market," Case 505038 (Boston: Harvard Business School, 2004).

7. Parry, "Cialis," 9.

8. Ibid., 6.

9. Michael Arndt, "Is Viagra Vulnerable?," *BusinessWeek*, 27 de outubro de 2003, 70.

10. Duff Wilson, "As Generics Near, Makers Tweak Erectile Drugs," *New York Times*, 13 de abril de 2011, www.nytimes.com/2011/04/14/health/14pills.html.

11. "Usage Guidelines for the Intel Insider® Trademark," Intel site acessado em 19 de abril de 2013, www.intel.com/pressroom/intel_inside.htm.

12. Gordon E. Moore, "Cramming More Components onto Integrated Circuits," *Electronics Magazine* 38, n. 8 (abril de 1965): 4.

13. Wikipedia, s.v. "Moore's Law", última atualização em 3 de abril de 2013, http://en.wikipedia.org/wiki/Moore's_law.

14. David Weinstein, "Intel Inside," Case 594-038-1 (Fontainebleau: INSEAD, 1994).

15. Ibid., 1.

16. Ibid.

17. "iPhones Make Chinese Eyes Light Up," *Economist*, 28 de julho de 2012, www.economist.com/node/21559624.

18. O exemplo do xampu foi extraído de from Gregory S. Carpenter, Rashi Glazer e Kent Nakamoto, "Meaningful Brands from Meaningless Differentiation: The Dependence on Irrelevant Attributes," *Journal of Marketing Research 31* (agosto de 1994): 339–350.

19. David Pogue, "Spec Obsession Disorder: The Incurable Techie Malady," *New York Times*, 5 de abril de 2012, http://pogue.blogs.nytimes.com/2012/04/05/spec-obsession-disorder-the-incurable-techie-malady/.

20. "The Oreo Case", site da Ban Trans Fats, acessado em 19 de abril de 2013, www.bantransfats.com/theoreocase.html.

21. Sebastian Anthony, "The History of Kodak: Pioneer of Film and Digital Photography," *Extreme Tech*, 12 de outubro de 2011, http://tinyurl.com/bv4dvc9.

22. Kevin Roose, "New RIM Chief Not Looking to Split Company," *Dealbook* (serviço de notícias financeiras do *New York Times*), 23 de janeiro de 2012, http://dealbook.nytimes.com/2012/01/23/new-rim-chief-not-looking-to-split-company/.

Capítulo 8

1. James R. Bettman, Mary Frances Luce e John W. Payne, "Constructive Consumer Choice Processes," *Journal of Consumer Research* 25 (1998): 187–217.

2. Joseph W. Alba and Amitava Chattopadhyay, "Salience Effects in Brand Recall," *Journal of Marketing Research* 23 (1986): 363–369; Joseph W. Alba e Amitava Chattopadhyay, "Brand Evaluations," *Journal of Consumer Research* 17 (dezembro de 1986): 263–276. Veja também Raymond S. Nickerson, "Retrieval Inhibition from Part-Set Cuing: A Persisting Enigma in Memory Research," *Memory and Cognition* 12, n. 6 (1984): 531–552.

3. Robert F. Bornstein, "Exposure and Affect: Overview and Meta-Analysis of Research," *Psychological Bulletin* 106, n. 2 (1989): 265–289.

Capítulo 9

1. Eric Jackson, "How Jim Balsillie First Discussed the Competitive Threat of iPhone to the BlackBerry," *Forbes*, 16 de setembro de 2011, http://tinyurl.com/43713f6.

2. Acesse http://bgr.com/2013/04/02/iphone-5s-release-date-china-mobile-410928/.

3. Acesse http://www.engadget.com/2012/12/06/idc-apple-slipped-to-sixth-in- china-smartphone-share-during-q3/.

4. Niraj Dawar, "Expect the Unexpected," *Just Marketing*, 22 de maio de 2011, http://nothingbutmarketing.blogspot.ca/2011/05/expect-unexpected.html.

Capítulo 10

1. Pierre Chandon, J. Wesley Hutchinson, Eric T. Bradlow e Scott H. Young, "Does In-Store Marketing Work? Effects of the Number and Position of Shelf Facings on Brand Attention and Evaluation at the Point of Purchase," *Journal of Marketing 73*, n. 6 (2009): 1–17.

2. John Deighton, "The Interaction of Advertising and Evidence," *Journal of Consumer Research* 11 (dezembro de 1984): 763–770; Stephen J. Hoch e Young-Won Ha, "Consumer Learning: Advertising and the Ambiguity of Product Experience," *Journal of Consumer Research* 13 (setembro de 1986): 221–233; Nitin Mehta, Xinlei (Jack) Chen e Om Narasimhan, "Informing, Transforming, and Persuading: Disentangling the Multiple Effects of Advertising on Brand Choice Decisions," *Marketing Science* 27, n. 3 (2008): 334–355.

3. Niraj Dawar, "In Brands We Trust: Why Do Consumers Trust Brands?" *Just Marketing*, 19 de junho de 2011, http://nothingbutmarketing.blogspot.ca/2011/06/in-brands-we-trust.html.

4. Hugo Mercier e Dan Sperber, "Why Do Humans Reason? Arguments for an Argumentative Theory," *Behavioral and Brain Sciences* 34 (2011): 57–111.

5. Nathan Novemsky e Daniel Kahneman, "The Boundaries of Loss Aversion," *Journal of Marketing Research* 42 (2005): 119–128; Dan Ariely, Joel Huber e Klaus Wertenbroch, "When Do Losses Loom Larger Than Gains?" *Journal of Marketing Research* 42 (2005): 134–138; Michal A. Strahilevitz e George F. Lowenstein, "The Effect of Ownership History on the Valuation of Objects," *Journal of Consumer Research* 25 (dezembro de 1998): 276–289.

Capítulo 11

1. Laurence Capron e Will Mitchell, *Build, Borrow, or Buy?* (Boston: Harvard Business Review Press, 2012). No Brasil, publicado como *O Dilema do Crescimento* (Rio de Janeiro, Ed. Campus, 2013)

2. Joe Weisenthal, "The Great Migration: How Asian and Western Companies Completely Switched Roles in 15 Years," *Business Insider*, 15 de março de 2012, www.businessinsider.com/sales-go-east-margins-go-west-2012-3.

3. Niraj Dawar e Tony Frost, "Competing with Giants: Survival Strategies for Local Companies in Emerging Markets," *Harvard Business Review*, março–abril de 1999.

4. Amitava Chattopadhyay, Rajeev Batra e Asequl Ozsomer, *The New Emerging Market Multinationals: Four Big Strategies for Disrupting Markets and Building Brands* (Nova York: McGraw Hill, 2012).

Índice remissivo

A
Accenture, 6
Aelbrecht, Tom, 39
agregar dados, 85–107, 110, 120, 203
Amazon.com, 11, 47, 114–115, 118–119, 168, 226
AMD, 156–157, 197
App Store, 11
Apple, 11, 43, 46–47, 117–118, 156–157, 163, 188–189, 221, 227
Arkwright, Richard, 26–31, 44
ARM, 158
Atari, 24
ativos tangíveis, 79
aversão a perdas, 211–212

B
balões de ar quente, 93–94
Balsillie, Jim, 189
barreiras à entrada, 120
Bayer, 149
BlackBerry, 2, 11, 164, 189, 206, 223
Bluefin Labs, 96, 104, 105
BMW, 170–171, 176, 186–187, 194, 218
Brita, 193
BusinessWeek, 122–125

C
campo de batalha competitivo, 133–139, 227–229
capital humano, 77
Carpenter, Gregory, 146
Carter, Dennis, 153
cartões de fidelidade, 97
CDs, 46
cenário abrangente/visão panorâmica, 85–107

como extrair valor do, 109–130
como modelo de negócios, 104–107
marketing e, 97–100
obstáculos ao, 100–102
oportunidade, 88–90
potencial do, 103–104
previsões usando, 125–128
uso do, 86–87, 91–92
centro de gravidade, 5–7
Centros de Controle de Doenças (CDC), 128
China, 6, 8–9, 189, 227, 228
chip PowerPC, 157, 190, 197
Chrysler, 60
Cialis, 149–151, 175–177, 191
CitySense, 105, 115, 120
classificações de terceiros, 120–122
clientes
  atuais/existentes, 30
  B2B (empresa-empresa), 85
  como fonte de informação, 85
  como ouvir os, 188–191
  comportamento dos, 65–69
  contato com, 223–224
  convicções/crenças anteriores dos, 208–211
  critérios de compra dos, 141–166
  custos arcados pelos, 51, 55–59, 72–74, 80
  envolvimento dos, 177–180
  envolvimento dos, 30
  experiência para os, 118–119
  fidelidade dos, 100–101, 179–180, 212
  foco no, 3, 30–31, 44, 188–191, 217
  hábitos dos, 212
  interações com os, 4–5, 55–56, 69
  marketing para cada cliente, 98–100

mente/cabeça dos, 133, 135–139, 142–144, 167–168, 186
necessidades dos, 42–44, 221, 223
potenciais, 62–64
razões para não comprar, 62–64
resposta à inovação por parte dos, 138–139, 145–146
riscos assumidos pelos, 51, 55–56, 59–67, 71–74, 80
clientes B2B (empresa-empresa), 85
clientes potenciais, 62–64
Coca-Cola, 72, 134–136, 144, 178, 206
comoditização, 8, 10, 12, 55, 60, 81, 106, 109
Compaq, 155
compartilhamento de arquivos, 45–46
compartilhamento de conteúdo, 117
comportamento de rebanho, 95–96, 203
comportamento de recompra, 180
compra e uso de computadores, 67–69
Comscore, 125
concorrência global, 227–229
concorrentes, 81
   como conhecer os seus, 167–180
   como escolher os seus, 191–195
   copiando sua empresa/produtos, 8–9, 23–24, 101
   diferenciação perante, 49, 75–76
   globais, 227–229
   objetivos com relação aos, 4
conectando/conexões, 111–119
conjunto de opções, 168–175, 179
conscientização de marca, 142–143
consolidação voltada para a escala, 27
Costa Coffee, 162
crenças/convicções anteriores, 208–211
criação de valor, 4, 10–13, 53–54
critérios. *Veja* critérios de compra
critérios de compra, 141–166, 169–177, 186–191
critérios de exclusão, 169–173, 176, 194
critérios irrelevantes, 159–160
critérios primários, em compras, 143–144, 148
critérios secundários, nas compras, 143, 148
crowdsourcing, 105
curva de valor, 228
custo de oportunidade, 72
custos
   de publicidade, 23, 135
   downstream, 29–31
   fixos, 7, 10, 27–30
   oportunidade de, 72
   reduzindo os custos dos clientes, 51, 55–60, 64–74, 80
   upstream, 29
   vendas, 29–31
custos de manufatura/produção, 31
Cyrix, 156

D

dados
   agregar, 85–107, 111, 120, 203
   mercado, 97–100
   no nível individual, 98–100
   padrões nos, 92–93
   previsões usando, 125–128
   testes comparativos (*benchmarking*), 120–125
De Beers, 5, 6
definição de preços, 23, 194
Dell, 69, 72, 80, 156
demanda, 109
departamentos de marketing, 224–226
departamentos de vendas, 224–226
desenvolvimento de novos produtos, 24, 29, 31, 55, 197
destruição criativa, 8
diferenciação, 76, 81, 147–151, 156, 159, 166, 194

E

Eastman Kodak Company, 1–2
economia cognitiva, 137–139
economia da experiência, 115
economias de escala, 26–28, 30
economias de escopo, 30
efeito da doação, 211–212
efeitos de rede, 202–205, 218
eficiências de escala, 70
equipes multifuncionais, 219–220
espelhamento, 120
estratégia, 4, 75–76, 215–229
estratégia de cópia, 145, 147–149, 156–157, 165
estratégia de negócios. *Veja* estratégia
extensões da marca, 207, 210

F

fabricantes asiáticos, 227–228
fabricantes contratados, 8
Facebook, 77, 117, 120, 202–203, 218, 226
faculdades de administração, 122–125
FedEx, 133, 158
Fleischman, Michael, 96
Ford Motor Company, 5, 59
Ford, Henry, 26
fornecedores, testes comparativos (*benchmarking*) feitos pelos, 121
fotos aéreas, 94–95
fotos digitais, 138–139, 163, 196
Foxconn, 7
fracassos em novos produtos, 71–72, 142
fragmentação do mercado, 165

G

General Motors (GM), 60
Gillette, 196
globalização, 124
Google, 117, 126, 158, 218, 226
Google Flu Trends, 126–128
Google Music, 117
Google+, 218
Guerra Fria, 6

H

Häagen Dazs, 174–175
hábito, 212
Haier, 228
Hilti, 111–114
Honda, 173–174
horizontes de planejamento, 220–221
HP, 8, 24
Hyundai, 60–64, 72, 80

I

IBM, 6, 11–12, 155, 157, 228
ICI, 86–90, 119, 126, 195, 218
Ideo, 7
iMac, 171
imitações baratas, 8–9
impulso/força, 155, 180, 202, 206–208, 218
incerteza, 67
Índia, 228
Índice Sócrates de Responsabilidade Social Corporativa, 120
índices de giro dos ativos, 29
indústria automotiva, 5, 6, 13, 57–59, 60–64, 169–174
indústria da música, 45–47, 48, 221
indústria de bebidas, 192
indústria de café, 21–23, 25, 34–37
indústria farmacêutica, 8, 10, 12–13, 37–42, 148–151
indústria têxtil, 26
inércia cognitiva, 202, 205–212
Infiniti, 194
informação
    Veja também assimetria das informações, 129
    cenário abrangente, 85–107
    cliente individual, 98–100
    clientes como fonte de, 85
    como vantagem competitiva, 79–80
    mercado, 96–97, 110
    para testes comparativos (*benchmarking*), 120–125
    repassando e conectando, 111–119
Infosys, 5, 6
iniciativa *Beyond the Pill* (Além do Comprimido), 39–42
inovação
    contar com, 7, 29
    definição de, 195–196
    downstream, 55–57, 67, 225–226
    investimento em, 4
    oportunidades, identificando, 70–72
    processo, 80, 81
    produto, 6, 8, 23–24, 55, 80, 81, 195–196, 216, 220–223
    radical, 138–139, 145–146
    resposta dos clientes à, 138–139, 145–146
    tecnologia como propulsor da, 196–197
INRIX, 104–105, 120, 126
Intel, 151–158, 197
internet, 23, 43
iPad, 188
iPhone, 188–189, 191, 227
iPod, 47
iTunes, 11, 46–47, 116, 117

J

J.D. Power and Associates, 120, 125
Janssen Pharmaceutica, 37–42, 44, 73
Jobs, Steve, 26, 46, 188–189
Jump, 7

Índice remissivo

K
Kay, John, 27-28
Kazaa, 46
Kodak, 138, 162-164, 196, 206, 223
Kraft Foods, 162

L
Lei de Moore, 153
leitores de códigos de barra instalados nos caixas, 97
Lenovo, 228
Levitra, 149-151
Levitt, Ted, 1, 2, 221
Lexus, 208-209
Li & Fung, 6-7
Lilly Icos, 149-151
linhas de produção, 26
LinkedIn, 120
Linux, 12
lista das Empresas Mais Admiradas do Mundo, 120
lista dos mais vendidos, 92, 115
Lowe, Thaddeus, 94

M
marcas
  baixas implicações, 177-178
  como indicador de qualidade, 54
  criando associações com, 178-179, 186-187
  critérios associados às, 143-166, 169-171, 175-177, 186-187
  dominantes, 144-147, 158-160, 162-165, 206-208
  dos concorrentes, 167-180
  efeitos de rede e, 203-205
  fidelidade à, 179-180, 212
  força das, 155, 180, 202, 206-208
  globais, 228
  na memória dos clientes, 177-180
  posicionamento das que entraram mais tarde no mercado, 147-151
  posicionamento, 141-142, 186-187, 191-195
  reputação das, 78-79, 218
  troca de, 205-212
  vantagem competitiva nas, 78-79, 109-110, 133-139, 144-147, 162-165
marcas próprias, 22
marcas registradas/comerciais, 79
marketing, 22-23, 28, 97-100, 109-110, 135-136, 197-199, 208
marketing de massa, 97-98
MasterBuilders, 60-62, 63, 72, 80, 195, 226
maximização do volume, 29, 31, 78, 216
McDonald's, 78-79
medicamentos anti-retrovirais, 12
medicamentos contra AIDS, 12
medidas de utilização da capacidade, 29
mercados de massa, 26-28
mercados em amadurecimento, 22-26
mercados emergentes, 227-229
Mercedes, 203-204
metacritérios, 160-162
metas/objetivos de vendas, 4
Microsoft, 12, 24, 156, 163
mídia de massa, 109-110
mídias sociais, 95-97, 120, 202-203
mineração de diamantes, 5
Mini, 56, 171-172
modelos de negócios
  cenário abrangente, 104-107
  mudanças, 47-49
  industriais, 26-31, 44
  upstream versus downstream, 227-229
Moore, Gordon, 153
motor a vapor, 26
Motorola, 157
mudança organizacional, 47-49, 219-224
mudanças evolucionárias, 196-197
mudanças geracionais, 197
mudanças no mercado, 196-197
mudanças revolucionárias nos mercados, 197
Murphy, Michael, 155

N
Nadar. *Veja* Tournachon, Gaspard Félix
Nakamoto, Kent, 146
Napster, 45
negócios, centro de gravidade dos, 5-7
negócios de informações, 106
Nespresso, 34-37
Nestlé, 21-23, 26, 34-37
Netflix, 79-80, 118
Nike, 8, 164-165
Nike+, 120
Nintendo, 24
Nintendo Wii, 197
Nokia, 11, 206
Nuance Communications, 118
NVIDIA, 158

O

objetivos/metas, 4
obsolescência dos produtos, 23–24
opções de produtos, 53–54
opções do consumidor, 53–54
Opower, 120
orientação do mercado, 188–191

P

padrões, 92–93
padrões do setor, 9
padronização, 8
Palm, 11
Pampers, 142–143, 146–147
participação/fatia do mercado, 29, 31
patentes, 8, 10, 38, 81
Peck, Drew, 155
Pendergrast, Mark, 135
Pepsi, 144
pesquisa e desenvolvimento (P&D), 13, 24, 29, 38
Pfizer, 148–151
pistas contextuais, 177–178
plataformas, para repassar e conectar informações, 115–118
pontos cegos, 100–101
preferências do consumidor, 146, 188–191
Premier Auto Group (PAG), 56–59, 63
previsões, 125–128
previsões quanto à gripe, 125–128
Prius, 161
produção
 comoditização da, 8
 em massa, 26–28, 109
 fábricas, 26–28
 terceirização da, 7, 227
produtos
 comoditização dos, 8, 10, 12, 55, 60, 81, 106, 109
 diferenciação dos, 81, 147–151, 156, 159, 194
 embalagem, 194
 foco no, 2–4, 87
 melhores, 185–187
 posicionamento, 173–175, 191–195
 reprodução/cópia dos, 8–9
 variedade de, 223
programação sob demanda, 23
programas de fidelidade do cliente, 22
publicidade

Veja também marketing
 através das associações de consolidação de marca, 178–179
 comparativa, 174
 custos, 23, 135
 influência da, 208–211
 ponto de venda, 178

Q

qualidade, 54
Quidel, 191–192

R

Recording Industry Association of America, 46
recursos críticos, 49
Reitzle, Wolfgang, 56, 59
repassando informações, 111–119
Revolução Industrial, 26
riscos
 como localizar, 71
 percepções quanto aos, 72
 reduzindo os riscos para os, 51, 55–56, 60–62, 63–74, 80
Roy, Deb, 96

S

Sainsbury, 51–54, 72
Samsung, 189
Sega, 24
segmentação do mercado, 56–59, 97–98, 141–142, 220–221
Sense Networks, 105
sentimento/opinião do publico, 95–97
setor de chips de processadores, 151–158, 197
setor de manufatura/produção, 26–28
setor de tecnologia, 12
setor de videogames, 24
setor de vinhos, 51–54
setor editorial, 92
Siri, 118, 163
sistema operacional Android, 117
Skype, 207
SmartDriver, 105
smartphones, 172, 188–190, 197, 227
software de código aberto, 12
solução de mobilidade, 58–59
soluções baseadas em informações, 72–73
soluções operacionais, 72–73

244 Índice remissivo

Sony, 11, 24, 42–44
Spotify, 117
Starbucks, 162
status quo, 211–212
Stringer, Howard, 43

T
tecnologia, 196–197, 223
televisão, 23, 79
terceirização, 7, 8, 29, 221–223, 227
terceirização da manufatura/produção, 8, 29, 227–228
testes comparativos (benchmarking), 120–125
testes de mercado, 80–81
Tide, 133, 158
TouchPad, 24
Tournachon, Gaspard Félix (pseud. Nadar), 93–94, 96, 100
Toyota Motor Corporation, 6, 7, 161
trade-offs (concessões/dilemas), 175–177
TripAdvisor, 104
Twitter, 95–96, 104, 126

U
União Soviética, 6
utilidade econômica, 211

V
Vale do Silício, 222–223
valor
　das marcas, 109–110
　de sinalização, 204
　do cliente, 10, 31–37, 53–54
　downstream, 31–37, 44, 47–74, 195, 219–224
　em repassar e conectar informações, 111–119
　extraindo, do cenário abrangente, 109–130
vantagem competitiva, 3, 4, 10
　acumulativa, 76, 90, 203, 206–212, 216, 218–219
　atividades posteriores *(downstream)* do fluxo dos negócios, 3, 8–13, 32–33, 70–81, 162–165, 188, 201–213, 215–229
　através do marketing, 197–199
　efeitos de rede como, 202–205

estágios iniciais (*upstream*) do fluxo dos negócios, 5–9, 12, 76–78, 81, 215–217
inércia cognitiva e, 205–212
informação como, 79–80
inovação de produtos como, 222–223
mitos sobre, 185–199
nas marcas, 78–79, 109–110, 133–139, 144–147, 162–165
pioneiro do mercado, 142–143
repassando e conectando informações, 111–119
sustentabilidade da, 76, 81, 162–165, 201–213
testes de mercado para, 80–81
ver o cenário abrangente como, 85–107
vantagem do pioneiro do mercado, 142–143
vantagem *downstream*, 32–33, 70–81, 188
　como se organizar para, 219–224
　efeitos de rede, 202–205
　fontes de, 3
　inércia cognitiva, 202, 205–212
　mudança rumo à, 8–13, 215–229
　sustentabilidade da, 162–165, 201–213
vantagem *upstream*, 5–9, 12, 76–78, 81, 215–217
Viagra, 148–151, 175–177, 191
viés de confirmação, 208–211, 226
Volkswagen, 171
Volvo, 133, 144, 164, 176, 186–187

W
Walmart, 6–7, 33
Willems, Annik, 37, 41

X
Xerox, 2

Y
Yahoo!, 218

Z
Zagat Survey, 103–104, 120
Zara, 188